2025年度版

JN037568

徳島県の
数学科

過 去 問

協同教育研究会 編

協同出版

本書には，徳島県の教員採用試験の過去問題を
収録しています。各問題ごとに，以下のように5段
階表記で，難易度，頻出度を示しています。

難 易 度

非常に難しい　☆☆☆☆☆
やや難しい　☆☆☆☆
普通の難易度　☆☆☆
やや易しい　☆☆
非常に易しい　☆

頻 出 度

◎　　ほとんど出題されない
◎◎　　あまり出題されない
◎◎◎　普通の頻出度
◎◎◎◎　よく出題される
◎◎◎◎◎　非常によく出題される

※**本書の過去問題における資料，法令文等の取り扱いについて**
　本書の過去問題で使用されている資料や法令文の表記や基準は，出題さ
れた当時の内容に準拠しているため，解答・解説も当時のものを使用して
います。ご了承ください。

はじめに～「過去問」シリーズ利用に際して～

　教育を取り巻く環境は変化しつつあり，日本の公教育そのものも，教員免許更新制の廃止やGIGAスクール構想の実現などの改革が進められています。また，現行の学習指導要領では「主体的・対話的で深い学び」を実現するため，指導方法や指導体制の工夫改善により，「個に応じた指導」の充実を図るとともに，コンピュータや情報通信ネットワーク等の情報手段を活用するために必要な環境を整えることが示されています。

　一方で，いじめや体罰，不登校，暴力行為など，教育現場の問題もあいかわらず取り沙汰されており，教員に求められるスキルは，今後さらに高いものになっていくことが予想されます。

　本書の基本構成としては，出題傾向と対策，過去5年間の出題傾向分析表，過去問題，解答および解説を掲載しています。各自治体や教科によって掲載年数をはじめ，「チェックテスト」や「問題演習」を掲載するなど，内容が異なります。

　また原則的には一般受験を対象としております。特別選考等については対応していない場合があります。なお，実際に配布された問題の順番や構成を，編集の都合上，変更している場合があります。あらかじめご了承ください。

　最後に，この「過去問」シリーズは，「参考書」シリーズとの併用を前提に編集されております。参考書で要点整理を行い，過去問で実力試しを行う，セットでの活用をおすすめいたします。

　みなさまが，この書籍を徹底的に活用し，教員採用試験の合格を勝ち取って，教壇に立っていただければ，それはわたくしたちにとって最上の喜びです。

協同教育研究会

C O N T E N T S

第1部 徳島県の数学科
　　　　　出題傾向分析 ··············3

第2部 徳島県の
　　　　　教員採用試験実施問題 ··············9

第1部

徳島県の
数学科
出題傾向分析

徳島県の数学科　傾向と対策

1　出題傾向

　中学校数学は試験時間80分，大問数8問で，2023年度と同じである。第1問から第4問の4題は高等学校数学と共通である。出題形式，出題傾向に変化はなかった。難易度は教科書の例題，節末・章末問題，大学入試基本レベルである。

　第1問は独立した小問集合4問(連立不等式，二重根号の計算，方程式の解，二次方程式の解の種類)，第2問は円に内接する四角形の問題(四角形の内角の大きさ，外接円の半径，四角形の面積)，第3問は指数・対数関数，第4問は確率(1から13までのカードから4枚を選ぶ)，第5問は立方体の断面の面積，第6問は平面幾何(角の二等分線に関する問題)，第7問は放物線と直線についての問題，第8問は学習指導要領に関する出題である。

　中学校のみの問題は教科書にある例題や節末問題が中心である。定理や公式の証明が出題されるので，公式の成り立ちや考え方を説明することができるようにしておくこと。また，授業における生徒の考え方などの問題もあるので，日頃から，実際の授業で中学生に教えることを意識して，問題を解くようにするとよい。

　高等学校数学は試験時間90分，大問数は10問で，2023年度と同じである。第1問から第4問の4題は中学校数学と共通である。出題形式，出題傾向に変化はなかった。難易度は教科書の節末・章末問題，大学入試基本レベルである。

　第1問〜第4問は中学校数学と共通で上記の通り。第5問は不定積分，第6問は群数列，第7問は微積分(関数の微分，関数の増減とグラフの概形，方程式の実数解の個数)，第8問〜第10問は学習指導要領に関する出題である。

　高等学校のみの問題は「微分・積分」が頻出しているので数学Ⅲの内容を中心に，やや難しい問題にも対応できるように，大学入試レベルの問題を解く練習をしておくとよい。

　中学校，高等学校の学習対策として，教科書や問題集，参考書の内容の精選が必要である。大学入試と同様，教科書や問題集，参考書には頻出の問題とほとんど出題されない内容がある。それらを知ることは何が重要で何が重要でないかを理解することにつながる。教員採用試験の過去問を解きながらその解答・解説を「教科書や参考書のように使いこなしながら理解していく」ときに，見た箇所を何度もチェックすることで，例題や公式を理解して，出題傾向の精選ができる。あとは自分にあった方法を考えればよく，少なくとも中学校・高等学校の教科書の基本問題を集中的にこなして，公式代入は暗算で答えが出せるくらいにしておくことである。

2　分野別の重点学習対策方法

　過去数年の問題から，各分野別について重点学習方法を述べる。「数と式」では対称式の扱い，因数分解，無理数の計算，根号計算ができるようにしておく。「方程式と不等式」では二次，三次，高次方程式はもちろんのこと，分数，無理，三角，指数・対数方程式が解けるようにしておき，さらに，いろいろな不等式も解けるようにしておく。「平面幾何，図形」では図形の性質(角の二等分線と比，合同，相似，チェバ・メネラウスの定理)を活用できるようにしておく。「図形とベクトル」では図形に関連したベクトルの問題があり，図形に関する基礎・基本をしっかりと身に付けておく。「ベクトル」では図形と関連して分点ベクトルの表示と内積の計算ができるようにしておく。また，「空間図形」では四面体，六面体，正三角錐，正四角錐，球面がある。図に描くことが難しい場合は解析幾何学的に空間座標を活用すると解き易くなる場合もある。「複素数」の複素数平面は新しい内容であり，複素数の表す図形，ド・モアブルの定理や極形式は出題されやすいので解く練習をしておく。「関数とグラフ」は「微分・積分」との関連が深く，まず，極値を求めてグラフを描く。積分をして，面積や体積，曲線の長さが求められるようにしておく。また，二次関数の最大・最小が頻出しているので解く練習をしておく。「三角関数」では三角比の正弦・余弦定理はもちろんのこと，三角関数の合成，2倍角，3倍角や和積の公式が証明でき，使えるようにしてお

く。「数列」では一般項，和の求め方，漸化式，帰納法，さらに極限など
を解く練習をしておく。「場合の数と確率」では順列・組合せと確率計算
だけでなく，期待値さらにデータの分析・統計との関連で確率分布，平
均，分散，箱ひげ図，相関係数も併行して学習しておく。「集合」ではド・
モルガンの公式，「命題」では[かつ]，[または]の否定，逆，裏，対偶の
扱いや必要，十分，必要十分条件などが理解できるようにしておく。「学
習指導要領」に関する問題は中学校・高等学校共に必ず出題されるので，
教科の目標，学年や科目の目標・内容，指導計画の作成と内容の取扱い
などを中心に，学習指導要領と同解説数学編を精読しておくこと。

過去5年間の出題傾向分析

●中学数学

分　類	2020年度	2021年度	2022年度	2023年度	2024年度
数と式		●	●	●	●
方程式と不等式	●		●	●	●
数の性質			●	●	
ベクトル	●	●			
複素数					
関数とグラフ	●	●			●
平面幾何	●	●	●	●	●
空間図形，空間座標				●	●
平面座標と図形	●	●	●		
三角関数	●	●		●	
三角比と平面図形		●	●	●	●
指数・対数	●				●
数列	●	●			
行列					
微分・積分		●		●	
場合の数・確率		●	●	●	●
集合と命題					
データの分析，確率分布					
2次関数	●				
学習指導要領	●	●	●	●	●

●高校数学

分　類	2020年度	2021年度	2022年度	2023年度	2024年度
数と式			●	●	●
方程式と不等式	●	●		●	●
数の性質				●	
ベクトル	●	●	●		
複素数				●	
関数とグラフ	●		●		
平面幾何			●	●	
空間図形，空間座標	●		●		
平面座標と図形	●	●	●		
三角関数		●	●	●	
三角比と平面図形		●	●	●	●
指数・対数	●				●
数列	●	●	●	●	●
行列					
微分・積分	●	●	●	●	●
場合の数・確率		●	●	●	●
集合と命題					
データの分析，確率分布					
2次関数	●				
学習指導要領	●	●	●	●	●

第 2 部

徳島県の
教員採用試験
実施問題

2024年度 | 実施問題

【中高共通】

【１】次の(1)〜(4)の問いに答えなさい。

(1) 次の不等式を解きなさい。なお，答えのみを記入すること。

$$2x+\frac{11}{2}<\frac{1}{3}(x+3)<\frac{x}{2}+\frac{7}{4}$$

(2) 次の式を簡単にしなさい。なお，答えのみを記入すること。

$$\sqrt{8-4\sqrt{3}}-\sqrt{4+\sqrt{15}}$$

(3) aを定数とするとき，方程式$ax^2+(3-a)x-3=0$を解きなさい。

(4) 2つの二次方程式$x^2+(a-1)x+1=0$，$x^2-ax+a^2+2a+1=0$について少なくとも一方が実数解をもつような定数aの範囲を求めなさい。

(☆☆☆◎◎◎◎)

【２】円に内接する四角形ABCDにおいて，AB＝3，BC＝5，CD＝5，DA＝8のとき，次の(1)〜(3)の問いに答えなさい。

(1) ∠ABCの大きさを求めなさい。

(2) 四角形ABCDの外接円の半径Rを求めなさい。

(3) 四角形ABCDの面積Sを求めなさい。

(☆☆☆◎◎◎◎)

【３】点Oを左端とする半直線Lがあり，点Oから右にx cm $(x≧0)$のところにあるL上の点の目盛りを$2^{\frac{x}{12}}$とする。また，目盛り2，4，8，16の点をそれぞれA，B，C，Dとする。次の(1)〜(4)の問いに答えなさい。

(1) 点Oの目盛りの値を求めなさい。

(2) L上のある点Pから右へ24cmのところに点Qがあるとすれば，点Qの目盛りは点Pの目盛りの何倍か，求めなさい。

(3) CDの中点Mの目盛りの値を求めなさい。

(4)　目盛り5の点は，点Bから右へ何cmのところになるか，求めなさい。答えは，小数第2位を四捨五入し，小数第1位まで求めなさい。ただし，必要ならば，$\log_{10}2 = 0.3010$として計算しなさい。

(☆☆☆◎◎)

【4】1から13までの数字が書かれたカードが1枚ずつある。この中から無作為に4枚選ぶとき，次の(1)〜(3)の問いに答えなさい。

(1)　最大の数が10以下で，最小の数が4以上であるように選ぶ選び方は何通りあるか，求めなさい。

(2)　最大の数が10より大きく，最小の数が4より小さくなるように選ぶ選び方は何通りあるか，求めなさい。

(3)　選んだ4枚のカードに書かれている数の和が3の倍数になる確率を求めなさい。

(☆☆☆◎◎◎◎)

【中学校】

【1】次の図のような1辺の長さが4cmの立方体ABCD-EFGHがある。点P，Q，R，Sはそれぞれ辺AB，AD，FG，GHの中点である。この立方体を4点P，Q，R，Sを通る平面で2つの立体に切り分けるとき，切り口の図形の面積を求めなさい。なお，答えのみを記入すること。

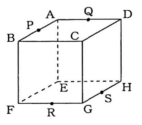

(☆☆☆◎◎◎◎)

【２】　次の図1の△ABCにおいて，∠Aの二等分線と辺BCとの交点をDとするとき，AB：AC＝BD：DCが成り立つ。以下の(1)・(2)の問いに答えなさい。

図1

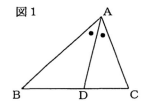

(1)　AB：AC＝BD：DCが成り立つことを証明しなさい。

(2)　次の図2において，AB＝5，BC＝6，CA＝7，∠Aの二等分線と辺BCとの交点をP，∠Bの二等分線と辺ACとの交点をQ，APとBQの交点をRとする。このとき，以下の(a)・(b)の問いに答えなさい。

図2

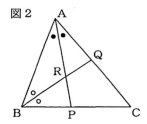

(a)　BR：RQを求めなさい。

(b)　四角形RPCQの面積は△ABCの面積の何倍か，求めなさい。

(☆☆☆◎◎◎)

【３】　次の図のように，放物線$y＝x^2$　…①，$y＝ax^2$　…②，直線$y＝x＋6$　…③，$y＝bx＋c$　…④がある。①と③は2点A，Bで交わり，②と④は2点C，Dで交わり，A，Cのx座標は負の数，B，Dのx座標は正の数とする。また，③と④はx軸上の点Eで交わっている。D(6，−6)のとき，以下の(1)～(3)の問いに答えなさい。

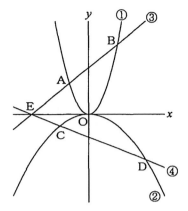

(1) *a*, *b*, *c*の値を求めなさい。なお，答えのみを記入すること。

(2) 直線ADの式を求めなさい。

(3) 点Bを通り，四角形ACDBの面積を二等分する直線の式を求めなさい。

(☆☆○○○)

【4】中学校学習指導要領「第2章　各教科」「第3節　数学」について，次の(1)・(2)の問いに答えなさい。

(1) 次の文は，「第2　各学年の目標及び内容」〔第2学年〕「1　目標」の一部である。(a)～(e)にあてはまる語句を書きなさい。

> (1) 文字を用いた式と連立二元一次方程式，平面図形と数学的な推論，一次関数，データの分布と確率などについての基礎的な(a)や原理・法則などを理解するとともに，事象を(b)したり，数学的に解釈したり，数学的に表現・処理したりする技能を身に付けるようにする。
>
> (2) 文字を用いて数量の関係や法則などを考察する力，数学的な推論の過程に着目し，図形の性質や関係を(c)に考察し表現する力，関数関係に着目し，その特徴を表，式，

グラフを相互に関連付けて考察する力，（　d　）のデータの分布に着目し，その傾向を比較して読み取り批判的に考察して判断したり，不確定な事象の（　e　）について考察したりする力を養う。

(2)　次の文は，「第3　指導計画の作成と内容の取扱い」の一部である。（　a　）～（　h　）にあてはまる語句を，以下のア～ソの中からそれぞれ1つ選び，記号で書きなさい。

> 3　数学的活動の取組においては，次の事項に配慮するものとする。
> (1)　数学的活動を（　a　）ようにするとともに，数学を学習することの（　b　）や数学の（　c　）などを実感する機会を設けること。
> (2)　数学を活用して問題解決する方法を理解するとともに，自ら問題を見いだし，解決するための（　d　）を立て，実践し，その過程や結果を（　e　）機会を設けること。
> (3)　各領域の指導に当たっては，観察や操作，実験などの活動を通して，数量や図形などの性質を見いだしたり，（　f　）させたりする機会を設けること。
> (4)　数学的活動の過程を（　g　），レポートにまとめ発表することなどを通して，その成果を（　h　）機会を設けること。

ア	意味	イ	統合	ウ	必要性	エ	意義
オ	深める	カ	見通し	キ	構想	ク	検討する
ケ	対話する	コ	道筋	サ	振り返り	シ	楽しめる
ス	発展	セ	共有する	ソ	評価・改善する		

(☆☆☆◎◎◎◎)

【高等学校】

【 1 】 不定積分 $\int \dfrac{x^3+x^2-1}{x^2-1}dx$ を求めなさい。

(☆☆◎◎◎◎)

【 2 】 数列 $\dfrac{1}{2}$, $\dfrac{2}{3}$, $\dfrac{1}{3}$, $\dfrac{3}{4}$, $\dfrac{2}{4}$, $\dfrac{1}{4}$, $\dfrac{4}{5}$, ……について，次の(1)〜(3) の問いに答えなさい。

(1) $\dfrac{18}{25}$ は初めから数えて第何項目にあるかを求めなさい。

(2) この数列の第1000項を求めなさい。

(3) この数列の初項から第1000項までの和を求めなさい。

(☆☆☆◎◎◎)

【 3 】 関数 $f(x)=(x^2+2x+1)e^{-x}$ について，次の(1)〜(3)の問いに答えなさい。

(1) 関数 $y=f(x)$ を微分しなさい。

(2) 関数 $y=f(x)$ の増減，極値，凹凸及び変曲点を調べて，そのグラフ の概形をかきなさい。ただし，$\displaystyle \lim_{x \to +\infty} x^2 e^{-x}=0$ を用いてよい。

(3) m が実数のとき，方程式 $x^2+2x-me^x+1=0$ の実数解の個数を求め なさい。

(☆☆☆◎◎◎◎)

【 4 】 次の文は，高等学校学習指導要領「数学」の「第3 数学Ⅲ」の「2 内容 (1)極限」の一部である。(a)〜(e)にあてはまる語句や記 号を書きなさい。

---

(1) 極限
　数列及び関数の値の極限について，数学的活動を通して，次 の事項を身に付けることができるよう指導する。
ア　次のような知識及び技能を身に付けること。
　(ア) 数列の極限について理解し，数列(a)の極限などを基 に簡単な数列の極限を求めること。

　　(イ)　無限級数の(b)，(c)について理解し，(d)などの簡単な無限級数の和を求めること。

　　(ウ)　簡単な分数関数と(e)の値の変化やグラフの特徴について理解すること。

(☆☆☆◎◎◎◎)

【5】次の文は，高等学校学習指導要領「数学」の「第4　数学A」の「2　内容　(2)場合の数と確率」の一部である。(a)～(e)にあてはまる語句や記号を書きなさい。

---

(2)　場合の数と確率

　　場合の数と確率について，数学的活動を通して，その(a)を認識するとともに，次の事項を身に付けることができるよう指導する。

　イ　次のような思考力，判断力，表現力等を身に付けること。

　　(ア)　事象の(b)などに着目し，場合の数を求める方法を多面的に考察すること。

　　(イ)　確率の性質や法則に着目し，確率を求める方法を多面的に考察すること。

　　(ウ)　確率の性質などに基づいて事象の起こりやすさを判断したり，(c)を意思決定に活用したりすること。

[用語・記号]　${}_nP_r$，(d)，階乗，$n!$，(e)

(☆☆☆◎◎◎◎)

【6】次の文は，高等学校学習指導要領「数学」の「第3款　各科目にわたる指導計画の作成と内容の取扱い」の一部である。(a)～(e)にあてはまる語句を[語群]より選び，書きなさい。

1　指導計画の作成に当たっては，次の事項に配慮するものとする。

(5)　障害のある生徒などについては，学習活動を行う場合に生じる(　a　)に応じた指導内容や(　b　)の工夫を計画的，(　c　)に行うこと。

2　内容の取扱いに当たっては，次の事項に配慮するものとする。

(2)　各科目の指導に当たっては，必要に応じて，(　d　)や(　e　)などを適切に活用し，学習の効果を高めるようにすること。

[語群]　課題　　指導方法　　体系的　　デジタル教科書
　　　　情報通信ネットワーク　　問題点　　組織的
　　　　指導順序　　困難さ　　コンピュータ　　系統的
　　　　電子黒板

(☆☆☆◎◎◎)

解答・解説

【中高共通】

【1】(1)　$-\dfrac{9}{2} < x < -\dfrac{27}{10}$　　(2)　$\dfrac{-2\sqrt{2} + \sqrt{6} - \sqrt{10}}{2}$

(3)　$a = 0$のとき，$3x - 3 = 0$

$x = 1 \cdots ①$

$a \neq 0$のとき，$ax^2 + (3 - a)x - 3 = 0$

$(x - 1)(ax + 3) = 0$

$x - 1 = 0,\ ax + 3 = 0$

$x = 1,\ -\dfrac{3}{a} \cdots ②$

①，②より求める解は，

$a=0$ のとき $x=1$

$a \neq 0$ のとき $x=1,\ -\dfrac{3}{a}$

(4) 二次方程式 $x^2+(a-1)x+1=0$, $x^2-ax+a^2+2a+1=0$ の判別式をそれぞれ D_1, D_2 とすると，二次方程式で，実数解をもつので $D_1 \geqq 0$, $D_2 \geqq 0$

$D_1=(a-1)^2-4=a^2-2a-3=(a-3)(a+1) \geqq 0$

$a \leqq -1,\ 3 \leqq a$ …①

$D_2=a^2-4(a^2+2a+1)=-3a^2-8a-4=-(3a^2+8a+4)$

$=-(3a+2)(a+2) \geqq 0$

$(3a+2)(a+2) \leqq 0$

$-2 \leqq a \leqq -\dfrac{2}{3}$ …②

①，②より，$a \leqq -\dfrac{2}{3},\ 3 \leqq a$

〈解説〉(1) 各辺に12をかけて，$24x+66<4x+12<6x+21$

よって，$\begin{cases} 24x+66<4x+12 \\ 4x+12<6x+21 \end{cases}$

$\begin{cases} 20x+54<0 \\ -2x-9<0 \end{cases}$

$\begin{cases} x<-\dfrac{27}{10} \\ x>-\dfrac{9}{2} \end{cases}$

$-\dfrac{9}{2}<x<-\dfrac{27}{10}$

(2) (与式) $=\sqrt{8-2\sqrt{12}}-\dfrac{\sqrt{8+2\sqrt{15}}}{\sqrt{2}}$

$=\sqrt{6}-\sqrt{2}-\dfrac{\sqrt{5}+\sqrt{3}}{\sqrt{2}}=\dfrac{2\sqrt{6}-2\sqrt{2}}{2}-\dfrac{\sqrt{10}+\sqrt{6}}{2}$

$=\dfrac{-2\sqrt{2}+\sqrt{6}-\sqrt{10}}{2}$

(3)・(4) 解答参照。

【2】(1) ∠ABC＝θ とすると，

△ABCにおいて，余弦定理より

$AC^2 = 3^2 + 5^2 - 2 \cdot 3 \cdot 5\cos\theta$

　　$= 34 - 30\cos\theta$ …①

△ACDにおいて，余弦定理より

$AC^2 = 5^2 + 8^2 - 2 \cdot 5 \cdot 8\cos(180° - \theta)$

　　$= 89 + 80\cos\theta$ …②

①，②より，$\cos\theta = -\dfrac{1}{2}$　　$\theta = 120°$

よって，∠ABC＝120°

(2) (1)の①より　$AC^2 = 34 - 30 \times \left(-\dfrac{1}{2}\right) = 49$

AC＞0より，AC＝7

△ABCにおいて，正弦定理より

$\dfrac{AC}{\sin 120°} = 2R$

$R = \dfrac{7}{2\sin 120°} = \dfrac{7}{2 \cdot \dfrac{\sqrt{3}}{2}} = \dfrac{7\sqrt{3}}{3}$

よって，四角形ABCDの外接円の半径Rは，$\dfrac{7\sqrt{3}}{3}$

(3) $S = △ABC + △ACD = \dfrac{1}{2} \cdot 3 \cdot 5\sin 120° + \dfrac{1}{2} \cdot 5 \cdot 8\sin 60°$

$= \dfrac{55\sqrt{3}}{4}$

よって，四角形ABCDの面積Sは，$\dfrac{55\sqrt{3}}{4}$

〈解説〉図は次のようになる。

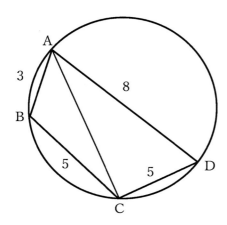

【３】(1)　点Oは左端から0cmのところにある点だから，目盛りは$2^{\frac{0}{12}}=$
$2^0=1$

(2)　OP$=x$〔cm〕とすると，Pの目盛りは$2^{\frac{x}{12}}$であり，Qの目盛りは，
$2^{\frac{x+24}{12}}=2^{2+\frac{x}{12}}=4\cdot2^{\frac{x}{12}}$

よって，Qの目盛りはPの目盛りの4倍である。

(3)　Pの目盛りをyとする。

OP$=x$〔cm〕のとき，$2^{\frac{x}{12}}=y$より　$x=12\log_2 y$

OCの長さは，$12\log_2 8=12\times3$〔cm〕

ODの長さは，$12\log_2 16=12\times4$〔cm〕

よって，OMの長さは，$\dfrac{\text{OC}+\text{OD}}{2}=42$〔cm〕

したがって，Mの目盛りは，$2^{\frac{42}{12}}=2^{\frac{7}{2}}=8\sqrt{2}$

(4)　目盛りが5の点をRとおくと，ORの長さは，$12\log_2 5$〔cm〕

よって，OR$-$OB$=12\log_2 5-12\log_2 4$

$$=12\cdot\dfrac{\log_{10}5}{\log_{10}2}-24=12\cdot\dfrac{1-\log_{10}2}{\log_{10}2}-24=\dfrac{12}{0.301}-36$$

$$=3.86\cdots$$

よって，目盛り5は，点Bから右へ3.9cmのところになる。

〈解説〉解答参照。

20

【4】(1) 無作為に4枚選んだとき,「最大の数が10以下である」という事象をA,「最小の数が4以上である」という事象をBと表すと,求める事象は,A∩Bである。つまり,4から10までの7枚から4枚を選べばよく,求める選び方の総数は $n(A \cap B) = {}_7C_4 = 35$〔通り〕

(2) 全体集合をUとすると,$n(U) = {}_{13}C_4 = 715$〔通り〕

求めるものの事象は,$\overline{A} \cap \overline{B}$であり,その余事象は$\overline{\overline{A} \cap \overline{B}} = A \cup B$であるから,求める選び方の総数は,

$n(\overline{A} \cap \overline{B}) = n(U) - n(A \cup B)$ である。

ここで,$n(A \cup B) = n(A) + n(B) - n(A \cap B)$

$n(A) = {}_{10}C_4 = 210$

$n(B) = {}_{10}C_4 = 210$

$n(A \cap B) = {}_7C_4 = 35$

であるから,求める選び方の総数は,

$n(\overline{A} \cap \overline{B}) = 715 - (210 + 210 - 35) = 330$〔通り〕

(3) 1～13の数字を3で割った余りで分類して,3で割ると1余る数の集合をC,3で割ると2余る数の集合をD,3で割りきれる数の集合をEとすると,

C={1, 4, 7, 10, 13}

D={2, 5, 8, 11}

E={3, 6, 9, 12} である。

まず,13枚から4枚を選ぶ選び方の総数は,${}_{13}C_4 = 715$〔通り〕

ここで,選んだ4枚の数の和が3で割り切れる選び方は,

(a) Eから4枚選ぶ

(b) Eから2枚,CとDから各1枚ずつ選ぶ

(c) Eから1枚,Cから3枚選ぶ

(d) Eから1枚,Dから3枚選ぶ

(e) CとDから各2枚ずつ選ぶ である。

(a)～(e)までの選び方の総数は

${}_4C_4 + {}_4C_2 \cdot {}_5C_1 \cdot {}_4C_1 + {}_4C_1 \cdot {}_5C_3 + {}_4C_1 \cdot {}_4C_3 + {}_5C_2 \cdot {}_4C_2 = 237$

　　よって，求める確率は$\dfrac{237}{715}$

〈解説〉解答参照。

【中学校】

【１】 $12\sqrt{3}$ 〔cm²〕

〈解説〉4点P，Q，R，Sを通る平面で2つの立体に切り分けると図のよう
　　に切り口は正六角形となる。AP＝AQ＝2〔cm〕なのでこの正六角形
　　の1辺はPQ＝$2\sqrt{2}$〔cm〕

　　よって，この正六角形の面積は，$6\times\dfrac{1}{2}\times 2\sqrt{2}\times 2\sqrt{2}\times\sin 60°=$
　　$12\sqrt{3}$〔cm²〕

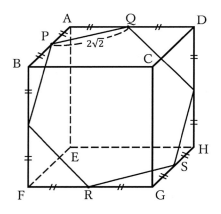

【２】 (1)　点Cを通り，ADに平行な直線と，ABを延長した直線との交点
　　をPとする

　　AD//PCより，同位角が等しいので　∠BAD＝∠APC …①

　　AD//PCより，錯角が等しいので　∠CAD＝∠ACP …②

　　ADは∠Aの二等分線より　∠BAD＝∠CAD …③

　　①，②，③より，∠APC＝∠ACP

　　よって，△ACPは二等辺三角形になる

　　したがって，AP＝AC …④

△BCPで，AD//PCより　BA：AP＝BD：DC …⑤

④，⑤より，AB：AC＝BD：DC

(2)　(a)　△BACで(1)より　BA：BC＝AQ：QC

よって，AQ：QC＝5：6

だから，$AQ=7 \times \dfrac{5}{11}=\dfrac{35}{11}$

△ABQで(1)より　AB：AQ＝BR：RQ

よって，$BR：RQ=5：\dfrac{35}{11}=11：7$

(b)　RとCを結ぶ

△RCQ：△RBC＝7：11より　$\triangle RCQ=\dfrac{7}{18} \times \triangle QBC$ …①

△QBC：△ABQ＝6：5より　$\triangle QBC=\dfrac{6}{11} \times \triangle ABC$ …②

①，②より　$\triangle RCQ=\dfrac{7}{18} \times \dfrac{6}{11} \times \triangle ABC$

$\qquad\qquad\qquad =\dfrac{7}{33} \times \triangle ABC$ …③

また，

△RPC：△RBP＝7：5より　$\triangle RPC=\dfrac{7}{12} \times \triangle RBC$ …④

△RBC：△RCQ＝11：7より　$\triangle RBC=\dfrac{11}{18} \times \triangle QBC$ …⑤

②，④，⑤より　$\triangle RPC=\dfrac{7}{12} \times \dfrac{11}{18} \times \dfrac{6}{11} \times \triangle ABC$

$\qquad\qquad\qquad =\dfrac{7}{36} \times \triangle ABC$ …⑥

③＋⑥より　$\triangle RCQ+\triangle RPC=\dfrac{7}{33} \times \triangle ABC+\dfrac{7}{36} \times \triangle ABC$

四角形$RPCQ=\dfrac{161}{396} \times \triangle ABC$

ゆえに，$\dfrac{161}{396}$〔倍〕

〈解説〉(1)　Pの位置関係と各角度の関係は次の図のようになる。

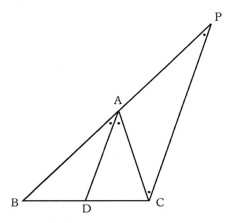

(2)　解答参照。

【３】(1)　$a=-\dfrac{1}{6}$　　$b=-\dfrac{1}{2}$　　$c=-3$

(2)　Aは$y=x^2$と$y=x+6$との交点より

$x^2=x+6$　　これを解いて，$x=-2,\ 3$

Aのx座標は負の数より，A$(-2,\ 4)$

A$(-2,\ 4)$，D$(6,\ -6)$を通る直線の式は　$y-4=\dfrac{-6-4}{6+2}(x+2)$

ゆえに，$y=-\dfrac{5}{4}x+\dfrac{3}{2}$

(3)　Cは$y=-\dfrac{1}{6}x^2$と$y=-\dfrac{1}{2}x-3$との交点より

$-\dfrac{1}{6}x^2=-\dfrac{1}{2}x-3$　　これを解いて，$x=-3,\ 6$

Cのx座標は負の数より，C$\left(-3,\ -\dfrac{3}{2}\right)$

Aを通り，直線BCに平行な直線をひき，この直線の式を求めると

$y-4=\dfrac{7}{4}(x+2)$　　したがって，$y=\dfrac{7}{4}x+\dfrac{15}{2}$

また，この直線と$y=-\dfrac{1}{2}x-3$との交点をPとし，このPの座標を求め

ると，$P\left(-\dfrac{14}{3}, -\dfrac{2}{3}\right)$

$P\left(-\dfrac{14}{3}, -\dfrac{2}{3}\right)$とD(6，−6)の中点をMとおくと，$M\left(\dfrac{2}{3}, -\dfrac{10}{3}\right)$となる

また，Bは$y=x^2$と$y=x+6$との交点より

$x^2=x+6$　　これを解いて，$x=-2, 3$

Bのx座標は正の数より，B(3，9)

四角形ACDB＝△PDBより中点$M\left(\dfrac{2}{3}, -\dfrac{10}{3}\right)$とB(3，9)を通る直線が求

める直線となるので，その直線の式は

$$y+\dfrac{10}{3}=\dfrac{9+\dfrac{10}{3}}{3-\dfrac{2}{3}}\left(x-\dfrac{2}{3}\right)$$

ゆえに，　$y=\dfrac{37}{7}x-\dfrac{48}{7}$

〈解説〉(1)　点D(6，−6)は②上の点なので，$-6=36a$　∴　$a=-\dfrac{1}{6}$

同様に点D(6，−6)は④上の点なので，$-6=6b+c$　…⑤

点Eは③とx軸との交点なので，$0=x+6$より，$x=-6$　∴　E(−6，0)

同様に点Eは④とx軸との交点なので，$0=-6b+c$　…⑥

⑤と⑥を解いて，$b=-\dfrac{1}{2}, c=-3$

(2)　解答参照。

(3)　四角形ABCDと△PDBは等積変形より，面積が等しくなる。

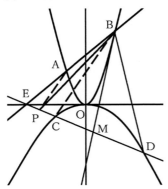

【４】(1)　a　概念　　b　数学化　　c　論理的　　d　複数の集団
　　e　起こりやすさ　　(2)　a　シ　　b　エ　　c　ウ　　d　キ
　　e　ソ　　f　ス　　g　サ　　h　セ

〈解説〉(1)　各教科の目標および内容は，「知識及び技能」，「思考力，判断力，表現力等」，「学びに向かう力，人間性等」の3つの柱で構成されている。問題部分の数学における各学年の目標の「知識及び技能」では，各領域の基礎的な概念や原理・原則を理解し，事象を数学化・解釈し表現・処理する技能を養うことが，「思考力，判断力，表現力等」では，数学の事象や性質について論理的に，批判的に考察し判断する力を養うことが示されている。また，中学第2学年では，「データの活用」において，複数の集団のデータの分布，不確定な事象の起こりやすさを取り扱う。　(2)　学習指導要領における数学的活動とは「事象を数理的に捉え，数学の問題を見いだし，問題を自立的，協働的に解決する過程を遂行すること」である。数学的活動における配慮事項は，「(1)　数学的活動を楽しみ，数学を学習することの意義や数学の必要性を実感すること」，「(2)　見通しをもって数学的活動に取り組み，振り返ること」，「(3)　観察や操作，実験などの活動を通すこと」，「(4)　数学的活動の成果を共有すること」の4点である。

【高等学校】

【１】$\displaystyle \int \frac{x^3+x^2-1}{x^2-1}dx = \int \left(x+1+\frac{x}{x^2-1}\right)dx$

$= \dfrac{1}{2}x^2+x+\dfrac{1}{2}\log|x^2-1|+C$　　（Cは積分定数）

〈解説〉解答参照。

【２】(1)　分母が等しいものを群として，次のように区切って考える。

$$\frac{1}{2}\left|\frac{2}{3}, \frac{1}{3}\right|\frac{3}{4}, \frac{2}{4}, \frac{1}{4}\left|\frac{4}{5}, \cdots\cdots\right.$$

第n群の項数はn，第nの初項は$\dfrac{n}{n+1}$

$\dfrac{18}{25}$は第24群の7番目である。

第23群の末項までの項数は 　$1+2+\cdots\cdots+23=\dfrac{1}{2}\cdot23\cdot24=276$

よって，$276+7=283$であるから，$\dfrac{18}{25}$は第283項目

(2) 　第1群から第n群までの項数は 　$1+2+\cdots\cdots+n=\dfrac{1}{2}n(n+1)$

よって，第1000項が第n群に含まれるとすると

$\dfrac{1}{2}(n-1)n<1000\leqq\dfrac{1}{2}n(n+1)$ …①

$\dfrac{1}{2}\cdot44\cdot45=990,\quad\dfrac{1}{2}\cdot45\cdot46=1035$

であるから，①を満たす整数nは 　$n=45$

ゆえに，第1000項は第45群の$1000-990=10$(番目)の数であるから 　$\dfrac{36}{46}$

(3) 　第n群に含まれるすべての数の和は

$\dfrac{1}{n+1}(1+2+\cdots\cdots+n)=\dfrac{1}{n+1}\cdot\dfrac{1}{2}n(n+1)=\dfrac{n}{2}$

よって，初項から第1000項までの和は

$\displaystyle\sum_{k=1}^{44}\dfrac{k}{2}+\dfrac{1}{46}(45+44+\cdots\cdots+36)$

$=\dfrac{1}{2}\cdot\dfrac{1}{2}\cdot44\cdot45+\dfrac{1}{46}\cdot405$

$=495+\dfrac{405}{46}$

$=\dfrac{23175}{46}$

〈解説〉解答参照。

【3】(1) 　$f'(x)=(2x+2)e^{-x}-(x^2+2x+1)e^{-x}=(-x^2+1)e^{-x}$

(2) 　(1)より，

$f'(x)=-(x+1)(x-1)e^{-x}$

$f'(x)=0$とすると，$e^{-x}\neq0$ 　から 　$x=-1,\ 1$

$f''(x)=-2xe^{-x}+(x^2-1)e^{-x}=(x^2-2x-1)e^{-x}$

$f''(x)=0$とすると，$e^{-x}\neq0$ 　から 　$x^2-2x-1=0$

よって，$x=1\pm\sqrt{2}$ 　　$\displaystyle\lim_{x\to+\infty}f(x)=0,\ \lim_{x\to-\infty}f(x)=\infty$

増減と凹凸の表は次のようになる。

x	$\cdots$	-1	$\cdots$	$1-\sqrt{2}$	$\cdots$	1	$\cdots$	$1+\sqrt{2}$	$\cdots$
$f'(x)$	$-$	0	$+$	$+$	$+$	0	$-$	$-$	$-$
$f''(x)$	$+$	$+$	$+$	0	$-$	$-$	$-$	0	$+$
$f(x)$	↘	極小	↗	変曲点	↗	極大	↘	変曲点	↘

$x=1$のとき極大値$\dfrac{4}{e}$，$x=-1$のとき極小値0

変曲点は点$(1\pm\sqrt{2}$，$(6\pm4\sqrt{2})e^{-(1\pm\sqrt{2})})$　（複号同順）

以上から，グラフの概形は次図のようになる。

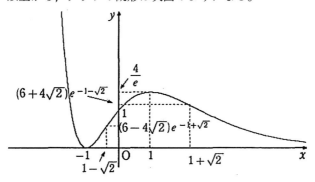

(3)　$x^2+2x-me^x+1=0$　より　$x^2+2x+1=me^x$

$e^x\neq0$であるから，$(x^2+2x+1)e^{-x}=m$と同値。

(2)で求めた$y=(x^2+2x+1)e^{-x}$と$y=m$のグラフの共有点の個数が$x^2+2x-me^x+1=0$の実数解の個数に等しいから，グラフにより

$m<0$のとき0個，$m=0$のとき1個，$0<m<\dfrac{4}{e}$のとき3個，

$m=\dfrac{4}{e}$のとき2個，$\dfrac{4}{e}<m$のとき1個

〈解説〉解答参照。

【4】a　$\{r^x\}$　　b　収束　　c　発散　　d　無限等比級数　　e　無理関数

〈解説〉数学Ⅲの極限では，簡単な数列の極限の求め方，無限級数の収束，

発散について取り扱い，無限等比級数の和の求め方を指導する他，関連して，分数関数や無理関数のグラフの形，変化について確認し，その特徴についても指導を行う。また，問題部分の続きでは，合成関数や逆関数，関数の極限について指導することが示されている。

【5】a　有用性　　b　構造　　c　期待値　　d　$_nC_r$　　e　排反
〈解説〉数学の教科としての目標の中には，「数学のよさを認識させ～」とある。数学のよさとは，社会における数学の有用性や実用性も含まれており，これを踏まえ，各内容でも法則や概念の有用性を理解させることが明言されている。場合の数と確率では，事象の構造や法則に着目して，場合の数や確率を求める方法を指導する。確率の性質や期待値などを基にして事象の起こりやすさを判断し，意思決定に活用できるように指導を行う。指導の中では，順列，組合せ，階乗，独立事象と排反事象などを取り扱う。

【6】a　困難さ　　b　指導方法　　c　組織的　　d　コンピュータ
　　e　情報通信ネットワーク
〈解説〉指導計画の作成の配慮事項では，障害のある生徒に対しては，困難さや個人特性などに応じて指導方法・内容の工夫を組織的に行うこと，指導の中でコンピュータなどのICT機器や情報通信ネットワークなどを活用し授業の効果を高めることが示されている。

2023年度　実施問題

【中高共通】

【1】次の(1)〜(3)の問いに答えなさい。

(1)　$\dfrac{2}{\sqrt{3}-1}$ の整数部分を a，小数部分を b とする。このとき，$\dfrac{1}{a-b-1}-\dfrac{1}{a+b+1}$ の値を求めなさい。なお，解答には答えのみを記入すること。

(2)　n が自然数であるとき，$\dfrac{8n^2+8n+120}{2n+3}$ が自然数となるための n の値をすべて求めなさい。

(3)　$|x^2-x-6|-x-2>0$ を解きなさい。

(☆☆☆◎◎◎◎)

【2】長さ12の線分ABを直径とする半円がある。次の図のように，この半円の円周上に点Pをとり，点Pから線分ABに垂線をひき，その交点をQとする。線分ABの中点をOとし，OQ＝x とするとき，以下の(1)・(2)の問いに答えなさい。ただし，点Qは2点O，Bをのぞく線分OB上にあるものとする。

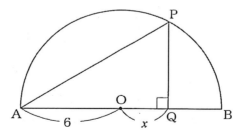

(1)　線分ABを軸として△PAQを1回転させてできる円錐の体積を式で表しなさい。

(2)　この円錐の体積の最大値を求めなさい。

(☆☆☆◎◎◎◎)

【3】　α，β が $\alpha > 0°$，$\beta > 0°$，$\alpha + \beta < 180°$ かつ $\sin^2\alpha + \sin^2\beta = \sin^2(\alpha + \beta)$ を満たすとき，$\sin\alpha + \sin\beta$ の範囲について，次の(1)・(2)の問いに答えなさい。

(1)　$\sin\alpha + \sin\beta$ の範囲について，AさんとBさんが次のような考察をしました。二人の会話文を読んで，[　ア　]～[　カ　]にあてはまる最も適切な値または式を答えなさい。ただし，[　ア　]，[　イ　]には値が入り，[　ウ　]～[　カ　]には式が入る。

Aさん：$\sin^2\alpha + \sin^2\beta = \sin^2(\alpha + \beta)$ を簡単な α と β の関係式に直すことができたら良さそうだね。

Bさん：そうだね，加法定理などを用いて計算を進めていけば，何とかなると思うけど，もっと上手い方法はないかな。

Aさん：$\alpha > 0°$，$\beta > 0°$，$\alpha + \beta < 180°$ の条件は，$\gamma = 180° - (\alpha + \beta)$ とおくと，$\alpha + \beta + \gamma = $[　ア　]$°$，$\alpha > 0°$，$\beta > 0°$，$\gamma > $[　イ　]$°$ だから，α，β，γ を3つの内角とする三角形が存在するね。

Bさん：なるほど，この三角形の α，β，γ の対辺の長さを a，b，c，外接円の半径を R とすると，<u>正弦定理より，[　ウ　]＝[　エ　]＝[　オ　]＝[　カ　]</u>だから，この式を利用すれば上手く求めることができそうだね。

---

(2)　下線部を利用して，$\sin\alpha + \sin\beta$ の範囲を求めなさい。

(☆☆☆◎◎◎◎◎)

【4】スイッチを1回押すごとに，赤，青，黄のいずれかの色の玉が1個，等しい確率$\frac{1}{3}$で出てくる機械がある。箱L，箱Rを用意し，次の3種類の操作を考える。

(A)　1回スイッチを押し，出てきた玉を箱Lに入れる。

(B)　1回スイッチを押し，出てきた玉を箱Rに入れる。

(C)　1回スイッチを押し，出てきた玉と同じ色の玉が，箱Lになければその玉を箱Lに入れ，箱Lにあればその玉を箱Rに入れる。

次の(1)～(3)の問いに答えなさい。

(1)　箱Lと箱Rは空であるとする。操作(A)を4回行い，さらに操作(B)を4回行う。このとき箱Lにも箱Rにも3色すべての玉が入っている確率P_1を求めなさい。

(2)　箱Lと箱Rは空であるとする。操作(C)を4回行う。このとき，箱Lに3色すべての玉が入っている確率P_2を求めなさい。

(3)　箱Lと箱Rは空であるとする。操作(C)を8回行う。このとき，箱Lにも箱Rにも3色すべての玉が入っている確率P_3を求めなさい。

(☆☆☆◎◎◎)

【中学校】

【1】1個60円で仕入れた商品を1個100円で販売すると1日で200個売れる。この商品は1円値下げするごとに売れる個数が6個ずつ増える。この商品の1日の利益が8050円になるようにするには，何円で販売すればよいか求めなさい。

(☆☆◎◎◎◎)

【2】次の図のように，3点A，B，Cが円Oの円周上にある平行四辺形ABCDがある。辺ADと円Oとの交点をE，線分ACと線分BEとの交点をFとする。以下の(1)・(2)の問いに答えなさい。

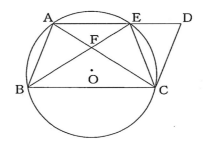

(1) △ACD≡△BECであることを証明しなさい。

(2) AB＝6，AE＝8，ED＝4のとき，△FBCの面積を求めなさい。

(☆☆☆◎◎◎)

【3】次の図のような1辺の長さが$2\sqrt{3}$の合同な正三角形でつくられる展開図がある。以下の(1)〜(3)の問いに答えなさい。

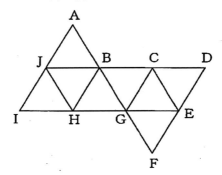

(1) この展開図を組み立てるとき，頂点Dと重なる頂点を記号で答えなさい。

(2) この展開図を組み立ててできる立体の体積を求めなさい。

(3) この展開図を組み立ててできる立体に内接する球を考えるとき，この内接する球の半径を求めなさい。

(☆☆☆◎◎)

【4】中学校学習指導要領「第2章　各教科」「第3節　数学」について，次の(1)・(2)の問いに答えなさい。

(1)　次の文は，「第1　目標」の一部である。(a)～(h)にあてはまる最も適切な語句を，以下のア～ソの中からそれぞれ1つ選び，記号で書きなさい。

> 　　数学的な見方・考え方を働かせ，数学的活動を通して，数学的に考える資質・能力を次のとおり育成することを目指す。
> (1)　数量や図形などについての基礎的な(a)や原理・法則などを理解するとともに，事象を数学化したり，数学的に(b)したり，数学的に表現・処理したりする技能を身に付けるようにする。
> (2)　数学を活用して事象を(c)に考察する力，数量や図形などの性質を見いだし(d)・(e)に考察する力，数学的な表現を用いて事象を簡潔・明瞭・的確に表現する力を養う。
> (3)　数学的活動の楽しさや(f)を実感して粘り強く考え，数学を生活や学習に生かそうとする態度，問題解決の過程を振り返って(g)・(h)しようとする態度を養う。

ア　論理的　　イ　有用感　　ウ　解答
エ　具体的　　オ　数学のよさ　カ　概念
キ　評価　　　ク　内容　　　ケ　統合的
コ　説明　　　サ　解釈　　　シ　検討
ス　発展的　　セ　抽象的　　ソ　改善

(2)　次の文は，〔第2学年〕「2　内容」の一部である。(a)～(e)にあてはまる最も適切な語句を書きなさい。(同じ記号には，同じ語句が入るものとする。)

D　データの活用

(1)　データの分布について，数学的活動を通して，次の事項を身に付けることができるよう指導する。

ア　次のような知識及び技能を身に付けること。

(ア)　(　a　)や箱ひげ図の(　b　)と意味を理解すること。

(イ)　(　c　)などの情報手段を用いるなどしてデータを整理し箱ひげ図で表すこと。

イ　次のような思考力，判断力，表現力等を身に付けること。

(ア)　(　a　)や箱ひげ図を用いてデータの分析の傾向を(　d　)して読み取り，(　e　)に考察し判断すること。

(☆☆☆○○○○)

【高等学校】

【1】 $\displaystyle\lim_{n\to\infty}\dfrac{(1+2+\cdots\cdots+n)(1^2+2^2+\cdots\cdots+n^2)}{n(1^3+2^3+\cdots\cdots+n^3)}$ の値を求めなさい。

(☆☆☆☆○○○)

【2】複素数 z が $|z-3|=2|z+3i|$ を満たして動くとき，次の(1)・(2)の問いに答えなさい。

(1)　点 z の全体は複素数平面上でどのような図形を表すか，答えなさい。

(2)　$|z|$ の最小値を求めなさい。

(☆☆☆☆○○○)

【3】関数 $f(x)=(x^{2x}-1)(\log x+1)$ $(x>0)$ について，次の(1)～(3)の問いに答えなさい。

(1)　$f(x)=0$ となる x の値を求めなさい。

(2)　x^2 の導関数を求めなさい。

(3)　曲線 $y=f(x)$ と x 軸とで囲まれた図形のうち，$y≦0$ の部分の面積を求めなさい。

(☆☆☆◎◎◎◎)

【４】次の文は，高等学校学習指導要領「数学」の「第1　数学Ⅰ」の「2　内容　(1)数と式」の一部である。(a)〜(e)にあてはまる語句を書きなさい。

---

(1)　数と式

　　数と式について，数学的活動を通して，次の事項を身に付けることができるよう指導する。

ア　次のような知識及び技能を身に付けること。

(ア)　数を実数まで拡張する意義を理解し，簡単な(a)の四則計算をすること。

(イ)　(b)に関する基本的な概念を理解すること。

(ウ)　二次の(c)及び(d)の公式の理解を深めること。

(エ)　不等式の解の意味や不等式の性質について理解し，(e)を求めること。

(☆☆☆◎◎◎◎)

【５】次の文は，高等学校学習指導要領「数学」の「第5数学B」の「2　内容　(2)統計的な推測」の一部である。(a)〜(e)にあてはまる語句を語群より選び，記号で答えなさい。

---

(2)　統計的な推測

　　統計的な推測について，数学的活動を通して，その有用性を認識するとともに，次の事項を身に付けることができるよう指導する。

ア　次のような知識及び技能を身に付けること。

　　　(ア)　(　a　)の考え方について理解を深めること。

　　　(イ)　(　b　)と確率分布について理解すること。

　　　(ウ)　(　c　)と正規分布の性質や特徴について理解すること。

　　　(エ)　正規分布を用いた(　d　)及び(　e　)の方法を理解すること。

　語群　ア　確率変数　　イ　仮説検定　　ウ　情報機器

　　　　エ　信頼区間　　オ　区間推定　　カ　二項分布

　　　　キ　有意水準　　ク　標本調査　　ケ　表やグラフ

　　　　コ　母集団

(☆☆☆◎◎◎◎)

【6】次の文は，高等学校学習指導要領「数学」の「第3款　各科目にわたる指導計画の作成と内容の取扱い」の一部である。(　a　)～(　d　)にあてはまる語句を書きなさい。ただし，同じ記号には同じ語句が入るものとする。

　1　指導計画の作成に当たっては，次の事項に配慮するものとする。

　　(3)　「(　a　)」については，「(　b　)」と並行してあるいは「(　b　)」を履修した後に履修させ，「(　c　)」及び「(　d　)」については，「(　b　)」を履修した後に履修させることを原則とすること。

(☆☆☆◎◎◎◎)

解答・解説

【中高共通】

【１】(1)　$\dfrac{1}{a-b-1}-\dfrac{1}{a+b+1}=2\sqrt{3}$

(2)　$8n^2+8n+120=(2n+3)(4n-2)+126$ だから

$\dfrac{8n^2+8n+120}{2n+3}=4n-2+\dfrac{126}{2n+3}$

これが自然数になるには，$2n+3$ が $126=2\times3^2\times7$ の約数であればいい。

$2n+3$ は5以上の奇数なので，$2n+3=7$，9，21，63

よって，$n=2$，3，9，30

(3)　[1]　$x^2-x-6\geqq0$

つまり，$x\leqq-2$，$x\geqq3$　のとき

$x^2-x-6-x-2>0$

$x^2-2x-8>0$

$(x-4)(x+2)>0$

よって，$x<-2$，$4<x$

[2]　$x^2-x-6<0$

つまり，$-2<x<3$　のとき

$-(x^2-x-6)-x-2>0$

$x^2-4<0$

$(x-2)(x+2)<0$

よって，$-2<x<2$

したがって

$x<-2$，$-2<x<2$，$4<x$

〈解説〉(1)　$\dfrac{2}{\sqrt{3}-1}=\sqrt{3}+1=2+(\sqrt{3}-1)$ より，$1<\sqrt{3}<2$ であるから，

整数部分は，$a=2$，小数部分は，$b=\sqrt{3}-1$

$a-b-1=2-(\sqrt{3}-1)-1=2-\sqrt{3}$

$a+b+1=2+(\sqrt{3}-1)+1=2+\sqrt{3}$

よって，$\dfrac{1}{a-b-1}-\dfrac{1}{a+b+1}=\dfrac{1}{2-\sqrt{3}}-\dfrac{1}{2+\sqrt{3}}=2+\sqrt{3}-$

$(2-\sqrt{3})=2\sqrt{3}$

(2)・(3)　解答参照。

【2】(1)　$\triangle$POQで三平方の定理より，PQ$=\sqrt{36-x^2}$

また，AQ$=x+6$となる。

よって，円錐の体積Vは，

$V=\dfrac{1}{3}\cdot\pi\,\text{PQ}^2\cdot\text{AQ}$

　$=\dfrac{\pi}{3}(\sqrt{36-x^2})^2(x+6)$

　$=\dfrac{\pi}{3}(36-x^2)(x+6)$

　$=\dfrac{\pi}{3}(-x^3-6x^2+36x+216)$

(2)　(1)より，$f(x)=x^3-6x^2+36x+216$とすると

$f'(x)=-3x^2-12x+36$

$f'(x)=-3(x+6)(x-2)$

$f'(x)=0$とすると，$x=-6$，2

$f(x)$の増減表 $(0<x<6)$

x	0	$\cdots$	2	$\cdots$	6
f′(x)		+	0	−	
f(x)		↗	極大	↘	

よって，$f(x)$の最大値は，$f(2)=-8-24+72+216=256$

したがって，最大値は，$\dfrac{256}{3}\pi$ $(x=2$のとき$)$

〈解説〉解答参照。

【3】(1)　ア　180　　イ　0　　ウ　$\dfrac{a}{\sin\alpha}$　　エ　$\dfrac{b}{\sin\beta}$

オ　$\dfrac{c}{\sin\gamma}$　　カ　$2R$

(2)　$\dfrac{a}{\sin\alpha}=\dfrac{b}{\sin\beta}=\dfrac{c}{\sin\gamma}=2R$より，

$\sin\alpha=\dfrac{a}{2R}$,　$\sin\beta=\dfrac{b}{2R}$

また，

$\sin(\alpha+\beta)=\sin\{180°-(\alpha+\beta)\}=\sin\gamma=\dfrac{c}{2R}$

$\sin^2\alpha+\sin^2\beta=\sin^2(\alpha+\beta)$より，

$\left(\dfrac{a}{2R}\right)^2+\left(\dfrac{b}{2R}\right)^2=\left(\dfrac{c}{2R}\right)^2$　$\Leftrightarrow$　$a^2+b^2=c^2$

ゆえに$\gamma=90°$であるから，

$\alpha+\beta=90°\Leftrightarrow\beta=90°-\alpha$

$\beta>0°$より，$0°<\alpha<90°\cdots$①

$\sin\alpha+\sin\beta=\sin\alpha+\sin(90°-\alpha)$

$=\sin\alpha+\cos\alpha$

$=\sqrt{2}\sin(\alpha+45°)$

①より，$45°<\alpha+45°<135°$

ゆえに，$1<\sin\alpha+\sin\beta\leqq\sqrt{2}$

〈解説〉解答参照。

【4】(1)　操作(A)を4回行い，箱Lに3色すべての玉が入っているのは，赤・青・黄のうち，1色が2回出て，その他の色が1回ずつ出る場合である。

よって，3色のうち2回出る色の選び方は，

$_3C_1=3$通り

また，2回出る色の玉をX，他の色の玉をY，Zとすると，X，X，Y，Zの玉の出方は，

$_4C_1\cdot{}_3C_1=12$通り

よって，その確率は　$3 \cdot 12 \cdot \left(\dfrac{1}{3}\right)^4 = \dfrac{4}{9} \cdots ①$

また，同様に考えて，操作(B)を4回行い，箱Rに3色すべての玉が入っている確率は $\dfrac{4}{9}$

よって，$P_1 = \dfrac{4}{9} \cdot \dfrac{4}{9} = \dfrac{16}{81}$

(2)　操作(C)を4回行い，箱Lに3色すべての玉が入っているのは，赤，青，黄のうちの1色が2回出て，その他の色が1回ずつ出る場合である。これは，(1)で求めた①に等しいので　$P_2 = \dfrac{4}{9}$

(3)　操作(C)を8回行い，箱Lにも箱Rにも3色すべての玉が入っているのは，3色の玉がすべて2回以上出る場合である。

3色が2回ずつ出るのに6回必要で，残りの2回はどの色の玉が出てもよいので，次の2つの場合が考えられる。

ア)　ある色が4回出て他の色が2回ずつ出る

イ)　ある2色が3回ずつ出て他の色が2回出る

ア)のとき，3色のうち，4回出る1色の選び方は，$_3C_1$通り

また，4回出る色と玉をX，他の色の玉をY，Zとすると，X，X，X，X，Y，Y，Z，Zの玉の出方は，$_8C_2 \cdot _6C_2$通り

イ)のとき，3色のうち3回出る2色の選び方は，$_3C_2$通り

また，3回出る色の玉をX，Y，他の色の玉をZとすると，X，X，X，Y，Y，Y，Z，Zの玉の出方は，$_8C_2 \cdot _6C_3$通り

よって，
$$P_3 = {}_3C_1 \cdot {}_8C_2 \cdot {}_6C_2 \cdot \left(\dfrac{1}{3}\right)^8 + {}_3C_2 \cdot {}_8C_2 \cdot {}_6C_3 \cdot \left(\dfrac{1}{3}\right)^8$$

$$= \dfrac{2^2 \cdot 5 \cdot 7^2}{3^7} = \dfrac{980}{2187}$$

〈解説〉解答参照。

【中学校】

【１】 x円値下げしたとする $(0＜x＜40$の自然数$)$

$(100-x)(200+6x)-60(200+6x)＝8050$

$3x^2-20x+25＝0$

$(3x-5)(x-5)＝0$

$x＝\dfrac{5}{3}$, 5

$0＜x＜40$の自然数より

$x＝\dfrac{5}{3}$(不適)，$x＝5$(適)

よって，5円値下げしたので

$100-5＝95$　　　　　95〔円〕

〈解説〉解答参照。

【２】(1)　△ACDと△BECで平行四辺形ABCDより

AD＝BC …①

弧CEに対する円周角より

∠CAD＝∠EBC …②

AB//DCより錯角が等しいので

∠ACD＝∠BAC …③

弧BCに対する円周角より

∠BAC＝∠BEC …④

③，④より

∠ACD＝∠BEC …⑤

②，⑤と三角形の内角の和は180°より

∠ADC＝∠BCE …⑥

①，②，⑥より1組の辺とその両端の角がそれぞれ等しいので

△ACD≡△BEC

(2)　(1)より，CD＝CE＝6

△CDEの高さは，$\sqrt{6^2-2^2}＝4\sqrt{2}$

△CDEの面積は，$\dfrac{1}{2}\times4\times4\sqrt{2}=8\sqrt{2}$

AE：ED＝2：1より

△ACD＝$24\sqrt{2}$＝△BEC

BF：FE＝BC：AE＝3：2より

△FBC＝$\dfrac{3}{5}\times24\sqrt{2}=\dfrac{72\sqrt{2}}{5}$

〈解説〉解答参照。

【3】(1) 頂点J

(2) 展開図を組み立ててできる立体は正八面体となる。

正八面体は合同な正四角錐2つに分けられるので正四角錐の底面積は1辺が$2\sqrt{3}$の正方形より，

$2\sqrt{3}\times2\sqrt{3}=12$

正四角錐の高さhを，上図のようにとると，三平方の定理より，

$h^2=(2\sqrt{3})^2-(\sqrt{6})^2$

$h=\sqrt{6}$ $(h>0)$

よって，体積は $\dfrac{1}{3}\times12\times\sqrt{6}\times2=8\sqrt{6}$

(3) 正八面体の側面の1つを底面，球の半径を高さとする三角錐を考える。正八面体は，この三角錐によって8つに分割される。

球の半径をrとすると，三角錐の体積は

$\dfrac{1}{3}\times\dfrac{1}{2}\times2\sqrt{3}\times3\times r=\sqrt{3}\,r$

(2)より，正八面体の体積は$8\sqrt{6}$であるから，

$8\times\sqrt{3}\,r=8\sqrt{6}$

$$r = \sqrt{2}$$

〈解説〉(1)　設問の展開図からできる図形は正八面体である。対応する
　辺は以下のようになり，Dに対応する点はJである。

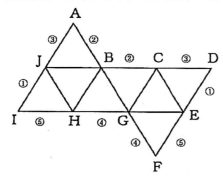

(2)・(3)　解答参照。

【4】(1)　a　カ　　b　サ　　c　ア　　d　ケ　　e　ス　　f　オ
　　g　キ　h　ソ　　(2)　a　四分位範囲　　b　必要性　　c　コンピュ
　ータ　　d　比較　　e　批判的

〈解説〉(1)　「中学校学習指導要領　第2章　第3節　数学　第1　目標」に
ついての問題。各教科の目標及び内容は育成する資質・能力である
「(1)　知識及び技能」，「(2)　思考力，判断力，表現力等」，「(3)　学び
に向かう力，人間性等」の3つの柱で構成されている。目標に置ける
各項目の単語は教科における内容でも頻出する言葉である。

(2)　「第2　各学年の目標及び内容　第2学年　2内容　D　データの活
用」についての問題。今回の改訂において数学では，統計的に問題解
決する力を次第に高めていくことができるよう学習について充実化が
図られており，中学の第2学年では，四分位範囲や箱ひげ図を新たに
取扱い，多数のデータの比較や分析を行うことで，批判的に考察し判
断する力を養う構成になっている。

【高等学校】

【1】 $1+2+\cdots\cdots+n=\dfrac{1}{2}n(n+1)$

$1^2+2^2+\cdots\cdots+n^2=\dfrac{1}{6}n(n+1)(2n+1)$

$1^3+2^3+\cdots\cdots+n^3=\left\{\dfrac{1}{2}n(n+1)\right\}^2$

よって，

$$与式=\lim_{n\to\infty}\dfrac{\dfrac{1}{2}n(n+1)\cdot\dfrac{1}{6}n(n+1)(2n+1)}{n\cdot\left\{\dfrac{1}{2}n(n+1)\right\}^2}$$

$$=\lim_{n\to\infty}\dfrac{2n+1}{3n}$$

$$=\lim_{n\to\infty}\dfrac{2+\dfrac{1}{n}}{3}$$

$$=\dfrac{2}{3}$$

〈解説〉解答参照。

【2】(1)　$|z-3|=2|z+3i|$の両辺を2乗して

$|z-3|^2=4|z+3i|^2$

$\Leftrightarrow(z-3)\overline{(z-3)}=4(z+3i)\overline{(z+3i)}$

$\Leftrightarrow(z-3)(\overline{z}-3)=4(z+3i)(\overline{z}-3i)$

$\Leftrightarrow z\overline{z}-3z-3\overline{z}+9=4z\overline{z}-12iz+12i\overline{z}+36$

$\Leftrightarrow3z\overline{z}+(3-12i)z+(3+12i)\overline{z}+27=0$

$\Leftrightarrow z\overline{z}+(1-4i)z+(1+4i)\overline{z}+9=0$

$\Leftrightarrow\{z+(1+4i)\}\{\overline{z}+(1-4i)\}=(1+4i)(1-4i)-9$

$\Leftrightarrow\{z+(1+4i)\}\overline{\{z+(1+4i)\}}=8$

$\Leftrightarrow|z+(1+4i)|^2=8$

$\Leftrightarrow |z+(1+4i)|=2\sqrt{2}$

ゆえに，$|z-3|=2|z+3i|$を満たす点zの全体は点$-1-4i$を中心とする半径$2\sqrt{2}$の円を表す。

(2)　原点O(0)，点C($-1-4i$)とすると，OC$=\sqrt{17}>2\sqrt{2}$であるので$|z|$の最小値は$\sqrt{17}-2\sqrt{2}$

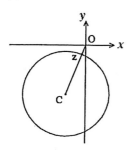

〈解説〉(1)【参考】x，y平面上でA(3，0)，B(0，-3)とするとき，

PA$=$2PBを満たす点をP(x，y)とすれば，PA$^2=$4PB^{2}より，

$(x-3)^2+y^2=4\{x^2+(y+3)^2\}$を展開整理して，

$x^2+y^2+2x+8y+9=0$　これより，$(x+1)^2+(y+4)^2=8$となるから，

点Pは中心(-1，-4)半径$2\sqrt{2}$の円を表す。

【３】(1)　$f(x)=0$のとき，$x^{2x}=1$または$\log x=-1$

$x^{2x}=1$は，$\log x^{2x}=\log 1$より，$2x\log x=0$

∴　$x=1$

また，$\log x=-1$は，$x=\dfrac{1}{e}$

よって，求めるxの値は$x=1$，$\dfrac{1}{e}$

(2)　$y=x^{2x}$とおくと，$\log y=\log x^{2x}=2x\log x$

両辺を微分して，$\dfrac{y'}{y}=2\log x+2x\cdot\dfrac{1}{x}=2(\log x+1)$

よって，$y'=2x^{2x}(\log x+1)$

(3)　$\dfrac{1}{e}<x<1$ のとき，$\log x<0$ だから，$2x\log x<0$

∴　$\log x^{2x}<0$ より，$x^{2x}<1$

また，$\log x+1>0$ だから　$f(x)<0$

求める面積を S とすると，$S=-\displaystyle\int_{\frac{1}{e}}^{1}f(x)$

ここで，$f(x)=(x^{2x}-1)(\log x+1)$

$\qquad\qquad =x^{2x}(\log x+1)-(\log x+1)$

$\qquad\qquad =\left(\dfrac{1}{2}x^{2x}\right)'-(x\log x)'$

よって，$S=-\left[\dfrac{1}{2}x^{2x}-x\log x\right]_{\frac{1}{e}}^{1}$

$\qquad\quad =-\left\{\dfrac{1}{2}-0-\dfrac{1}{2}\left(\dfrac{1}{e}\right)^{\frac{2}{e}}+\dfrac{1}{e}\log\dfrac{1}{e}\right\}$

$\qquad\quad =\dfrac{1}{2}\left(\dfrac{1}{e}\right)^{\frac{2}{e}}+\dfrac{1}{e}-\dfrac{1}{2}$

〈解説〉(1)・(2)　解答参照。　(3)　求める面積は下図の斜線部分である。

$f(x)=(x^{2x}-1)(\log x+1)$

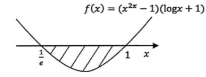

【4】a　無理数　　b　集合と命題　　c　乗法公式　　d　因数分解

　　e　一次不等式の解

〈解説〉「高等学校学習指導要領　第2章　第4節　数学　第2款　各科目
　　第1　数学Ⅰの2　内容　(1)　数と式」についての問題。数学Ⅰの数と
　　式では，様々な数，集合と命題，二次関数，一次不等式を取り扱う。

【5】a　ク　　b　ア　　c　カ　　d　オ　　e　イ

〈解説〉「高等学校学習指導要領　第2章　第4節　数学　第2款　各科目
　　第5　数学Bの2内容　(2)　統計的な推測」についての問題。新学習指
　　導要領では，数学Bで取り扱っていた「ベクトル」が数学Cに移行した

　ことに伴い「統計的な推測」が新たに位置付けられた。「統計的な推測」では，標本調査，確率分布・二項分布，区間推定及び仮説検定を取り扱う。

【6】a　数学A　　　b　数学Ⅰ　　　c　数学B　　　d　数学C
〈解説〉「高等学校学習指導要領第2章　第4節　数学　第3款　各科目にわたる指導計画の作成と内容の取扱い　1　指導計画の作成　(3)」についての問題。なお，数学B，数学Cの両者間の履修順序は規定されていない。

2022年度 　実施問題

【中高共通】

【1】次の(1)・(2)の問いに答えなさい。

(1) $x = \dfrac{4}{\sqrt{7}-\sqrt{3}}$, $y = \dfrac{4}{\sqrt{7}+\sqrt{3}}$ のとき, $x^3y - 2x^2y^2 + xy^3$ の値を求めなさい。なお, 解答には答えのみを記入すること。

(2) 袋Aには赤玉3個, 白玉5個, 袋Bには赤玉4個, 白玉4個, 袋Cには赤玉6個, 白玉2個が入っている。1個のさいころを1回投げて, 1, 2, 3の目が出たときは袋Aから, 4, 5の目が出たときは袋Bから, 6の目が出たときは袋Cから玉を1個取り出す。このとき, 次の(a)・(b)の問いに答えなさい。

(a) 取り出した玉が赤玉である確率を求めなさい。

(b) 取り出した玉が赤玉であるときに, それが袋Aから取り出された玉である確率を求めなさい。

(☆☆☆◎◎◎◎◎)

【2】頂角Aが36°, 底辺BCの長さが1の二等辺三角形ABCがある。底角Bの二等分線が辺ACと交わる点をDとするとき, 次の(1)～(3)の問いに答えなさい。

(1) △ABCと△BCDが相似であることを証明しなさい。

(2) 線分AB, 線分CDの長さを求めなさい。

(3) 次の図を用いて, sin18°, cos36°の値を求めなさい。

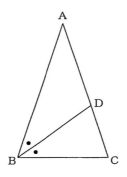

(☆☆☆◎◎◎◎)

【3】次の図のように，平面上で点Aから直進する光を発射し，2つの線分OP，OQの両方で1回ずつ反射し，再び点Aに戻ると得点を与えるゲームを，プログラミングソフトを用いてつくりたい。

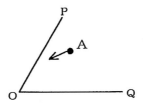

　このとき，次の(1)・(2)の問いに答えなさい。ただし，線分OP，OQで反射する際の入射角と反射角は等しいものとする。

(1)　このゲームをつくるには，得点を与える条件を設定する必要がある。そこで，点Aから発射した光が再び点Aに戻ることができるような，線分OP，OQで反射する位置をそれぞれ点B，Cとする。このとき，点Bと点Cを次の図に作図しなさい。ただし，作図に使った線は消さずに残しておくこと。作図をするかわりに，作図の方法を言葉で説明してもよい。

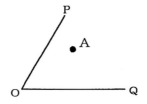

(2) (1)の条件を具体的な数値で設定することを考える。そこで，(1)の点Oを原点とし，点Aを(3, 3)，線分OPを直線$y=2x$，線分OQをx軸とする座標平面を考える。このとき，(1)の点Bと点Cの座標をそれぞれ求めなさい。

(☆☆☆◎◎◎◎)

【4】関数$y=2\sin x+\sqrt{5k^2}\cos x\left(0\leqq x\leqq\dfrac{\pi}{2}\right)$ …① について，次の(1)・(2)の問いに答えなさい。ただし，kは実数とする。

(1) $k=1$のとき，①を加法定理を用いて変形することについて，AさんとBさんが次のような考察をしました。

> Aさん：三角関数の加法定理から，$\sin(x+\alpha)=$[ア]…②
> となるね。
> Bさん：①には，$\sin x$と$\cos x$は含まれているから，$\sin\alpha$と$\cos\alpha$
> になる値があると，うまく変形できそうだけど，
> $\sin\alpha$，$\cos\alpha$はともに[イ]以下である必要がある
> から，工夫が必要だね。
> Aさん：直角をはさむ2辺の長さが2，$\sqrt{5}$となる直角三角形を
> 考えてみたらどうかな。三平方の定理を利用すると，
> 直角三角形の斜辺の長さは[ウ]となるね。そうす
> ると，
> $2\sin x+\sqrt{5}\cos x=$[ウ]([エ]$\sin x+$[オ]$\cos x$)
> と変形できるよ。
> Bさん：そこまでわかれば，[ア]と[エ]$\sin x+$
> [オ]$\cos x$を比較して，$\sin\alpha=$[カ]，$\cos\alpha=$

[キ]とおけば，①は，

$$y=[\quad ウ \quad]\sin(x+\alpha)\left(0<\alpha<\frac{\pi}{2}\right)$$と変形できるね。

Aさん：同じように考えれば，他の三角関数の加法定理を使っ て，$k=1$のときの①を変形することができそうだね。

(a) [ア]から[キ]にあてはまる最も適切な式または値を答 えなさい。ただし，[ア]には式が入り，[イ]から[キ] には値が入る。また，同じ記号には同じ式または値が入るものと する。なお，解答には答えのみを記入しなさい。

(b) 下線部について，②以外の三角関数の加法定理を用いて①を変 形しなさい。

(2) ①について，yの最小値を求めなさい。

(☆☆☆☆◎◎◎)

【中学校】

【1】次の図のように，正六角形ABCDEFがあり，対角線の交点をOとす る。点G，H，I，J，K，Lは，それぞれ線分AO，BO，DO，EO，FO， FAの中点である。以下の(1)・(2)の問いに答えなさい。ただし，図の 頂点や線分のみを用いるものとする。

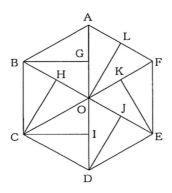

(1)　△AOLを1回の回転移動によって△OEKに重ねる。このとき，△AOLはどのような回転移動によって△OEKに重なるか説明しなさい。

(2)　△AOLを2回の移動によって△DCIに重ねる。このとき，△AOLはどのような移動によって△DCIに重なるか説明しなさい。
　　　ただし，移動は平行移動，回転移動，対称移動とする。

（☆☆◎◎）

【2】次の(1)・(2)の問いに答えなさい。

(1)　次の二次方程式を2通りの方法で解きなさい。
　　　$x^2+8x+10=0$

(2)　aとbは，ともに1けたの自然数で，$a>b$である。十の位の数がa，一の位の数がbである2けたの自然数をXとし，Xの十の位の数と一の位の数を入れかえてできる数をYとするとき，$X^2-Y^2=2376$となる自然数Xをすべて求めなさい。

（☆☆☆◎◎◎）

【3】三平方の定理が成り立つことを，次の図を使って，中学校の学習内容をもとに証明しなさい。ただし，△ABCは∠ACB＝90°の直角三角形であり，△ABC≡△BEDである。また，3点C，B，Dは一直線上にあり，BC＝a，CA＝b，AB＝cとする。

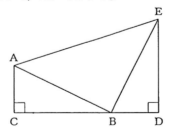

（☆☆☆◎◎◎）

【4】中学校学習指導要領「第2章　各教科」「第3節　数学」「第2　各学年の目標及び内容」について，次の(1)・(2)の問いに答えなさい。

(1) 次の文は，〔第1学年〕・〔第2学年〕・〔第3学年〕「1　目標」の一部である。(a)～(h)にあてはまる語句を，以下のア～ソの中からそれぞれ1つ選び，記号で書きなさい。

〔第1学年〕

(3) 数学的活動の楽しさや数学のよさに(a)粘り強く考え，数学を生活や学習に生かそうとする態度，問題解決の過程を振り返って(b)しようとする態度，(c)に捉え考えようとする態度を養う。

〔第2学年〕・〔第3学年〕

(3) 数学的活動の楽しさや数学のよさを(d)粘り強く考え，数学を生活や学習に生かそうとする態度，問題解決の過程を振り返って(e)・(f)しようとする態度，(g)な考えを認め，(h)問題解決しようとする態度を養う。

ア	改善	イ	正確に	ウ	調整	エ	抽象的
オ	評価	カ	多様	キ	実感して	ク	多面的
ケ	気付いて	コ	多角的	サ	具体的	シ	よりよく
ス	着目して	セ	検討	ソ	簡潔に		

(2) 次の文は，〔第3学年〕「2　内容」の一部である。(a)～(e)にあてはまる語句を書きなさい。ただし，同じ記号には同じ語句が入るものとする。

B　図形

(1) 図形の相似について，数学的活動を通して，次の事項を身に付けることができるよう指導する。

ア　次のような(a)及び(b)を身に付けること。

(ア) 平面図形の相似の意味及び(c)について理解すること。

　（イ）　基本的な立体の相似の意味及び相似な図形の相
　　　　似比と面積比や体積比との関係について理解するこ
　　　　と。
イ　次のような思考力，判断力，（　d　）力等を身に付け
　　ること。
　（ア）　（　c　）などを基にして図形の基本的な性質を
　　　　（　e　）に確かめること。
　（イ）　平行線と線分の比についての性質を見いだし，
　　　　それらを確かめること。
　（ウ）　相似な図形の性質を具体的な場面で活用するこ
　　　　と。

（☆☆☆○○○○）

【高等学校】

【1】四面体OABCの辺OA上に点P，辺AB上に点Q，辺BC上に点R，辺CO上に点Sをとる。これらの4点をこの順に結んで得られる図形が平行四辺形になるとき，この平行四辺形PQRSの2つの対角線の交点は，線分ACと線分OBのそれぞれの中点を結ぶ線分上にあることを，ベクトルを用いて示しなさい。

（☆☆☆○○○○）

【2】$\displaystyle\lim_{n\to\infty}\frac{1}{\log n}\sum_{k=n}^{3n}\frac{\log k}{k}$を求めなさい。

（☆☆☆☆○○○）

【３】 座標平面上において，曲線$y=x^2$をCとする。C上の点$P_n(x_n, x_n^2)$ ($n=$ 1, 2, …)と，x軸上の点Q_n ($n=1, 2, …$)は次の条件を満たす。ただし，$x_n \neq 0$とする。

(a) $P_n Q_n // y$軸

(b) C上の点$P_n(x_n, x_n^2)$ ($n=1, 2, …$)における接線がx軸上の点Q_{n+1}を通る。点$P_1(3, 9)$とするとき，次の(1)～(3)の問いに答えなさい。

(1) x_nをnの式で表しなさい。

(2) 線分$P_n Q_{n+1}$，$P_{n+1} Q_{n+1}$および曲線Cで囲まれた図形の面積S_nを求めなさい。

(3) $\displaystyle\sum_{n=1}^{\infty} S_n$を求めなさい。

(☆☆☆◎◎◎)

【４】 次の文は，高等学校学習指導要領「数学」の「第1　数学Ⅰ」の「1　目標」の一部である。(ａ)～(ｅ)にあてはまる語句を書きなさい。

> (2) 命題の条件や結論に着目し，数や式を多面的にみたり目的に応じて適切に(ａ)したりする力，図形の構成要素間の関係に着目し，図形の性質や計量について論理的に考察し表現する力，関数関係に着目し，事象を的確に表現してその特徴を表，式，グラフを(ｂ)考察する力，(ｃ)の事象などから設定した問題について，データの散らばりや変量間の関係などに着目し，適切な手法を選択して(ｄ)を行い，問題を解決したり，解決の過程や結果を批判的に考察し(ｅ)したりする力を養う。

(☆☆☆◎◎◎◎)

【5】次の文は，高等学校学習指導要領「数学」の「第4　数学A」の「2
　　内容　(1)図形の性質」の一部である。(a)〜(e)にあてはまる語
　　句を語群より選び，記号で答えなさい。

---

(1)　図形の性質
　　　図形の性質について，数学的活動を通して，その有用性を
　　認識するとともに，次の事項を身に付けることができるよう
　　指導する。
　　ア　次のような知識及び技能を身に付けること。
　　　(ア)　(a)に関する基本的な性質について理解すること。
　　　(イ)　(b)に関する基本的な性質について理解すること。
　　　(ウ)　(c)に関する基本的な性質について理解すること。
　　イ　次のような思考力，判断力，表現力等を身に付けること。
　　　(イ)　コンピュータなどの情報機器を用いて図形を表すな
　　　　　どして，図形の性質や(d)について(e)・発展的に
　　　　　考察すること。
　　語群　ア　楕円　　　　イ　統合的　　　ウ　三角形
　　　　　エ　定義　　　　オ　総合的　　　カ　多角形
　　　　　キ　平面図形　　ク　円　　　　　ケ　空間図形
　　　　　コ　作図

(☆☆☆◎◎◎◎◎)

【6】次の文は，高等学校学習指導要領「数学」の「第3款　各科目にわ
　　たる指導計画の作成と内容の取扱い」の一部である。(a)〜(e)
　　にあてはまる語句を書きなさい。ただし，同じ記号には同じ語句が入
　　るものとする。

> 2 内容の取扱いに当たっては，次の事項に配慮するものとする。
>
> (1) 各科目の指導に当たっては，思考力，判断力，表現力等を育成するため，（ a ）な表現を用いて（ b ）・明瞭・（ c ）に表現したり，（ a ）な表現を（ d ）したり，互いに（ e ）を表現し伝え合ったりするなどの機会を設けること。

(☆☆☆○○○○○)

解答・解説

【中高共通】

【1】(1) 48 (2) (a) 袋A，B，Cのどの袋から玉を取り出すかを選ぶという事象をA，B，Cとし，赤玉を取り出すという事象をRとすると，求める確率は，

$$P(R) = P(A \cap R) + P(B \cap R) + P(C \cap R)$$
$$= P(A) \cdot P_A(R) + P(B) \cdot P_B(R) + P(C) \cdot P_C(R)$$
$$= \frac{3}{6} \cdot \frac{3}{8} + \frac{2}{6} \cdot \frac{4}{8} + \frac{1}{6} \cdot \frac{6}{8}$$
$$= \frac{23}{48}$$

(b) $$P(A \cap R) = P(A) \cdot P_A(R)$$
$$= \frac{3}{6} \cdot \frac{3}{8} = \frac{9}{48}$$

求める確率は，

$$P_R(A) = \frac{P(A \cap R)}{P(R)}$$
$$= \frac{9}{48} \div \frac{23}{48} = \frac{9}{23}$$

〈解説〉(1)　$x=\dfrac{4}{\sqrt{7}-\sqrt{3}}=\sqrt{7}+\sqrt{3}$，$y=\dfrac{4}{\sqrt{7}+\sqrt{3}}=\sqrt{7}-\sqrt{3}$　より，$x-y=2\sqrt{3}$，$xy=4$

$x^3y-2x^2y^2+xy^3=xy(x^2-2xy+y^2)=xy(x-y)^2=4(2\sqrt{3}\,)^2=48$

(2)　解答参照。

【2】(1)　△ABCは頂角Aが36°の二等辺三角形だから，

$\angle ABC=\angle ACB=(180°-36°)\div2=72°$

BDは∠ABCの二等分線なので，$\angle CBD=36°$

△ABCと△BCDは，$\angle BAC=\angle CBD=36°$　…①

$\angle ABC=\angle BCD=72°$　…②

①②より，2組の角がそれぞれ等しいので，△ABC∽△BCD

(2)　(1)より，AB：BC＝BC：CD　…③

△BCDは二等辺三角形なので，BC＝BD＝1

また，$\angle DAB=\angle DBA=36°$より，△DABは二等辺三角形なので，

AD＝BD＝BC＝1となり，CD＝xとすると，③から

$(1+x)：1=1：x$

$x(1+x)=1$

$x^2+x-1=0$

よって解の公式より，$x=\dfrac{-1\pm\sqrt{5}}{2}$

CD＞0だから　CD＝$\dfrac{\sqrt{5}-1}{2}$

また　AB＝$1+x=\dfrac{\sqrt{5}+1}{2}$

(3)　二等辺三角形BCDの頂点Bから辺CDにひいた垂線と辺CDとの交点をEとすると，$\angle CBE=\angle DBE=18°$となる。

よって，△CBEで，

$\sin18°=\dfrac{CE}{BC}=\dfrac{1}{2}\cdot\dfrac{CD}{BC}=\dfrac{\sqrt{5}-1}{4}$

二等辺三角形DABの頂点Dから辺ABにひいた垂線と辺ABとの交点をF
とすると，∠DAF＝36°より，△DAFで

$$\cos36°=\frac{AF}{AD}=\frac{1}{2}\cdot\frac{AB}{AD}=\frac{\sqrt{5}+1}{4}$$

〈解説〉(1)　解答参照。

(2)　問題文を図にすると図1のようになる。

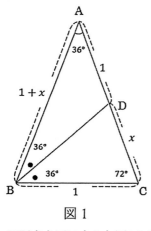

図 1

(3)　問題文を図にすると図2のようになる。

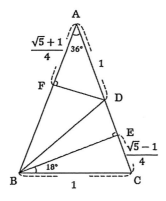

図 2

【3】(1)

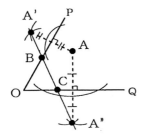

① 次の(a)，(b)の手順で線分OPについて点Aと対称な点A′をとる。

(a) 点Aを中心とした円と線分OPとの2つの交点をとる。

(b) (a)と同じ半径で，(a)の2つの交点のそれぞれを中心とした円の点A以外の交点A′をとる。

② ①と同様にして，線分OQについて点Aと対称な点A″をとる。

③ 線分A′A″と線分OP，OQの交点が，それぞれ求める点B，Cとなる。

(2) $y=2x$について，A(3，3)と対称な点をA′$(p，q)$とする。

線分AA′の中点M$\left(\dfrac{3+p}{2}，\dfrac{3+q}{2}\right)$は$y=2x$上にあるので，

$$\dfrac{3+q}{2}=2\cdot\dfrac{3+p}{2}\qquad\therefore\quad q=2p+3\quad\cdots\text{(i)}$$

また，直線$y=2x\perp$直線AA′より，

$$2\cdot\dfrac{3-q}{3-p}=-1\qquad\therefore\quad p+2q=9\quad\cdots\text{(ii)}$$

(i)(ii)より，$p=\dfrac{3}{5}$，$q=\dfrac{21}{5}$ $\quad\therefore\quad$ A′$\left(\dfrac{3}{5}，\dfrac{21}{5}\right)$

また，x軸についてA(3，3)と対称な点A″とすると，A″(3，−3)

したがって，直線A′A″の方程式は，

$$y=\dfrac{-3-\dfrac{21}{5}}{3-\dfrac{3}{5}}(x-3)-3=-3x+6$$

以上より，点Bは$y=2x$と$y=-3x+6$の交点となり，B$\left(\dfrac{6}{5}，\dfrac{12}{5}\right)$

61

点Cはx軸と$y=-3x+6$の交点となり，C(2, 0)

〈解説〉解答参照。

【4】(1)　(a)　ア　$\sin x \cos \alpha + \cos x \sin \alpha$　　イ　1　　ウ　3　　エ　$\dfrac{2}{3}$

オ　$\dfrac{\sqrt{5}}{3}$　　カ　$\dfrac{\sqrt{5}}{3}$　　キ　$\dfrac{2}{3}$

(b)　加法定理$\cos(x-\alpha)=\cos x \cos \alpha + \sin x \sin \alpha$ より，

$$y=3\left(\dfrac{2}{3}\sin x + \dfrac{\sqrt{5}}{3}\cos x\right)=3\left(\dfrac{\sqrt{5}}{3}\cos x + \dfrac{2}{3}\sin x\right)$$

よって，$\sin \alpha = \dfrac{2}{3}$，$\cos \alpha = \dfrac{\sqrt{5}}{3}\left(0<\alpha<\dfrac{\pi}{2}\right)$とすると，

$k=1$のとき$y=3\cos(x-\alpha)$と変形できる。

(2)　(1)より，①は，$0<\alpha<\dfrac{\pi}{2}$で

$$y=\sqrt{4+5k^2}\sin(x+\alpha)$$

$$\left(\sin \alpha = \dfrac{\sqrt{5k^2}}{\sqrt{4+5k^2}},\ \cos \alpha = \dfrac{2}{\sqrt{4+5k^2}}\right)$$

と変形できる。

$0\leqq x \leqq \dfrac{\pi}{2}$なので，$y$の最小値は，

(a)　$0<\alpha\leqq\dfrac{\pi}{4}$ならば$x+\alpha=\alpha$のとき最小となり，

最小値$y=\sqrt{4+5k^2}\sin\alpha=\sqrt{5k^2}$

(b)　$\dfrac{\pi}{4}\leqq\alpha<\dfrac{\pi}{2}$のとき，$x+\alpha=\alpha+\dfrac{\pi}{2}$のとき最小となり，

最小値$y=\sqrt{4+5k^2}\sin\left(\alpha+\dfrac{\pi}{2}\right)=\sqrt{4+5k^2}\cos\alpha=2$

〈解説〉(1)　解答参照。　(2)　(1)の結果より，①は，$0<\alpha<\dfrac{\pi}{2}$で，

$$y=\sqrt{4+5k^2}\sin(x+\alpha)\quad\left(\sin\alpha=\dfrac{\sqrt{5k^2}}{\sqrt{4+5k^2}},\ \cos\alpha=\dfrac{2}{\sqrt{4+5k^2}}\right)$$

と変形できる。

$0\leqq x \leqq \dfrac{\pi}{2}$であるので，$y_1=\sin(x+\alpha)$のグラフより，最小値を求める。

(a) $0 < \alpha \leqq \dfrac{\pi}{4}$ のとき，図1のようになり，

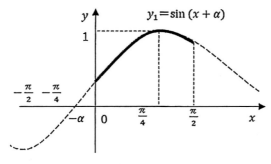

$$y_1 = \sin(x + \alpha)$$

図 1

y は $x=0$ で最小になる。

よって，最小値 $y = \sqrt{4 + 5k^2} \sin \alpha = \sqrt{5k^2}$

(b) $\dfrac{\pi}{4} \leqq \alpha < \dfrac{\pi}{2}$ のとき，図2のようになり，

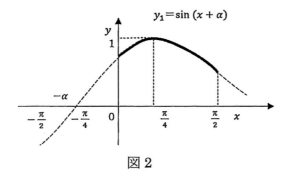

$$y_1 = \sin(x + \alpha)$$

図 2

y は $x = \dfrac{\pi}{2}$ で最小になる。

よって，最小値 $y = \sqrt{4 + 5k^2} \sin\left(\alpha + \dfrac{\pi}{2}\right)$
$= \sqrt{4 + 5k^2} \cos \alpha = 2$

【中学校】

【１】(1)　△AOLを点Fを回転の中心として，反時計まわりに60°だけ回転移動すると△OEKに重なる。　(2)　△AOLを点Aが点Bに移るように，平行移動すると△BCHに重なる。さらに，△BCHを線分COを対称の軸として，対称移動すると△DCIに重なる。

〈解説〉(1)　点A，点O，点EはそれぞれFを中心とした正六角形の一辺長さを半径とする円と内接する点である。△AFOは正三角形なので　∠AFO＝60°よって，Fを中心として△AOLを60°回転させると△OEKと一致する。　(2)　AB//COなので△AOLを平行移動させると△BHCと一致する。線分BDと線分HIは線分COによって二等分されるため，△BCHと△DCIは線分COを対称の軸とした図形である。

【２】(1)　①　$x^2+8x+10=0$を二次方程式の解の公式にあてはめると，

$$x=\frac{-8\pm\sqrt{8^2-4\times1\times10}}{2\times1}$$

$$x=\frac{-8\pm\sqrt{24}}{2}$$

$$x=\frac{-8\pm2\sqrt{6}}{2}$$

$$x=-4\pm\sqrt{6}$$

②　$x^2+8x+10=0$

$$x^2+8x=-10$$

$$x^2+8x+16=-10+16$$

$$(x+4)^2=6$$

$$x+4=\pm\sqrt{6}$$

$$x=-4\pm\sqrt{6}$$

(2)　$X=10a+b$，$Y=10b+a$と表せる。

$$X^2-Y^2=(X+Y)(X-Y)$$

$$=(11a+11b)(9a-9b)$$

$$= 11(a+b) \times 9(a-b)$$

$$= 99(a+b)(a-b)$$

$X^2 - Y^2 = 2376$ より，

$99(a+b)(a-b) = 2376$

$(a+b)(a-b) = 24$

$a > b$ だから，

$\begin{cases} a+b=24 \\ a-b=1 \end{cases}$ $(a, b) = \left(\dfrac{25}{2}, \ \dfrac{23}{2} \right)$

$\begin{cases} a+b=12 \\ a-b=2 \end{cases}$ $(a, b) = (7, \ 5)$

$\begin{cases} a+b=8 \\ a-b=3 \end{cases}$ $(a, b) = \left(\dfrac{11}{2}, \ \dfrac{5}{2} \right)$

$\begin{cases} a+b=6 \\ a-b=4 \end{cases}$ $(a, b) = (5, \ 1)$

a，b がともに1けたの自然数であるのは，$(a, b) = (7, \ 5)$，$(5, \ 1)$

したがって，$X = 75$，51

〈解説〉(1)　二次方程式の計算方法には，二次方程式の解の公式を利用する方法と平方完成を利用する方法がある。　(2)　解答参照。

【3】△ABC≡△BEDだから，∠CAB＝∠DBE　…①

△ABCは，∠ACB＝90°から，∠ABC＋∠CAB＝90°　…②

①，②から，∠ABC＋∠DBE＝90°　…③

3点C，B，Dは一直線上にあるので，∠ABC＋∠ABE＋∠DBE＝180°　…④

③，④から，∠ABE＝90°　…⑤

また，△ABC≡△BEDだから，BC＝ED＝a，CA＝DB＝b，AB＝BE＝cである。

△ABE＝台形ACDE－(△ABC＋△BED)であり，⑤から，

$$\triangle ABE = \frac{1}{2} \times AB \times BE = \frac{1}{2}c^2$$

$$台形ACDE = \frac{1}{2} \times (CA + ED) \times CD = \frac{1}{2}(a+b)^2$$

$$\triangle ABC = \triangle BED = \frac{1}{2} \times BC \times CA = \frac{1}{2}ab$$

よって，

$$\frac{1}{2}c^2 = \frac{1}{2}(a+b)^2 - \frac{1}{2}ab \times 2$$

　これを計算して整理すると，$c^2 = a^2 + b^2$ となるので，$\angle ACB = 90°$ の直角三角形ABCにおいて，三平方の定理が成り立つ。

〈解説〉三平方の定理の証明には，他にも方べきの定理を利用した証明方法などがあるが，中学校学習内容の範囲ではないため本設問では不適切である。

【４】(1) a　ケ　　b　セ　　c　ク　　d　キ　　e　オ　　f　ア　　g　カ　　h　シ　　(2) a　知識　　b　技能　　c　三角形の相似条件　　d　表現　　e　論理的

〈解説〉新学習指導要領では各教科における各学年の目標は「知識及び技能」，「思考力，判断力，表現力等」「学びに向う力，人間性等」の三つで構成されており，設問部の(3)では「学びに向う力，人間性等」について示されている。中学校における「学びに向う力，人間性等」の目標は，生徒の発達段階を踏まえており，第1学年と第2学年・第3学年で一部異なっている。　　(2)　同資料では，各科目における内容も「知識及び技能」，「思考力，判断力，表現力等」「学びに向う力，人間性等」の三つで構成されており，アの内容は「知識及び技能」，イの内容は「思考力，判断力，表現力」に該当する。

【高等学校】

【1】 p, q, r, sを0以上1以下の実数とするとき，

$$\overrightarrow{OP} = p\overrightarrow{OA}, \quad \overrightarrow{OQ} = (1-q)\overrightarrow{OA} + q\overrightarrow{OB}$$

$$\overrightarrow{OR} = (1-r)\overrightarrow{OB} + r\overrightarrow{OC}, \quad \overrightarrow{OS} = s\overrightarrow{OC}$$

とおくことができる。

PQRSが平行四辺形となるとき，2つの対角線は互いの中点で交わる。

対角線PR，QSの交点をTとおくと，交点Tは線分PR，QSの中点であるので，

よって，

$$\overrightarrow{OT} = \frac{\overrightarrow{OP} + \overrightarrow{OR}}{2} = \frac{1}{2}\left\{ p\overrightarrow{OA} + (1-r)\overrightarrow{OB} + r\overrightarrow{OC} \right\}$$

$$\overrightarrow{OT} = \frac{\overrightarrow{OQ} + \overrightarrow{OS}}{2} = \frac{1}{2}\left\{ (1-q)\overrightarrow{OA} + q\overrightarrow{OB} + s\overrightarrow{OC} \right\}$$

ここで，$\overrightarrow{OA}$，$\overrightarrow{OB}$，$\overrightarrow{OC}$は共に，零ベクトルではなく，かつ互いに平行ではないので $p = 1-q$，$1-r = q$，$r = s$ が成り立つ。

これらの式よりq，r，sをpを使って表すと，

$q = 1-p$，$r = p$，$s = p$

よって，

$$\overrightarrow{OT} = \frac{1}{2}\left\{ p\overrightarrow{OA} + (1-p)\overrightarrow{OB} + p\overrightarrow{OC} \right\}$$

この式は，

$$\overrightarrow{OT} = p \cdot \frac{\overrightarrow{OA} + \overrightarrow{OC}}{2} + (1-p) \cdot \frac{\overrightarrow{OB}}{2} \quad \cdots ①$$

と変形できる。

$\dfrac{\overrightarrow{OA} + \overrightarrow{OC}}{2}$ は，線分ACの中点，$\dfrac{\overrightarrow{OB}}{2}$ は，線分OBの中点を表すので，PQRSが平行四辺形となるとき，2つの対角線の交点は，線分ACと線分OBのそれぞれの中点を結ぶ線分上にある。

〈解説〉設問の図は以下のようになる。

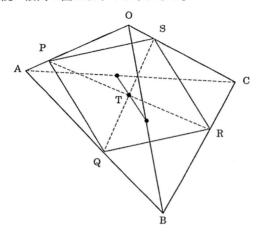

【２】$S_n = \dfrac{1}{\log n} \displaystyle\sum_{k=n}^{3n} \dfrac{\log k}{k}$ とおくと，

$$S_n = \frac{1}{\log n} \sum_{k=n}^{3n} \frac{\log k}{k} = \frac{1}{\log n} \sum_{k=n}^{3n} \frac{\log \dfrac{k}{n} + \log n}{\dfrac{k}{n}} \cdot \frac{1}{n}$$

$$= \frac{1}{\log n} \sum_{k=n}^{3n} \frac{\log \dfrac{k}{n}}{\dfrac{k}{n}} \cdot \frac{1}{n} + \frac{1}{\log n} \sum_{k=n}^{3n} \frac{\log n}{\dfrac{k}{n}} \cdot \frac{1}{n}$$

$$= \frac{1}{\log n} \sum_{k=n}^{3n} \frac{\log \dfrac{k}{n}}{\dfrac{k}{n}} \cdot \frac{1}{n} + \sum_{k=n}^{3n} \frac{1}{\dfrac{k}{n}} \cdot \frac{1}{n}$$

ここで，

$$\lim_{n \to \infty} \frac{1}{\log n} \sum_{k=n}^{3n} \frac{\log \dfrac{k}{n}}{\dfrac{k}{n}} \cdot \frac{1}{n} = \lim_{n \to \infty} \frac{1}{\log n} \int_1^3 \frac{\log x}{x} dx$$

$$= \lim_{n \to \infty} \frac{1}{\log n} \Big[\frac{1}{2} (\log x)^2 \Big]_1^3 = 0 \cdot \frac{1}{2} (\log 3)^2 = 0$$

$$\lim_{n\to\infty}\sum_{k=n}^{3n}\frac{1}{\frac{k}{n}}\cdot\frac{1}{n}=\int_1^3\frac{1}{x}dx=\Big[\log x\Big]_1^3=\log 3$$

ゆえに，$\lim_{n\to\infty}S_n=\log 3$

〈解説〉解答参照。

【3】(1) 条件(a)より，x軸上の点Q_nの座標は$Q_n(x_n,\ 0)\ (n=1,\ 2,\ \cdots)$とおける。

ここで，点P_nにおける接線の方程式は，$y'=2x$より，

$y=2x_n(x-x_n)+x_n^2$

∴ $y=2x_nx-x_n^2$であるから，

条件(b)より，$0=2x_nx_{n+1}-x_n^2$

∴ $0=x_n(2x_{n+1}-x_n)$,

$x_n\neq 0$より ∴ $x_{n+1}=\dfrac{1}{2}x_n$

よって，数列$\{x_n\}\ (n=1,\ 2,\ \cdots)$は初項$x_1=3$，公比$\dfrac{1}{2}$の等比数列であるから$x_n=\dfrac{3}{2^{n-1}}$

(2)

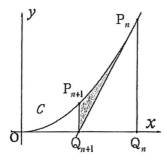

線分P_nQ_{n+1}，$P_{n+1}Q_{n+1}$および曲線Cで囲まれた図形は，上図の塗りつぶした部分であるから，この面積S_nは

$$S_n = \int_{x_{n+1}}^{x_n} x^2 dx - \triangle \mathrm{P}_n \mathrm{Q}_{n+1} \mathrm{Q}_n$$

$$= \left[\frac{x^3}{3}\right]_{x_{n+1}}^{x_n} - \frac{1}{2} \mathrm{P}_n \mathrm{Q}_n \cdot \mathrm{Q}_n \mathrm{Q}_{n+1}$$

$$= \frac{1}{3}(x_n^3 - x_{n+1}^3) - \frac{1}{2} x_n^2 (x_n - x_{n+1})$$

$$= \frac{1}{3}\left\{x_n^3 - \left(\frac{1}{2}x_n\right)^3\right\} - \frac{1}{2}x_n^2\left(x_n - \frac{1}{2}x_n\right) \quad \left(\because \quad x_{n+1} = \frac{1}{2}x_n\right)$$

$$= \frac{7}{24}x_n^3 - \frac{1}{4}x_n^3 = \frac{1}{24}x_n^3 \quad \left(\because \quad x_n = \frac{3}{2^{n-1}}\right)$$

$$= \frac{1}{24}\left(\frac{3}{2^{n-1}}\right)^3 = \frac{9}{8^n}$$

(3)　数列$\{S_n\}$は初項$\dfrac{9}{8}$，公比$\dfrac{1}{8}$の等比数列であるから，

$\left|\dfrac{1}{8}\right| < 1$より，$\displaystyle\sum_{n=1}^{\infty} S_n$は収束して，その和は，$\displaystyle\sum_{n=1}^{\infty} S_n = \frac{9}{8} \cdot \frac{1}{1 - \dfrac{1}{8}} = \frac{9}{7}$

〈解説〉解答参照

【4】a　変形　　　b　相互に関連付けて　　　c　社会　　　d　分析
　　e　判断

〈解説〉高等学校学習指導要領において，高等学校の各教科の目標は，育
　　成を目指す資質・能力である，「知識及び技能」，「思考力，判断力，
　　表現力等」，「学びに向かう力，人間性等」の三つの柱で構成されてい
　　る。本設問の(2)では，数学Ⅰの目標の「思考力，判断力，表現力等」
　　について具体的に示している。

【5】a　ウ　　b　ク　　c　ケ　　d　コ　　e　イ
〈解説〉数学Ａは①　図形の性質，②　場合の数と確率，③　数学と人間
　　の活動の内容で構成されている。図形の性質では三角形や円，空間図
　　形の基本的な性質について理解することができるようにすることが示
　　されている。また，"統合的・発展的に考察する力"は数学科の目標
　　に示されている事項の一つである。

【6】a 数学的　　b 簡潔　　c 的確　　d 解釈　　e 自分の考え
〈解説〉設問は数学科における言語活動について示している。数学科にお
　いては，育成を目指す資質・能力の「思考力，判断力，表現力等」を
　育成するために，言葉や数，式，グラフなどの数学的な表現を用いて，
　論理的に考察し表現したり，その過程を振り返って考えを深めたりす
　る学習活動の充実を図る必要がある。また，"数学的な表現を用いて
　簡潔・明瞭・的確に表現する力"は数学科の目標に示されている事項
　の一つである。

2021年度　実施問題

【中高共通】

【１】$x+y+z=6$，$xy+yz+zx=8$，$xyz=5$を満たすとき，次の(1)・(2)の問いに答えなさい。

(1) $x^2+y^2+z^2$の値を求めなさい。

(2) $\dfrac{1}{x^2}+\dfrac{1}{y^2}+\dfrac{1}{z^2}$の値を求めなさい。

(☆☆☆◎◎◎)

【２】次の(1)・(2)の問いに答えなさい。

(1) $0°<\theta<90°$とするとき，三平方の定理を用いて$\sin^2\theta+\cos^2\theta=1$であることを示しなさい。

(2) $0°\leqq\theta\leqq180°$で，$P=2\cos^2\theta+\sin\theta-2$とおくとき，$P$の最大値と最小値を求めなさい。

(☆☆☆◎◎◎)

【３】次の図のような，一辺の長さが3の立方体ABCD－PQRSがあり，立方体の各面は一辺の長さが1の正方形に碁盤目状に区切られている。頂点Aから頂点Rまで碁盤目状の辺をたどっていくときの最短経路を考える。あとの(1)〜(3)の問いに答えなさい。

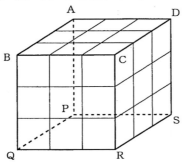

(1)　頂点Cを通過する最短経路は全部で何通りあるか求めなさい。

(2)　辺BC上の点を通過する最短経路は全部で何通りあるか求めなさい。

(3)　辺BC上または辺CD上の点を通過する最短経路は全部で何通りあるか求めなさい。

(☆☆☆◎◎◎)

【4】放物線$y＝x^2$について，次の(1)～(3)の問いに答えなさい。

(1)　放物線上の点A$(-a, a^2)$ $(a＞0)$を通り，Aにおける接線と垂直に交わる直線をℓとする。直線ℓの方程式を求めなさい。

(2)　(1)の直線ℓと放物線との点A以外の交点をBとする。aの値が変化するとき，点Bのx座標を最小にするaの値を求めなさい。

(3)　(2)のとき，放物線と直線ABが囲む図形の面積Sを求めなさい。

(☆☆☆◎◎◎)

【5】一辺の長さが1の正方形ABCDにおいて，辺AB，BC，CD，DAの中点をそれぞれE，F，G，Hとする。次の図のようにこの正方形に8本の線分をひくと，それらの線分で囲まれた図形(図の斜線部分)ができる。下の(1)～(3)の問いに答えなさい。

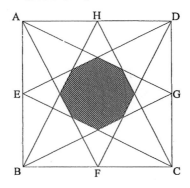

(1)　線分AC，BDの交点をO，$\overrightarrow{OA}＝\overrightarrow{a}$，$\overrightarrow{OB}＝\overrightarrow{b}$とする。線分BD，HCの交点をP，線分EG，HCの交点をQとするとき，$\overrightarrow{OP}$と$\overrightarrow{OQ}$をそ

れぞれ $\vec{a}$, $\vec{b}$ を用いて表しなさい。

(2)　$|\overrightarrow{OQ}|$ と $|\overrightarrow{PQ}|$ の値をそれぞれ求めなさい。なお，解答は答えのみでよい。

(3)　図の斜線部分の面積Sを求めなさい。

(☆☆☆◎◎◎)

【6】nを自然数とする。座標平面上において，3本の直線$3x+2y=6n$，$x=0$，$y=0$で囲まれる三角形の周及び内部にあり，x座標とy座標がともに整数である点(格子点)の個数について考える。次の(1)～(3)の問いに答えなさい。

(1)　$n=1$，$n=2$，$n=3$のとき，直線$3x+2y=6n$ $(x\geqq0$，$y\geqq0)$上の格子点の個数をそれぞれ求めなさい。

(2)　(1)の結果から，3本の直線$3x+2y=6n$，$x=0$，$y=0$で囲まれる三角形の周及び内部にある格子点の個数について，Aさん，Bさん，Cさんが次のような考察をしました。

　　Aさん：xの値に着目すると，xの値によって，直線$x=t$ (tは整数)上の格子点の個数は変化の様子が異なるよね。

　　Bさん：そうだね。でもyの値に着目しても，直線$y=t$ (tは整数)上の格子点の個数の変化の様子をみることができるよ。

　　Cさん：直線$3x+2y=6n$ $(x\geqq0$，$y\geqq0)$上の格子点の個数と三角形をもとにしてできる長方形に着目してもできそうだね。

$n=10$のときの格子点の個数を，Aさん，Bさん，Cさんのいずれかの考察を利用して求めなさい。ただし，誰の考察を利用したか記入すること。

(3)　3本の直線$3x+2y=6n$，$x=0$，$y=0$で囲まれる三角形の周及び内部にある格子点の個数をnを用いて表しなさい。

(☆☆☆◎◎◎)

【中学校】

【1】 中学校3年生の「平行線と線分の比の関係」について学習する場面で，生徒から次の2つの質問があった。下の(1)・(2)の問いに答えなさい。

【質問①】 「$a:b=c:d$ ならば，$ad=bc$」になることを学習したが，もう一度，比例式$a:b=c:d$が，$ad=bc$に変形できる理由を説明してください。

【質問②】　右の図のように，△ABCで，辺AB，AC上に，それぞれ点P，Qがあるとき，「AP：PB＝AQ：QCならば，PQ//BC」は成り立つのですか。

---

(1) 【質問①】に対する説明として，「$a:b=c:d$ ならば，$ad=bc$」になることを証明しなさい。

(2) 【質問②】に対する説明として，△ABCで，辺AB，AC上に，それぞれ点P，Qがあるとき，「AP：PB＝AQ：QCならば，PQ//BC」が成り立つことを証明しなさい。

(☆☆☆◎◎◎)

【2】 次の図のように，関数$y=ax^2$ …①と一次関数$y=bx$ …②のグラフが，原点Oと点Aで交わっている。①のグラフ上に点A以外の点Bをとり，2点A，Bを通る直線とy軸との交点をCとする。

点Aのx座標は2，点Bのx座標は－4で，∠AOC＝45°であるとき，あとの(1)～(3)の問いに答えなさい。

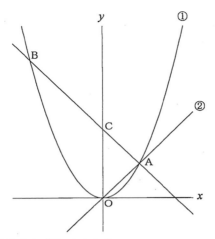

(1) a, bの値をそれぞれ求めなさい。

(2) 点Cの座標を求めなさい。

(3) 線分OA上に2点O，Aと異なる点Dをとり，直線BDとy軸との交点をEとする。△BCEと△ODEの面積が等しくなるとき，点Dの座標を求めなさい。

(☆☆☆◎◎◎)

【3】次の(1)・(2)の問いに答えなさい。

(1) 次の図の△OABは，正三角形である。△OABを使って，∠APB＝30°，PA＝PBである二等辺三角形PABを作図しなさい。ただし，作図に使った線は消さずに残しておくこと。作図をするかわりに，作図の方法を言葉で説明してもかまいません。

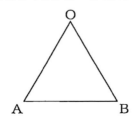

(2) 中学校の学習内容をもとに，AB＝4cm，∠APB＝30°，PA＝PBである二等辺三角形PABの面積を求めなさい。

(☆☆☆◎◎◎)

【4】中学校学習指導要領「第2章　各教科」「第3節　数学」「第2　各学年の目標及び内容」について，次の(1)・(2)の問いに答えなさい。

(1) 次の文は，〔第2学年〕・〔第3学年〕「2　内容」の[数学的活動]の部分である。(a)～(g)にあてはまる語句を書きなさい。

---

(1)「A数と式」，「B(a)」，「C関数」及び「D(b)」」の学習やそれらを相互に関連付けた学習において，次のような数学的活動に取り組むものとする。
　ア　日常の事象や(c)を数理的に捉え，数学的に表現・(d)し，問題を解決したり，解決の過程や結果を振り返って考察したりする活動
　イ　数学の事象から(e)をもって問題を見いだし解決したり，解決の過程や結果を振り返って統合的・発展的に考察したりする活動
　ウ　数学的な表現を用いて(f)に説明し(g)活動

---

(2) 次の文は，〔第2学年〕「2　内容」の一部である。(a)～(f)にあてはまる語句を，あとのア～ソの中からそれぞれ1つ選び，記号で書きなさい。

C　関数
　(1)　一次関数について，数学的活動を通して，次の事項を身に付けることができるよう指導する。
　　ア　次のような知識及び技能を身に付けること。
　　(ア)　一次関数について理解すること。
　　(イ)　事象の中には一次関数として捉えられるものがあることを知ること。
　　(ウ)　(a)を関数を表す式とみること。

イ　次のような思考力，（　b　）力，表現力等を身に付けること。

（ア）　一次関数として捉えられる二つの数量について，（　c　）の特徴を見いだし，表，（　d　），グラフを相互に関連付けて考察し表現すること。

（イ）　一次関数を用いて（　e　）な事象を捉え考察し表現すること。

[用語・記号]

（　f　）　傾き

ア	連立方程式	イ	変化の割合	ウ	判断
エ	抽象的	オ	分析	カ	図
キ	変数	ク	変化や対応	ケ	数学的
コ	式	サ	変域	シ	数
ス	二元一次方程式	セ	比例	ソ	具体的

（☆☆☆◎◎◎）

【高等学校】

【１】$0<a<b$である定数a，bがある。$x_n=\left(\dfrac{a^n}{b}+\dfrac{b^n}{a}\right)^{\frac{1}{n}}$　$(n=1,\ 2,\ 3,\ \cdots)$とおくとき，次の(1)・(2)の問いに答えなさい。

(1)　不等式$b^n<a(x_n)^n<2b^n$が成り立つことを示しなさい。

(2)　$\displaystyle\lim_{n\to\infty}x_n$を求めなさい。

（☆☆☆◎◎◎）

【２】pを正の定数とし，点F$(p,\ 0)$を焦点にもち，直線$x=-p$を準線とする放物線をCとする。C上の点Q$(x_0,\ y_0)$（ただし，$y_0>0$）を考え，点QにおけるCの接線をℓ，点QとFを通る直線をℓ_1，点Qを通り放物線Cの軸に平行な直線をℓ_2とする。次の(1)・(2)の問いに答えなさい。

(1)　接線ℓの方程式を求めなさい。

(2)　接線ℓは，2直線ℓ_1とℓ_2のなす角を2等分することを示しなさい。

（☆☆☆◎◎◎）

【3】 座標空間において，xが$0 \leq x \leq \dfrac{\pi}{2}$の範囲を動くとき，2点P$(x, 0, \cos^2 x)$，Q$(x, 1 - \sin x, 0)$を結ぶ直線PQが動いてできる曲面を$S$とする。このとき，曲面$S$と$xy$平面，$yz$平面，$zx$平面で囲まれる立体の体積$V$を求めなさい。

(☆☆☆◎◎◎)

【4】 次の文は，高等学校学習指導要領「数学」の「第1款　目標」の一部である。(a)～(e)にあてはまる語句を書きなさい。

(1)　数学における基本的な概念や原理・法則を(a)に理解するとともに，事象を(b)したり，数学的に解釈したり，数学的に(c)したりする技能を身に付けるようにする。

(2)　数学を活用して事象を論理的に考察する力，事象の本質や(d)との関係を認識し(e)に考察する力，数学的な表現を用いて事象を簡潔・明瞭・的確に表現する力を養う。

(☆☆☆◎◎◎)

【5】 次の文は，高等学校学習指導要領「数学」の「第1　数学Ⅰ」の「2内容　(3)　二次関数」の一部である。(a)～(e)にあてはまる語句を語群より選び，記号で答えなさい。ただし，同じ記号には同じ語句が入るものとする。

(3)　二次関数

二次関数について，数学的活動を通して，その(a)を認識するとともに，次の事項を身に付けることができるよう指導する。

ア　次のような(b)を身に付けること。

(ウ)　二次方程式の解と二次関数のグラフとの関係について理解すること。また，(c)の解と二次関数のグラフとの関係について理解し，二次関数のグラフを用いて(c)の解を求めること。

イ　次のような(d)を身に付けること。

(ア)　二次関数の式とグラフとの関係について，コンピュータなどの情報機器を用いてグラフをかくなどして(e)に考察する

こと。

語群

ア　二次不等式	イ　実用性
ウ　論理的	エ　有用性
オ　学びに向かう力，人間性等	カ　思考力，判断力，表現力等
キ　知識及び技能	ク　多面的
ケ　一次不等式	

(☆☆☆◎◎◎)

【6】次の文は，高等学校学習指導要領「数学」の「第3款　各科目にわたる指導計画の作成と内容の取扱い」の一部である。(a)～(e)にあてはまる語句を書きなさい。

1　指導計画の作成に当たっては，次の事項に配慮するものとする。

(1)　(a)など内容や時間のまとまりを見通して，その中で育む資質・能力の育成に向けて，数学的活動を通して，生徒の(b)の実現を図るようにすること。その際，数学的な(c)を働かせながら，日常の事象や社会の事象を数理的に捉え，数学の問題を見いだし，問題を自立的，協働的に解決し，(d)を振り返り，(e)を形成するなどの学習の充実を図ること。

(☆☆☆◎◎◎)

解答・解説

【中高共通】

【1】(1)　$x^2+y^2+z^2 = (x+y+z)^2-2(xy+yz+zx)$

$\qquad\qquad\quad = 6^2-2\times 8$

$\qquad\qquad\quad = 36-16$

$\qquad\qquad\quad = 20 \qquad$ よって20

(2) $\dfrac{1}{x^2}+\dfrac{1}{y^2}+\dfrac{1}{z^2}=\dfrac{y^2z^2+x^2z^2+x^2y^2}{x^2y^2z^2}$

$=\dfrac{(xy+yz+zx)^2-2xyz(x+y+z)}{(xyz)^2}$

$=\dfrac{8^2-2\times5\times6}{25}$

$=\dfrac{64-60}{25}$

$=\dfrac{4}{25}$　　よって$\dfrac{4}{25}$

〈解説〉解答参照。

【2】(1)　∠A$=\theta$，∠B$=90°$の直角三角形ABCがある。

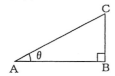

三角比の定義より，$\sin\theta=\dfrac{BC}{AC}$　$\cos\theta=\dfrac{AB}{AC}$である。

よって，$\sin^2\theta+\cos^2\theta=\dfrac{AB^2+BC^2}{AC^2}$　…①

ここで，三平方の定理より

$AB^2+BC^2=AC^2$　…②

①②より，

$\sin^2\theta+\cos^2\theta=1$

(2)　$P=2(1-\sin^2\theta)+\sin\theta-2$

$=-2\sin^2\theta+\sin\theta$

$=-2\left(\sin\theta-\dfrac{1}{4}\right)^2+\dfrac{1}{8}$

$0\leqq\sin\theta\leqq1$だから，

・$\sin\theta=\dfrac{1}{4}$のとき　最大値$\dfrac{1}{8}$

・$\sin\theta=1$つまり$\theta=90°$のとき　最小値-1

〈解説〉解答参照。

【３】(1)

頂点Aから頂点Cまでの最短経路が何通りあるかを求めればいいので，

$_6C_3 = \dfrac{6 \times 5 \times 4}{3 \times 2 \times 1} = 20$　　20通り

(2)

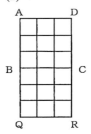

上の図より，辺BC上の点を通過するのは，2つの面ABCD，BQRC上をたどっていくときであるから，

$_9C_3 = \dfrac{9 \times 8 \times 7}{3 \times 2 \times 1} = 84$　　84通り

(3)　(2)と同様に考えると，辺CD上の点を通過する最短経路は，84通りある。

また，頂点Cを通る最短経路は，(1)より20通りある。

よって，求める最短経路は重複を考慮すると，

$2 \times 84 - 20 = 148$　　148通り

〈解説〉解答参照。

【４】(1)　$y' = 2x$より，

$\ell : y = \dfrac{1}{2a}(x + a) + a^2 = \dfrac{1}{2a}x + a^2 + \dfrac{1}{2}$

$\therefore$　$\ell : y = \dfrac{1}{2a}x + a^2 + \dfrac{1}{2}$

(2) $x^2=\dfrac{1}{2a}x+a^2+\dfrac{1}{2}$ を解くと,

$(x+a)\left(x-a-\dfrac{1}{2a}\right)=0$ $\quad\therefore\quad x=-a,\ a+\dfrac{1}{2a}$

よって, Bのx座標は$x=a+\dfrac{1}{2a}$

ここで, $a>0$より, $\dfrac{1}{2a}>0$

相加平均と相乗平均の関係より

$a+\dfrac{1}{2a}\geqq 2\sqrt{a\times\dfrac{1}{2a}}$ $\quad\therefore\quad a+\dfrac{1}{2a}\geqq\sqrt{2}$

等号が成立するとき,

$a=\dfrac{1}{2a}$ $\quad a>0$より, $a=\dfrac{\sqrt{2}}{2}$

よって, $a=\dfrac{\sqrt{2}}{2}$のとき, Bのx座標は最小となる。

(3) $S=\displaystyle\int_{-a}^{a+\frac{1}{2a}}\left\{\left(\dfrac{1}{2a}x+a^2+\dfrac{1}{2}\right)-x^2\right\}dx$

$=-\displaystyle\int_{-a}^{a+\frac{1}{2a}}(x+a)\left(x-a-\dfrac{1}{2a}\right)dx$

$=-\displaystyle\int_{-\frac{\sqrt{2}}{2}}^{\sqrt{2}}\left(x+\dfrac{\sqrt{2}}{2}\right)(x-\sqrt{2}\,)dx$

$=\dfrac{1}{6}\left(\sqrt{2}+\dfrac{\sqrt{2}}{2}\right)^3=\dfrac{9\sqrt{2}}{8}$

〈解説〉解答参照。

【5】(1) OP：PD＝1：2より,

$\overrightarrow{\mathrm{OP}}=-\dfrac{1}{3}\overrightarrow{\mathrm{OB}}=-\dfrac{1}{3}\vec{b}$

また, QはOGの中点なので,

$\overrightarrow{\mathrm{OQ}}=-\dfrac{1}{2}\overrightarrow{\mathrm{OE}}=-\dfrac{1}{2}\cdot\dfrac{\vec{a}+\vec{b}}{2}=-\dfrac{\vec{a}+\vec{b}}{4}$

(2) $|\overrightarrow{\mathrm{OQ}}|=\dfrac{1}{4}$ $\quad|\overrightarrow{\mathrm{PQ}}|=\dfrac{\sqrt{5}}{12}$

(3) $|\overrightarrow{\mathrm{OP}}|=|-\dfrac{1}{3}\vec{b}|=\dfrac{1}{3}|\vec{b}|=\dfrac{1}{3}\cdot\dfrac{\sqrt{2}}{2}=\dfrac{\sqrt{2}}{6}$

$\triangle\mathrm{OPQ}=\dfrac{1}{2}|\overrightarrow{\mathrm{OP}}||\overrightarrow{\mathrm{OQ}}|\sin\angle\mathrm{POQ}$

$$= \frac{1}{2}|\overrightarrow{OP}||\overrightarrow{OQ}|\sin45° = \frac{1}{2}\cdot\frac{\sqrt{2}}{6}\cdot\frac{1}{4}\cdot\frac{1}{\sqrt{2}} = \frac{1}{48}$$

よって，$S = 8\times\triangle OPQ = 8\cdot\frac{1}{48} = \frac{1}{6}$

〈解説〉(1)　解答参照。

(2)　$|\overrightarrow{OQ}| = \frac{1}{2}|\overrightarrow{OG}| = \frac{1}{2}\times\frac{1}{2}|\overrightarrow{AD}| = \frac{1}{4}$

$|\overrightarrow{PQ}|^2 = |\overrightarrow{OQ}-\overrightarrow{OP}|^2 = \left|\left(-\frac{1}{4}\overrightarrow{a}-\frac{1}{4}\overrightarrow{b}\right)-\left(-\frac{1}{3}\overrightarrow{b}\right)\right|^2$

$= |-\frac{1}{4}\overrightarrow{a}+\frac{1}{12}\overrightarrow{b}|^2 = \frac{1}{16}|\overrightarrow{a}|^2 - \frac{1}{24}\overrightarrow{a}\cdot\overrightarrow{b}+\frac{1}{144}|\overrightarrow{b}|^2$

$= \frac{1}{16}\times\frac{1}{2}+0+\frac{1}{144}\times\frac{1}{2} = \frac{1}{32}+\frac{1}{288} = \frac{10}{288} = \frac{5}{144}$ より，$|\overrightarrow{PQ}| = \frac{\sqrt{5}}{12}$

(3)　解答参照。

【６】(1)　$n=1$ のとき $3x+2y=6$　よって，格子点は2個

$n=2$ のとき $3x+2y=12$　よって，格子点は3個

$n=3$ のとき $3x+2y=18$　よって，格子点は4個

(2)　〈Aさんの考え〉

$n=10$ のとき，$3x+2y=60$　　$y=-\frac{3}{2}x+30$

求める格子点の個数をSとする

$x=0$, 2, 4, 6, …, 18, 20のとき

格子点の個数をS_1とすると，

$S_1 = 31+28+25+\cdots+4+1 = \frac{11}{2}(31+1) = 176$

$x=1$, 3, 5, 7, …, 17, 19のとき

格子点の個数をS_2とすると，

$S_2 = 29+26+23+\cdots+5+2 = \frac{10}{2}(29+2) = 155$

よって，$S = S_1+S_2 = 331$個

〈Bさんの考え〉

$n=10$ のとき，$3x+2y=60$　　$x=-\frac{2}{3}y+20$

求める格子点の個数をSとする

$y=0$，3，6，9，…，27，30のとき

格子点の個数をS_1とすると，

$S_1=21+19+17+\cdots+3+1=\dfrac{11}{2}(21+1)=121$

$y=1$，4，7，10，…，25，28のとき

格子点の個数をS_2とすると，

$S_2=20+18+16+\cdots+4+2=\dfrac{10}{2}(20+2)=110$

$y=2$，5，8，11，…，26，29のとき

格子点の個数をS_3とすると，

$S_3=19+17+15+\cdots+3+1=\dfrac{10}{2}(19+1)=100$

よって，$S=S_1+S_2+S_3=331$個

〈Cさんの考え〉

$n=10$のとき$3x+2y=60$上の格子点は11個

よって，求める格子点の個数をSとすると

$S=(31\times21+11)\div2=331$個

(3) 求める格子点の個数をSとする

$3x+2y=6n$上の格子点は$(n+1)$個

よって，$S=\dfrac{1}{2}\{(3n+1)(2n+1)+(n+1)\}=3n^2+3n+1$

〈解説〉(1)　$n=1$のとき，$3x+2y=6$より$(x,\ y)=(0,\ 3)$，$(2,\ 0)$の2個。

$n=2$のとき$3x+2y=12$より$(x,\ y)=(0,\ 6)$，$(2,\ 3)$，$(4,\ 0)$の3個。$n=3$

のとき$3x+2y=18$より$(x,\ y)=(0,\ 9)$，$(2,\ 6)$，$(4,\ 3)$，$(6,\ 0)$の4個。

(2)，(3)　解答参照。

【中学校】

【 1 】(1)　$a:b=c:d$

両辺の比の値は等しいので，$\dfrac{a}{b}=\dfrac{c}{d}$

両辺にbdをかけて，$\dfrac{a}{b}\times bd=\dfrac{c}{d}\times bd$

よって，$ad=bc$

(2)

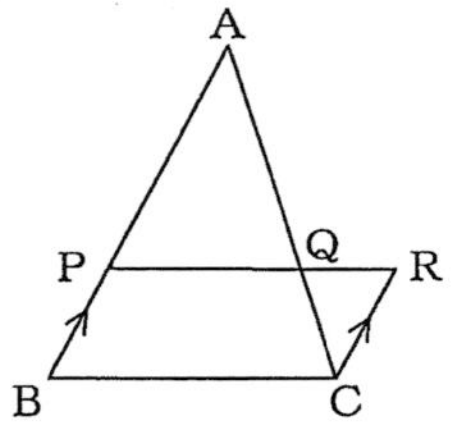

上の図のように，Cを通り，辺BAに平行な直線をひき，直線PQとの交点をRとすると，△APQと△CRQで，AB//RCから，平行線の錯角は等しいので，

∠PAQ＝∠RCQ　…①

∠APQ＝∠CRQ　…②

①，②から，2組の角が，それぞれ等しいので，

△APQ∽△CRQ

相似な図形では，対応する辺の比は等しいので，

AP：CR＝AQ：CQ　…③

また，仮定より，

AP：PB＝AQ：QC　…④

③，④から，PB＝CR

PB＝CR，PB//CRだから，四角形PBCRは平行四辺形となり，PQ//BCがいえる。

〈解説〉解答参照。

【２】(1)　点Aからx軸に垂線をひき，その交点をHとする。

△AHOは，∠AHO＝90°，∠AOH＝45°だから直角二等辺三角形であり，AH＝OH＝2である。よって，A(2，2)

x＝2，y＝2を，①の式に代入して$a＝\dfrac{1}{2}$

②の式に代入して$b＝1$

(2)　点Bの座標は，$x＝-4$を①の式$y＝\dfrac{1}{2}x^2$に代入して$y＝8$より，B(-4，8)

だから，直線ABの式は，$y=-x+4$となる。

よって，C(0，4)

(3) △BCE＝△ODEより，

△BCE＋△BOE＝△ODE＋△BOE

よって，△BCO＝△ODBとなり，BOが共通

だから，BO//CDとなる。

また，直線BOのグラフの傾きは－2より，直線CDのグラフの傾きも－2となり，切片は4だから，直線CDの式は$y=-2x+4$となる。

点Dは直線CDと②の直線の交点だから，

$$\begin{cases} y=-2x+4 \\ y=x \end{cases}$$

これを解いて，$(x,\ y)=\left(\dfrac{4}{3},\ \dfrac{4}{3}\right)$

したがって，D$\left(\dfrac{4}{3},\ \dfrac{4}{3}\right)$

〈解説〉解答参照。

【3】(1)

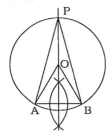

① 点Oを中心として，OAを半径とする円Oをかく。

② 2点A，Bを，それぞれ中心として，等しい半径の円をかき，この2円の交点を通る直線(線分ABの垂直二等分線)をひく。

③ 円Oと線分ABの垂直二等分線との交点のうち，線分ABについて点Oと同じ側にある点をPとして，△PABを作図する。

(2) (1)の図において，点Pから線分ABに垂線をひき，その交点をHと

する。

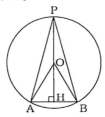

このとき，3点P，O，Hは一直線上にある。

△OAHは，90°，30°，60°の角をもつ直角三角形より，AH：OA：OH＝1：2：$\sqrt{3}$ となる。

Hは線分ABの中点だから，　AH＝2cm，OH＝2$\sqrt{3}$ cm

OP＝OA＝AB＝4cmだから，PH＝4＋2$\sqrt{3}$ 〔cm〕

よって，△PABの面積は，

$4 \times (4 + 2\sqrt{3}) \times \dfrac{1}{2} = 8 + 4\sqrt{3}$ 〔cm²〕

〈解説〉解答参照。

【4】(1)　a　図形　　b　データの活用　　c　社会の事象　　d　処理　　e　見通し　　f　論理的　　g　伝え合う　　(2)　a　ス　　b　ウ　　c　ク　　d　コ　　e　ソ　　f　イ

〈解説〉各学年の目標及び内容については，学習指導要領だけではなく，学習指導要領解説とあわせて，整理し，理解・記憶しておくようにするとよい。

【高等学校】

【1】(1)　$a(x_n)^n = a\left(\dfrac{a^n}{b} + \dfrac{b^n}{a}\right) = \dfrac{a^{n+1}}{b} + b^n$ かつ $0 < a < b$ より

$a(x_n)^n - b^n = \left(\dfrac{a^{n+1}}{b} + b^n\right) - b^n = \dfrac{a^{n+1}}{b} > 0$

$2b^n - a(x_n)^n = 2b^n - \left(\dfrac{a^{n+1}}{b} + b^n\right) = b^n - \dfrac{a^{n+1}}{b} = \dfrac{b^{n+1} - a^{n+1}}{b} > 0$

よって，$b^n < a(x_n)^n < 2b^n$ は成立する。

(2)　$(0 <) b^n < a(x_n)^n < 2b^n$ において，自然対数をとると，

$\log b^n < \log a(x_n)^n < \log 2b^n$

$n\log b < \log a + n\log x_n < \log 2 + n\log b$

$n\log b - \log a < n\log x_n < \log 2 + n\log b - \log a$

$\log b - \dfrac{\log a}{n} < \log x_n < \log b + \dfrac{\log 2 - \log a}{n}$

ここで，

$\displaystyle\lim_{n\to\infty}\left(\log b - \dfrac{\log a}{n}\right) = \log b$

$\displaystyle\lim_{n\to\infty}\left(\log b + \dfrac{\log 2 - \log a}{n}\right) = \log b$

であるから

$\displaystyle\lim_{n\to\infty}\log x_n = \log b$

ゆえに，

$\displaystyle\lim_{n\to\infty} x_n = b$

〈解説〉解答参照。

【2】(1)　放物線Cの方程式は$y^2 = 4px$

両辺をxで微分すると，

$2y\dfrac{dy}{dx} = 4p$

$y > 0$のとき，$\dfrac{dy}{dx} = \dfrac{2p}{y}$

よって，点Qにおける接線ℓの方程式は，

$y = \dfrac{2p}{y_0}(x - x_0) + y_0 \quad \cdots(*)$

(2)　点Qから準線に垂線をひき，その交点をHとし，接線ℓとx軸との交点をRとすると，

Rのx座標は，$(*)$において$y = 0$として

$0 = \dfrac{2p}{y_0}(x - x_0) + y_0$

$0 = 2p(x - x_0) + y_0^2$

ここで，$y_0^2 = 4px_0$であるから

$$0 = 2p(x - x_0) + 4px_0$$

$$\therefore \quad x = -x_0$$

よって　　$FR = p - (-x_0) = p + x_0$

放物線の定義より

$$QH = FQ = x_0 - (-p) = p + x_0$$

ゆえに，△FRQはFR＝FQの二等辺三角形であるから

$$\angle FRQ = \angle FQR \quad \cdots ①$$

また，$\ell_2 // x$軸より

$$\angle HQR = \angle FRQ \quad \cdots ②$$

①，②より　　$\angle FQR = \angle HQR$となり

接線ℓは，2直線ℓ_1とℓ_2のなす角を2等分する。

〈解説〉(1)　解答参照。　(2)　（別解）　直線ℓ_1の傾きは2点Q$(x_0,\ y_0)$，F$(p,\ 0)$を通るので$\dfrac{y_0}{x_0 - p}$，直線ℓ_2の傾きは放物線の軸に等しいので，0

よって，直線ℓ，ℓ_1，ℓ_2とx軸とのなす角をそれぞれα，β，γとすると，

$\tan\alpha = \dfrac{2p}{y_0}$，$\tan\beta = \dfrac{y_0}{x_0 - p}$，$\tan\gamma = 0$より

$$\tan(\beta - \alpha) = \frac{\tan\beta - \tan\alpha}{1 + \tan\beta\tan\alpha} = \frac{\dfrac{y_0}{x_0 - p} - \dfrac{2p}{y_0}}{1 + \dfrac{y_0}{x_0 - p} \times \dfrac{2p}{y_0}} = \frac{y_0{}^2 - 2px_0 + 2p^2}{y_0(x_0 - p) + 2py_0}$$

$$= \frac{y_0{}^2 - 2p \times \dfrac{y_0{}^2}{4p} + 2p^2}{y_0\left(\dfrac{y_0{}^2}{4p} - p\right) + 2py_0} = \frac{\dfrac{y_0{}^2}{2} + 2p^2}{\dfrac{y_0{}^3}{4p} \times py_0} = \frac{2py_0{}^2 + 8p^3}{y_0{}^3 + 4p^2y_0}$$

$$= \frac{2p(y_0{}^2 + 4p^2)}{y_0(y_0{}^2 + 4p^2)} = \frac{2p}{y_0}$$

$\tan(\alpha - \gamma) = \tan\alpha = \dfrac{2p}{y_0} = \tan(\beta - \alpha)$

つまり$\beta - \alpha = \alpha - \beta$なので$\ell$と$\ell_1$のなす角と$\ell$と$\ell_2$のなす角は等しい。

したがって，直線ℓは2直線ℓ_1とℓ_2のなす角を2等分する。

【3】R$(x,\ 0,\ 0)$とすると，

△PRQは∠PRQ＝$\frac{\pi}{2}$の直角三角形でx軸に垂直である。

PR＝$\cos^2 x$，RQ＝$1-\sin x$より

△PRQ＝$\frac{1}{2}(1-\sin x)\cos^2 x$

ゆえに，

$V=\displaystyle\int_0^{\frac{\pi}{2}}\frac{1}{2}(1-\sin x)\cos^2 x dx$

$=\dfrac{1}{2}\displaystyle\int_0^{\frac{\pi}{2}}\{\cos^2 x+\cos^2 x(-\sin x)\}dx$

$=\dfrac{1}{2}\displaystyle\int_0^{\frac{\pi}{2}}\frac{1}{2}(\cos 2x+1)dx+\frac{1}{2}\int_0^{\frac{\pi}{2}}\cos^2 x(-\sin x)dx$

$=\dfrac{1}{4}\left[\frac{1}{2}\sin 2x+x\right]_0^{\frac{\pi}{2}}+\frac{1}{2}\left[\frac{1}{3}\cos^3 x\right]_0^{\frac{\pi}{2}}$

$=\dfrac{\pi}{8}-\dfrac{1}{6}$

〈解説〉解答参照。

【4】a　体系的　　b　数学化　　c　表現・処理　　d　他の事象
　　e　統合的・発展的
〈解説〉教科の目標は重要なので，学習指導要領だけではなく，学習指導
　要領解説もあわせて，整理・理解しておくようにしたい。

【5】a　エ　　b　キ　　c　ア　　d　カ　　e　ク
〈解説〉各科目の目標と内容は重要なので，学習指導要領だけではなく，
　学習指導要領解説もあわせて，整理・理解しておくとともに，用語・
　記号についてもしっかり覚えておきたい。

【6】a　単元　　b　主体的・対話的で深い学び　　c　見方・考え方
　　d　学習の過程　　e　概念
〈解説〉各科目の指導計画の作成と内容の取扱いについては，実際の授業
　展開に即して，解決ができるようにしておきたい。

2020年度 | 実施問題

【中高共通】

【1】次の(1)・(2)の問いに答えなさい。

(1) aは定数とする。$(2x+a)^8$の展開式におけるx^5の係数が-224であるとき，aの値を求めなさい。

(2) 11^{10}の下4桁を求めなさい。

(☆☆☆○○○○)

【2】次の(1)・(2)の問いに答えなさい。

(1) 等式$\cos A-\cos B=-2\sin\dfrac{A+B}{2}\sin\dfrac{A-B}{2}$が成り立つことを示しなさい。

(2) k，nを自然数とするとき，(1)の等式を利用して，$\cos\left(k-\dfrac{1}{2}\right)x-\cos\left(k+\dfrac{1}{2}\right)x$を計算し，それを用いて$S_n=\displaystyle\sum_{k=1}^{n}\sin kx$を求めなさい。ただし，$x\neq m\times180°$（$m$は整数）とする。

(☆☆☆○○○)

【3】関数$f(x)=x^2+2ax+a+1$の$-1\leqq x\leqq1$における最小値を$m(a)$とするとき，次の(1)・(2)の問いに答えなさい。ただし，aは実数とする。

(1) $m(a)$を求めなさい。

(2) $-1\leqq x\leqq1$において，常に$f(x)\geqq0$となるようなaの値の範囲を求めなさい。

(☆☆☆○○○○)

【4】$f(x)=|\log_{10}x|$とする。等式$f(a)=f(b)=3f\left(\dfrac{a+b}{2}\right)$ $(0<a<b)$が成り立つとき，a，bが満たす条件を求めなさい。

(☆☆☆○○)

【5】平面上に，1辺の長さ1の正三角形OABがあり，点Pは$\overrightarrow{\text{OP}} = \alpha\,\overrightarrow{\text{OA}}$ $+ \beta\,\overrightarrow{\text{OB}}$ を満たす。このとき，次の(1)・(2)の問いに答えなさい。ただし，α，βは実数とする。

(1) $3\alpha + \beta = 1$，$\alpha \geqq 0$，$\beta \geqq 0$が成り立つとき，点Pの存在する範囲を図示しなさい。

(2) $\alpha + 6\beta \leqq 3$，$\alpha \geqq 0$，$\beta \geqq 0$が成り立つとき，点Pの存在する範囲を図示し，その面積を求めなさい。

(☆☆☆◎◎◎◎◎)

【6】座標平面上に，円$C : x^2 + y^2 - 4x - 5 = 0$および，直線$\ell : y = 2x + k$があり，$C$と$\ell$は異なる2点P，Qを共有する。このとき，次の(1)・(2)の問いに答えなさい。ただし，kは実数とする。

(1) kの値の範囲を求めなさい。

(2) Cとℓの共有点P，Qについて，PQ＝4となるとき，kの値を求めなさい。

(☆☆☆◎◎)

【中学校】

【1】次の〔問題〕を使って，連立二元一次方程式を具体的な場面で活用する授業に向けた準備を行う。このとき，あとの(1)～(3)の問いに答えなさい。

〔問題〕

AさんとBさんが1周600mのコースでマラソンをした。2人はスタート地点を同じ向きに同時に出発し，Aさんは分速xm，Bさんは分速ymの速さで走っていた。

出発してから12分後に，Bさんは一周遅れになってAさんに追いつかれた。その瞬間からBさんは，速さをそれまでの3倍にして走ったところ，しばらくしてAさんを追い越し，出発してから20分後には，Bさんはさんの200m前を走っていた。

> 　　出発してから12分後までのAさん，Bさんの速さをそれぞれ求
> めなさい。

(1)　走った距離の関係に着目して立式させるとき，立式に必要な数量
　　をつかませるための表をつくりなさい。

(2)　(1)の表から連立二元一次方程式をつくり，〔問題〕の答えを求め
　　るまでの過程を説明する板書の内容を書きなさい。

(3)　「一元一次方程式でこの問題を解くにはどうすればよいですか。」
　　という生徒の質問を想定し，Aさんの走る速さを分速xmとして一元
　　一次方程式をつくりなさい。また，xを使って表したBさんのはじめ
　　の速さについてどのように説明するか，書きなさい。

(☆☆☆◎◎◎)

【２】次の図は，AB＜BCの平行四辺形ABCDを対角線BDを折り目として
　　折り返したものである。点Cが移る点をE，BEとADとの交点をFとす
　　るとき，下の(1)・(2)の問いに答えなさい。

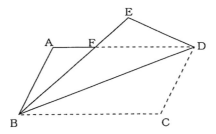

(1)　FA＝FEを証明しなさい。
　　ただし，合同な図形の性質を利用すること。

(2)　BF＝8cm，FE＝4cm，∠BAD＝90°のとき，ECの長さを求めなさ
　　い。

(☆☆◎◎◎◎)

【3】次の図の△ABCで，点Dは∠BACの二等分線と辺BCとの交点である。下の(1)・(2)の問いに答えなさい。

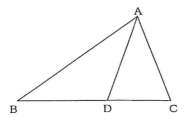

(1)　AB：AC＝BD：DCを証明しなさい。

(2)　AB＝6cm，AC＝3cm，DA＝DBのとき，中学校の学習内容をもとに，DCの長さを求めなさい。

(☆☆○○○○○)

【4】中学校学習指導要領「第2章　各教科」「第3節　数学」について，次の(1)・(2)の問いに答えなさい。

(1)　次の文は，「第3　指導計画の作成と内容の取扱い」の一部である。(a)～(k)にあてはまる語句を書きなさい。

> 1　指導計画の作成に当たっては，次の事項に配慮するものとする。
> (1)　単元など内容や時間のまとまりを見通して，その中で育む(a)・(b)の育成に向けて，数学的活動を通して，生徒の(c)・(d)で(e)の実現を図るようにすること。その際，数学的な見方・考え方を働かせながら，日常の事象や社会の事象を(f)に捉え，数学の問題を見いだし，問題を(g)・(h)に解決し，学習の過程を振り返り，概念を形成するなどの(i)を図ること。
> (5)　第1章総則の第1の2の(2)に示す(j)に基づき，道徳科などとの関連を考慮しながら，第3章特別の教科道徳の

第2に示す内容について，（　k　）に応じて適切な指導を
すること。

(2)　次の文は，「第2　各学年の目標及び内容」〔第3学年〕「2　内容」
の一部である。（　a　）〜（　f　）にあてはまる語句を，下のア〜タの
中からそれぞれ1つ選び，記号で書きなさい。

D　データの活用
(1)　標本調査について，数学的活動を通して，次の事項を
身に付けることができるよう指導する。
ア　次のような知識及び技能を身に付けること。
(ア)　標本調査の（　a　）と意味を理解すること。
(イ)　コンピュータなどの（　b　）を用いるなどして
（　c　）に標本を取り出し，整理すること。
イ　次のような思考力，判断力，表現力等を身に付ける
こと。
(ア)　標本調査の方法や結果を（　d　）に考察し表現す
ること。
(イ)　（　e　）な場合について標本調査を行い，母集団
の傾向を推定し（　f　）すること。

ア	複雑	イ	有用性	ウ	無作為	エ	重要性
オ	分析	カ	必要性	キ	肯定的	ク	事象
ケ	改善	コ	簡単	サ	批判的	シ	可能性
ス	情報手段	セ	効果的	ソ	判断	タ	説明

(☆○○○○○)

【高等学校】

【1】ひし形ABCDはAC＝3，∠DAC＝30°である。このひし形の内部に
あり，中心を線分AC上にもつ円K_0, K_1, K_2, …は次の条件を満たす。
(a)　円K_0は辺AB，辺ADに接する

(b) 円K_1は辺CB，辺CDに接し，円K_0に外接する

(c) 円K_nは辺CB，辺CDに接し，円K_{n-1}に外接する (nは2以上の自然数)

(d) 円K_nの中心をO_nとするとき，$CO_n > CO_{n+1}$とする

円K_nの半径をr_n，面積をS_n ($n=0$, 1, 2, 3, $\cdots$)とするとき，次の(1)～(3)の問いに答えなさい。

(1) r_0とr_1との間に成り立つ関係式を求めなさい。

(2) $n \geqq 1$のとき，S_{n+1}とS_nとの間に成り立つ関係式を求めなさい。

(3) $r_0 = \dfrac{1}{3}$のとき，$\displaystyle\sum_{n=0}^{\infty} S_n$の値を求めなさい。

(☆☆☆○○○○)

【2】$f(x) = \displaystyle\int_{\cos x}^{\sin x} \sqrt{1-t^2}\,dt \quad \left(\dfrac{\pi}{2} \leq x \leq \pi \right)$について，

$\dfrac{d}{dx}\displaystyle\int_{h(x)}^{g(x)} f(t)\,dt = f(g(x)) \cdot \dfrac{d}{dx}g(x) - f(h(x)) \cdot \dfrac{d}{dx}h(x)$となることを用いて，

$y = f(x)$が$x = \dfrac{3}{4}\pi$のとき最大値をとることを示しなさい。

(☆☆☆○○○○)

【3】$a > 0$とする。半径aの円が，x軸上をすべらずに回転する。このとき，下の(1)・(2)の問いに答えなさい。

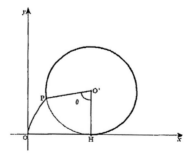

(1) 図のように円がθだけ回転したとき，はじめ原点にあった円周上の点P$(x,\ y)$が描く曲線は

$x = a(\theta - \sin\theta),\ y = a(1 - \cos\theta)$

で表されることを示しなさい。

(2)　$0 \leqq \theta \leqq 2\pi$ のとき，(1)の曲線とx軸で囲まれる図形をx軸の周りに回転してできる立体の体積Vを求めなさい。

ただし，$\cos 3\theta = 4\cos^3 \theta - 3\cos \theta$ であることを用いてもよい。

(☆☆☆☆◎◎◎◎)

【４】次の文は，高等学校学習指導要領「数学」の「第1款　目標」の一部である。（　a　）～（　c　）にあてはまる語句を書きなさい。

　数学的な見方・考え方を（　a　），数学的活動を通して，数学的に考える資質・能力を次のとおり育成することを目指す。

(3)　数学のよさを認識し積極的に数学を活用しようとする態度，（　b　）数学的論拠に基づいて判断しようとする態度，問題解決の過程を振り返って（　c　），評価・改善したりしようとする態度や創造性の基礎を養う。

(☆☆◎◎◎◎◎)

【５】次の文は，高等学校学習指導要領「数学」の「第5　数学B」及び「第6　数学C」の「2　内容」の項目である。（　a　）～（　f　）にあてはまる語句を語群より選び，記号で答えなさい。

第5　数学B

　2　内容

　　(1)　（　a　）　　(2)　（　b　）　　(3)　（　c　）

第6　数学C

　2　内容

　　(1)　（　d　）　　(2)　（　e　）　　(3)　（　f　）

語群　ア　数列　　　　　　　　イ　ベクトル
　　　ウ　行列　　　　　　　　エ　平面上の曲線と複素数平面
　　　オ　数学と人間の活動　　カ　数学と社会生活
　　　キ　二次曲線　　　　　　ク　数学的な表現の工夫
　　　ケ　二項分布　　　　　　コ　データの分析

(☆☆◎◎◎◎◎)

サ　統計的な推測

(☆☆○○○○○)

【6】次の文は，高等学校学習指導要領「数学」の「第3款　各科目にわたる指導計画の作成と内容の取扱い」の一部である。(a)〜(f)にあてはまる語句を書きなさい。

2　内容の取扱いに当たっては，次の事項に配慮するものとする。

(2)　各科目の指導に当たっては，必要に応じて，コンピュータや(a)などを適切に活用し，学習の効果を高めるようにすること。

3　各科目の指導に当たっては，数学を学習する意義などを実感できるよう工夫するとともに，次のような数学的活動に取り組むものとする。

(1)　(b)や(c)などを数理的に捉え，数学的に表現・処理して問題を解決し，解決の過程や結果を(d)活動。

(3)　自らの考えを数学的に表現して(e)したり，(f)したりする活動。

(☆☆○○○○○)

解答・解説

【中高共通】

【1】(1)　$(2x+a)^8$の展開式の一般項は

$${}_8C_k(2x)^{8-k}a^k={}_8C_k \cdot 2^{8-k} \cdot a^k \cdot x^{8-k}(k=0,\ 1,\ \cdots,\ 8)$$

であるから，x^5の係数は

$${}_8C_3 \cdot 2^5 \cdot a^3=\frac{8 \cdot 7 \cdot 6}{3 \cdot 2 \cdot 1} \cdot 2^5 \cdot a^3=7 \cdot 2^8 \cdot a^3$$

これが-224であるとき，　$7 \cdot 2^8 \cdot a^3=-224$

$$\therefore \quad a^3=-\frac{1}{8} \quad \Leftrightarrow \quad a^3+\frac{1}{8}=0 \quad \Leftrightarrow \quad 8a^3+1=0$$

$\Leftrightarrow (2a+1)(4a^2-2a+1)=0$

よって　$a=-\dfrac{1}{2}, \quad \dfrac{1\pm\sqrt{3}\,i}{4}$

(2)　2項定理より

$11^{10}=(1+10)^{10}=\displaystyle\sum_{k=0}^{10} {}_{10}C_k\cdot 10^k$　となる。

ここで，$k\geqq4$のとき，$10^k\geqq10^4$　となり，5桁以上になるので，下4桁の数を求めるには$k\leqq3$で考えればよい。

すなわち，

${}_{10}C_0+{}_{10}C_1\cdot 10^1+{}_{10}C_2\cdot 10^2+{}_{10}C_3\cdot 10^3$

$=1+100+4500+120000$　となるので求める下4桁は　4601

〈解説〉解答参照。

【2】(1)　加法定理から

$\cos(\alpha+\beta)=\cos\alpha\cos\beta-\sin\alpha\sin\beta$　　…①

$\cos(\alpha-\beta)=\cos\alpha\cos\beta+\sin\alpha\sin\beta$　　…②

①－②より

$\cos(\alpha+\beta)-\cos(\alpha-\beta)=-2\sin\alpha\sin\beta$　…③

ここで，$\alpha+\beta=A, \quad \alpha-\beta=B$　とおくと，

$\alpha=\dfrac{A+B}{2}, \quad \beta=\dfrac{A-B}{2}$　となるので，③にそれぞれ代入すると，

$\cos A-\cos B=-2\sin\dfrac{A+B}{2}\sin\dfrac{A-B}{2}$　となり，等式は成り立つ。

(2)　(1)の等式を利用して，

$\cos\left(k-\dfrac{1}{2}\right)x-\cos\left(k+\dfrac{1}{2}\right)x$

$=-2\sin\dfrac{\left(k-\dfrac{1}{2}\right)x+\left(k+\dfrac{1}{2}\right)x}{2}\sin\dfrac{\left(k-\dfrac{1}{2}\right)x+\left(k+\dfrac{1}{2}\right)x}{2}$

$=-2\sin kx\cdot\sin\left(-\dfrac{x}{2}\right)=2\sin\dfrac{x}{2}\sin kx$

これより，

$2\sin\dfrac{x}{2}\cdot S_n=2\sin\dfrac{x}{2}\cdot\displaystyle\sum_{k=1}^{n}\sin kx=\sum_{k=1}^{n}2\sin\dfrac{x}{2}\sin kx$

$$= \sum_{k=1}^{n} \left\{ \cos\left(k-\frac{1}{2}\right)x - \cos\left(k+\frac{1}{2}\right)x \right\}$$

$$= \left(\cos\frac{1}{2}x - \cos\frac{3}{2}x\right) + \left(\cos\frac{3}{2}x - \cos\frac{5}{2}x\right) + \cdots$$

$$\cdots + \left\{ \cos\left(n-\frac{1}{2}\right)x - \cos\left(n+\frac{1}{2}\right)x \right\}$$

$$= \cos\frac{1}{2}x - \cos\left(n+\frac{1}{2}\right)x = -2\sin\frac{(n+1)x}{2}\sin\left(-\frac{nx}{2}\right)$$

$$= 2\sin\frac{(n+1)x}{2}\sin\frac{nx}{2}$$

ゆえに，$2\sin\frac{x}{2} \neq 0$ より，$S_n = \dfrac{\sin\dfrac{(n+1)x}{2}\sin\dfrac{nx}{2}}{\sin\dfrac{x}{2}}$

〈解説〉解答参照。

【3】(1) $f(x) = x^2 + 2ax + a + 1$ は $f(x) = (x+a)^2 - a^2 + a + 1$ と変形できるので，$y = f(x)$ の軸の方程式は $x = -a$ である。

i) $-a \leq -1$ のとき，すなわち $a \geq 1$ のとき，

$m(a) = f(-1) = 1 - 2a + a + 1 = -a + 2$

ii) $-1 < -a < 1$ のとき，すなわち $-1 < a < 1$ のとき，

$m(a) = f(-a) = -a^2 + a + 1$

iii) $1 \leq -a$ のとき，すなわち $a \leq -1$ のとき，

$m(a) = f(1) = 1 + 2a + a + 1 = 3a + 2$

i), ii), iii) より

$$\begin{cases} a \leq -1 \text{ のとき，} m(a) = 3a + 2 \\ -1 < a < 1 \text{ のとき，} m(a) = -a^2 + a + 1 \\ 1 \leq a \text{ のとき，} m(a) = -a + 2 \end{cases}$$

(2) 常に $f(x) \geq 0$ となるためには，(1)で求めた $m(a)$ において，$m(a) \geq 0$ となればよいので，

$a \leq -1$ のとき，常に $m(a) = 3a + 2 < 0$ …①

$-1<a<1$のとき，$-a^2+a+1=0$　とすると，$a=\dfrac{1-\sqrt{5}}{2}$　であるから，$m(a)\geqq0$となるのは

$\dfrac{1-\sqrt{5}}{2}\leqq a<1$　…②

$1\leqq a$のとき，$-a+2=0$　とすると，$a=2$　であるから，$m(a)\geqq0$となるのは

$1\leqq a\leqq2$　…③

①，②，③より，求めるaの値の範囲は

$\dfrac{1-\sqrt{5}}{2}\leqq a\leqq2$

〈解説〉解答参照。

【４】$f(a)=f(b)$より，$|\log_{10}a|=|\log_{10}b|$

$\therefore\ \ \log_{10}a=\pm\log_{10}b$

$a<b$より　$\log_{10}a\neq\log_{10}b$　だから

$\log_{10}a=-\log_{10}b\ \Leftrightarrow\ \log_{10}a+\log_{10}b=0\ \Leftrightarrow\ \log_{10}ab=0$

すなわち，$ab=1$

このとき，$0<a<b$より，$b>1$

相加・相乗平均の関係より

$\dfrac{a+b}{2}>\sqrt{ab}=1$　であるから，

$\log_{10}b>0$，$\log_{10}\dfrac{a+b}{2}>0$　となるので

$f(b)=3f\left(\dfrac{a+b}{2}\right)$より，$\log_{10}b=3\log_{10}\dfrac{a+b}{2}$

すなわち，$b=\left(\dfrac{a+b}{2}\right)^3$

よって，求める条件は

$ab=1$，$b=\left(\dfrac{a+b}{2}\right)^3$

〈解説〉解答参照。

【5】(1)　$\overrightarrow{OP}=\alpha\overrightarrow{OA}+\beta\overrightarrow{OB}$ は $\overrightarrow{OP}=3\alpha\cdot\dfrac{1}{3}\overrightarrow{OA}+\beta\overrightarrow{OB}$ と変形できる。

$\overrightarrow{OA'}=\dfrac{1}{3}\overrightarrow{OA}$ とすると，

$\overrightarrow{OP}=3\alpha\overrightarrow{OA'}+\beta\overrightarrow{OB}$，$3\alpha+\beta=1$，$3\alpha\geqq0$，$\beta\geqq0$　であるから点P は線分A'B上にある。よって点Pの存在範囲は，下図の太線部分(端点 を含む)となる。

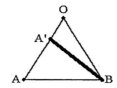

(2)　$\alpha+6\beta\leqq3$ より　$\dfrac{\alpha}{3}+2\beta\leqq1$　であるから

$\overrightarrow{OP}=\alpha\overrightarrow{OA}+\beta\overrightarrow{OB}$ は $\overrightarrow{OP}=\dfrac{\alpha}{3}\cdot3\overrightarrow{OA}+2\beta\cdot\dfrac{1}{2}\overrightarrow{OB}$ と変形できる。

$\overrightarrow{OX}=3\overrightarrow{OA}$，$\overrightarrow{OY}=\dfrac{1}{2}\overrightarrow{OB}$ とすると，

$\overrightarrow{OP}=\dfrac{\alpha}{3}\overrightarrow{OX}+2\beta\overrightarrow{OY}$，$\dfrac{\alpha}{3}+2\beta=1$，$\dfrac{\alpha}{3}\geqq0$，$2\beta\geqq0$ であるから 点Pは△OXYの周上および内部にある。よって点Pの存在範囲は，下図 の斜線部分(境界を含む)となる。

また，$OX=3$，$OY=\dfrac{1}{2}$，$\triangle XOY=60°$であるから，その面積は，

$\triangle OXY=\dfrac{1}{2}\cdot3\cdot\dfrac{1}{2}\cdot\sin60°=\dfrac{3\sqrt{3}}{8}$

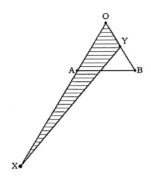

〈解説〉解答参照。

【6】(1)　Cの方程式は$(x-2)^2+y^2=9$であるから，Cは中心$(2，0)$，半径3の円である。中心とℓとの距離dは，

$$d=\frac{|2\cdot2+k-0|}{\sqrt{2^2+(-1)^2}}=\frac{|k+4|}{\sqrt{5}}\text{ であるから，}$$

Cとℓは異なる2点を共有する　⇔　$d<3$　となるので，

$$\frac{|k+4|}{\sqrt{5}}<3\quad\therefore\quad|k+4|<3\sqrt{5}$$

したがって，$-3\sqrt{5}<k+4<3\sqrt{5}$

$\therefore\quad-4-3\sqrt{5}<k<-4+3\sqrt{5}$

(2)　線分PQの中点をMとすると，Cの中心をC$(2，0)$とおくと，CM⊥PQであるから，

CP=3，PM=2　より　CM=$\sqrt{\text{CP}^2-\text{PM}^2}=\sqrt{5}$

CMは中心Cとℓとの距離dであるので，

$$\frac{|k+4|}{\sqrt{5}}=\sqrt{5}\qquad\therefore|k+4|=5$$

したがって，$k+4=\pm5$　∴　$k=1，-9$

〈解説〉解答参照。

【中学校】

【1】(1)

	Ａさんが走った距離〔m〕	Ｂさんが走った距離〔m〕	２人の走った距離の差〔m〕
出発してから１２分後	１２x	１２y	６００
Ｂさんが Ａさんに追いつかれてから８分後	８x	２４y	８００

(2)

$$\begin{cases} 12x-12y=600 & \cdots① \\ 24y-8x=800 & \cdots② \end{cases}$$

①÷12　　　$x-y=50$　　　$\cdots①'$

②÷8　　　$3y-x=100$　　$\cdots②'$

①'+②'　　　　$2y=150$

　　　　　　　　$y=75$

$y=75$を①'に代入して

　　　　　　$x-75=50$

　　　　　　　　$x=125$

$x=125$，$y=75$は，この問題にあっている。

Ａさんの速さは分速125m

Ｂさんの速さは分速75m

(3)　一元一次方程式$\cdots24(x-50)-8x=800$

説明$\cdots$2人が同時に出発して12分間で600mの差が出るから，1分あたり50mの差となるので，Ｂさんのはじめの速さは，分速$(x-50)$mと表せる。

〈解説〉解答参照。

【２】(1)　(証明)　△ABFと△EDFにおいて，平行四辺形の向かい合う角
の大きさは等しく，折り返した角の大きさも等しいので，

　　∠BAF＝∠DCB＝∠DEF　…①

対頂角は等しいので，

　　∠AFB＝∠EFD　…②

また，三角形の内角の和が180°だから

　　∠ABF＝180°－∠BAF－∠AFB

　　∠EDF＝180°－∠DEF－∠EFD

なので，①②より，

　　∠ABF＝∠EDF　…③

平行四辺形の向かい合う辺は等しく，折り返した辺も等しいので，

　　AB＝CD＝ED　…④

①③④より，1組の辺とその両端の角がそれぞれ等しいので，

　　△ABF≡△EDF

よって，合同な図形の対応する辺は等しいので，

　　FA＝FE

(2)　△ABFは，∠BAF＝90°の直角三角形で，BF＝8〔cm〕，

(1)よりFA＝FE＝4〔cm〕で，斜辺と他の一辺の長さの比が2：1となる

ことから，∠ABF＝30°であり，∠EBC＝60°となる。

△BCEは，BE＝BC，∠EBC＝60°なので正三角形である。

よって　EC＝BE＝8＋4＝12〔cm〕

〈解説〉解答参照。

【３】(証明)　点Cを通り線分ADに平行な直線と，線分BAをAの方に延長
した直線との交点をEとする。

　　AD//ECより，AB：AE＝BD：DC　…①

ここで，△ACEにおいて，平行線の同位角は等しいので，

∠AEC＝∠BAD　…②

平行線の錯角は等しいので，

∠ACE＝∠DAC　…③

線分ADは，∠BACの二等分線だから

∠BAD＝∠DAC　…④

②③④より，∠AEC＝∠ACE

2つの角が等しいので，△ACEは二等辺三角形だから，

AE＝AC　…⑤

①⑤より，AB：AC＝BD：DC　が成り立つ。

(2)　△ABDは，DA＝DBの二等辺三角形だから底角は等しいので，

∠BAD＝∠ABD　…①

また，

∠BAD＝∠DAC　…②

△ABCと△DACで，共通な角だから，∠ACB＝∠DCA　…③

①②より，∠ABC＝∠DAC　…④

③④より，2組の角がそれぞれ等しいので，△ABC∽△DAC

相似な図形の対応する辺の比は等しいので，

AB：AD＝BC：AC　…⑤

DC＝x〔cm〕とすると，(1)より，BD＝$2x$

よって　　AD＝BD＝$2x$

　　　　　BC＝BD＋DC＝$3x$

これらを⑤に代入して，

$6：2x＝3x：3$

$6x^2＝18$

$x^2＝3$

$x＝\pm\sqrt{3}$

$x>0$なので　$x＝\sqrt{3}$

よって　DC＝$\sqrt{3}$〔cm〕

〈解説〉解答参照。

【4】(1) a　資質　　b　能力　　c　主体的　　d　対話的　　e　深い
学び　　f　数理的　　g　自立的　　h　協働的　　i　学習の充実
j　道徳教育の目標　　k　数学科の特質

(2) a　カ　　b　ス　　c　ウ　　d　サ　　e　コ　　f　ソ

〈解説〉学習指導要領は重要なので，精読し，理解を深めておくとともに，
用語などを暗記する必要がある。

【高等学校】

【1】(1)　円K_0と辺DAの接点をH_0，円K_1と辺CDの接点をH_1とする。

△AO_0H_0と△CO_1H_1に注目すると　　∠DAC＝∠DCA＝30°より

$AO_0＝2r_0$，　$CO_1＝2r_1$

また，条件(a)，(b)より円K_0と円K_1は線分AC上で外接する。以上より，

$AC＝AO_0＋r_0＋r_1＋CO_1＝3r_0＋3r_1＝3$

よって，$r_0＋r_1＝1$

(2)　円K_nと辺CDの接点をH_nとし，中心O_{n+1}から線分O_nH_nに垂線$O_{n+1}P_n$
を下ろす。

△$O_{n+1}O_nP_n$に着目すると

条件(c)より　　$O_nO_{n+1}＝r_n＋r_{n+1}$，　$O_nP_n＝r_n－r_{n+1}$

また，∠$P_nO_{n+1}O_n＝30°$　より　　$O_nO_{n+1}＝2O_nP_n$

よって，$r_n＋r_{n+1}＝2(r_n－r_{n+1})$

整理すると，$r_{n+1}＝\dfrac{1}{3}r_n$

よって，$S_{n+1}＝\pi r_{n+1}{}^2＝\pi\left(\dfrac{1}{3}r_n\right)^2＝\dfrac{1}{9}\pi r_n{}^2＝\dfrac{1}{9}S_n$

以上より，$S_{n+1}＝\dfrac{1}{9}S_n$

(3)　(2)より　　$n＝1$，2，3，…　について

$\{S_n\}$ は公比 $\dfrac{1}{9}$ の等比数列であり $\quad S_n = S_1 \cdot \left(\dfrac{1}{9}\right)^{n-1}$

このとき，$-1 < \dfrac{1}{9} < 1$ であることから

$$\sum_{n=1}^{\infty} S_n = \frac{S_1}{1 - \dfrac{1}{9}} = \frac{9}{8} S_1 = \frac{9}{8} \pi\, r_1^{\,2}$$

よって，$r_0 + r_1 = 1$ を利用して

$$\sum_{n=0}^{\infty} S_n = S_0 + \sum_{n=1}^{\infty} S_n = \pi\, r_0^{\,2} + \frac{9}{8} \pi\, r_1^{\,2}$$

$$= \pi\, r_0^{\,2} + \frac{9}{8} \pi\, (1 - r_0)^2$$

以上より $\quad r_0 = \dfrac{1}{3}$ のとき，

$$\sum_{n=0}^{\infty} S_n = \pi \left(\frac{1}{3}\right)^2 + \frac{9}{8} \pi \left(1 - \frac{1}{3}\right)^2 = \frac{11}{18} \pi$$

〈解説〉解答参照。

【2】 $f(x) = \sqrt{1 - \sin^2 x}\, \cos x + \sqrt{1 - \cos^2 x}\, \sin x$

$\qquad = |\cos x| \cos x + |\sin x| \sin x$

$\qquad = -\cos^2 x + \sin^2 x = -\cos 2x$

$\dfrac{\pi}{2} \leqq x \leqq \pi$ より，$f'(x) = 0$ のとき $\quad x = \dfrac{3}{4}\pi$

増減を調べると

x	$\dfrac{\pi}{2}$	$\cdots$	$\dfrac{3}{4}\pi$	$\cdots$	π
$f'(x)$		$+$	0	$-$	
$f(x)$		↗	極大	↘	

よって，$x = \dfrac{3}{4}\pi$ のとき，極大値かつ最大値をとる。

〈解説〉解答参照。

【３】(1)　円の中心をO′とし，中心O′からx軸に垂直O′Hを下ろし，点Pから線分O′Hに垂線PQを下ろす。

直角三角形O′PQについて　　PQ$=a\sin\theta$，O′Q$=a\cos\theta$

また，OH$=\overset{\frown}{\text{PH}}=a\theta$

よって，

$x=\text{OH}-\text{PQ}=a\theta-a\sin\theta=a(\theta-\sin\theta)$

$y=\text{O′H}-\text{O′Q}=a-a\cos\theta=a(1-\cos\theta)$

(2)　$V=\displaystyle\int_{0}^{2\pi a}\pi y^2 dx=\int_{0}^{2\pi}\pi a^2(1-\cos\theta)^2\cdot a(1-\cos\theta)d\theta$

$\qquad=\pi a^3\displaystyle\int_{0}^{2\pi}(1-\cos\theta)^3 d\theta$

ここで，

$\cos 2\theta=2\cos^2\theta-1$

$\cos 3\theta=4\cos^3\theta-3\cos\theta$　　より

$(1-\cos\theta)^3=1-3\cos\theta+3\cos^2\theta-\cos^3\theta$

$\qquad\qquad=1-3\cos\theta+3\cdot\dfrac{1+\cos 2\theta}{2}-\dfrac{3\cos\theta+\cos 3\theta}{4}$

$\qquad\qquad=\dfrac{5}{2}-\dfrac{15}{4}\cos\theta+\dfrac{3}{2}\cos 2\theta-\dfrac{1}{4}\cos 3\theta$

よって，

$V=\pi a^3\displaystyle\int_{0}^{2\pi}\left(\dfrac{5}{2}-\dfrac{15}{4}\cos\theta+\dfrac{3}{2}\cos 2\theta-\dfrac{1}{4}\cos 3\theta\right)d\theta$

$\quad=\pi a^3\left[\dfrac{5}{2}-\dfrac{15}{4}\sin\theta+\dfrac{3}{4}\sin 2\theta-\dfrac{1}{12}\sin 3\theta\right]_{0}^{2\pi}$

$\quad=5\pi^2 a^3$

〈解説〉解答参照。

【４】a　働かせ　　　b　粘り強く考え　　　c　考察を深めたり

〈解説〉学習指導要領の第1款の教科の目標は，非常に重要なので，よく理解するとともに，用語などもしっかり覚えておきたい。

【5】a ア　b サ　c カ　d イ　e エ　f ク

〈解説〉各科目の目標，内容，内容の取扱いは，整理・理解しておくとともに，用語・記号についてもしっかり覚えておきたい。なお，今回の改訂では，従前の「数学B」の「ベクトル」を「数学C」に移行し，「確率分布と統計的な推測」を「統計的な推測」に名称変更するとともに，従前の「数学活用」の「社会生活における数理的な考察」の「社会生活と数学」及び「データの分析」を移行して「数学と社会生活」としてまとめて「数学B」に位置付けた。また，「数学C」を新設し，従前の「数学Ⅲ」の「平面上の曲線と複素数平面」及び「数学B」の「ベクトル」を「数学C」に移行するととともに，従前の「数学活用」の「社会生活における数理的な考察」の「数学的な表現の工夫」を「数学C」に移行した。

【6】a　情報通信ネットワーク　　b　日常の事象　　c　社会の事象　　d　振り返って考察する　　e　説明　　f　議論

〈解説〉各科目にわたる指導計画の作成と内容の取扱いについては，科目の履修について科目間を関連づけて整理しておくとともに，内容の取扱いにおける配慮事項，また，指導に当たっての数学的活動を重視し，数学を学習する意義について，しっかりと理解しておきたい。

2019年度 ┃ **実施問題**

【中高共通】

【１】 次の(1)・(2)の問いに答えなさい。

(1) 方程式$2xy-5x+2y-9=0$の整数解を求めなさい。

(2) $\begin{cases} \dfrac{1}{x}+\dfrac{1}{y}+\dfrac{1}{z}=1 \\ 1<x<y<z \end{cases}$ を満たす整数x, y, zの値を求めなさい。

(☆☆☆◎◎◎)

【２】 関数$y=\sin2\theta-2\sin\theta-2\cos\theta-1\cdots$① について，次の(1)〜(3)の問いに答えなさい。

(1) $x=\sin\theta+\cos\theta$とおくとき，①について，yをxの式で表しなさい。

(2) $0\leqq\theta<2\pi$のとき，xの値の範囲を求めなさい。

(3) yの最大値と最小値，またそのときのθの値を求めなさい。

(☆☆☆◎◎◎◎)

【３】 xについての方程式$x^2+2(2k-1)x+4k^2-9=0$について，次の(1)・(2)が成り立つような定数kの値の範囲をそれぞれ求めなさい。

(1) すべての解が負となる。

(2) 異符号の解を持つ。

(☆☆☆◎◎◎)

【４】 正の定数$k(k\neq1)$に対して，関数$f(x)$を次のように定めるとき，(1)・(2)の問いに答えなさい。

$$f(x)=k^{2x}+k^{-2x}-2(k+k^{-1})(k^x+k^{-x})+2$$

(1) $k^x+k^{-x}=t$とおくとき，tの最小値を求めなさい。また，そのときのxの値を求めなさい。

(2) $f(x)$の最小値と，そのときのxの値を求めなさい。

(☆☆☆◎◎◎)

【5】四面体OABCにおいて，辺ABを2：3に内分する点をD，線分CDを5：1に内分する点をE，線分OEを1：2に内分する点をF，直線AFが平面OBCと交わる点をHとする。$\overrightarrow{OA} = \vec{a}$，$\overrightarrow{OB} = \vec{b}$，$\overrightarrow{OC} = \vec{c}$ とするとき，次の(1)・(2)の問いに答えなさい。

(1) $\overrightarrow{OD}$，$\overrightarrow{OE}$，$\overrightarrow{AF}$ を，$\vec{a}$，$\vec{b}$，$\vec{c}$ を用いてそれぞれ表しなさい。

(2) AF：FHを求めなさい。

(☆☆☆◎◎◎◎)

【6】次の数列 $\{a_n\}$ について，(1)・(2)の問いに答えなさい。

    1，2，4，7，11，16，22，29，…

(1) 第 n 項 a_n を求めなさい。

(2) 初項から第 $4m$ 項までに現れる奇数の総和を求めなさい。

(☆☆☆◎◎◎)

【中学校】

【1】次の(1)・(2)の問いに答えなさい。

(1) $\sqrt{126 - 3n}$ が整数となる自然数 n の値をすべて求めなさい。

(2) 連続する2つの自然数がある。小さい方を5でわった余りが2であるとき，2つの数の和は5の倍数になる。このことを，実際の自然数を使って例を1つ示し，その後，文字を使って説明しなさい。

(☆☆☆◎◎◎)

【2】次図の四角形ABCDにおいて，次の(1)・(2)の問いに答えなさい。

(1) 四角形ABCDにおいて，辺BCを右側に延長し，その直線上に点Eをとり，四角形ABCDと面積の等しい△ABEを定規を用いてかきなさい。ただし，△ABEをかくために用いた線は消さないこと。

　　また，△ABEをかくときの手順を，あとの①に続けて書き，四角形ABCDと面積の等しい△ABEがかける理由を説明しなさい。

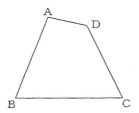

①　辺BCを右側に延長する。

(2)　四角形ABCDにおいて，辺AD，BCの中点をそれぞれP，Qとし，対角線AC，BDの中点をそれぞれR，Sとする。四角形PSQRを下の図にかき，四角形PSQRが平行四辺形になることを証明しなさい。

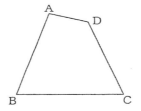

(☆☆☆◎◎◎)

【3】次図のように，円Oの周上に6つの点A，B，C，D，E，Fがあり，これらの点は円周を6等分している。下の(1)・(2)の問いに答えなさい。

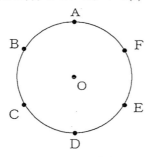

(1)　6つの点A，B，C，D，E，Fのうち，3つの点を，それぞれ結んでできる三角形は何通りあるか求めなさい。また，その求め方を中学

校の学習内容をもとに説明しなさい。ただし，合同な三角形であっても，選んだ点が異なる場合は，別の三角形とする。

(2) 円Oの半径がaのとき，6つの点A，B，C，D，E，Fのうち，3つの点を，それぞれ結んでできる正三角形の面積を求めなさい。また，その求め方を中学校の学習内容をもとに，上の図を用いて説明しなさい。

(☆☆◎◎◎)

【4】中学校学習指導要領「第2章　各教科」「第3節　数学」について，次の(1)・(2)の問いに答えなさい。

(1) 次の文は，「第1　目標」である。(a)〜(j)にあてはまる語句を書きなさい。

第1　目標

　(a)を働かせ，数学的活動を通して，数学的に考える資質・能力を次のとおり育成することを目指す。

(1) 数量や図形などについての基礎的な概念や原理・法則などを理解するとともに，事象を(b)したり，数学的に解釈したり，数学的に表現・処理したりする技能を身に付けるようにする。

(2) 数学を活用して事象を(c)に考察する力，数量や図形などの性質を見いだし(d)・(e)に考察する力，数学的な表現を用いて事象を簡潔・(f)・(g)に表現する力を養う。

(3) 数学的活動の楽しさや(h)を実感して粘り強く考え，数学を生活や学習に生かそうとする態度，問題解決の過程を振り返って(i)・(j)しようとする態度を養う。

---

(2) 次の文は，「第2　各学年の目標及び内容」〔第1学年〕「2　内容」の一部である。(a)〜(g)にあてはまる語句を，あとのア〜ソ

115

の中からそれぞれ1つ選び，記号で書きなさい。

A　数と式

(1)　正の数と負の数について，数学的活動を通して，次の
事項を身に付けることができるよう指導する。

ア　次のような(a)及び(b)を身に付けること。

(イ)　正の数と負の数の(c)をすること。

(3)　一元一次方程式について，数学的活動を通して，次の
事項を身に付けることができるよう指導する。

イ　次のような思考力，判断力，表現力等を身に付ける
こと。

(ア)　(d)の性質を基にして，一元一次方程式を解
く方法を考察し表現すること。

〔用語・記号〕

　　　自然数　(e)　(f)　絶対値　(g)　係数

　　　移項　≦　≧

ア	指数	イ	素数	ウ	因数
エ	同類項	オ	不等号	カ	知識
キ	興味	ク	四則計算	ケ	等式
コ	関心	サ	加法と減法の計算	シ	技能
ス	解	セ	項	ソ	符号

(☆☆☆◎◎◎)

【高等学校】

【1】$x>0$とするとき，無限等比級数$S=\dfrac{x+1}{x^2+2}+\dfrac{3x(x+1)}{(x^2+2)^2}+\dfrac{(3x)^2(x+1)}{(x^2+2)^3}+$

$\cdots+\dfrac{(3x)^{n-1}(x+1)}{(x^2+2)^n}+\cdots$が収束するような$x$の値の範囲を求めなさい。ま

た，そのときの和を求めなさい。

(☆☆☆◎◎◎)

116

【2】 関数$f(x)=\dfrac{\sin x}{x}\left(0<x<\dfrac{\pi}{2}\right)$について，次の(1)・(2)の問いに答えなさい。

(1) $f'(x)=\dfrac{g(x)}{x^2}$とおくとき，$0<x<\dfrac{\pi}{2}$において，不等式$g(x)<0$が成り立つことを示しなさい。

(2) $0<x<\dfrac{\pi}{2}$において，不等式$1-\dfrac{x}{2}<f(x)<1$が成り立つことを示しなさい。

(☆☆☆◎◎◎)

【3】 曲線$y=\sqrt{x}\sin x\ (n\pi\leqq x\leqq(n+1)\pi)$と$x$軸とで囲まれる部分を$x$軸の周りに1回転してできる回転体の体積を$a_n$とする。ただし，$n$は正の整数である。このとき，次の(1)・(2)の問いに答えなさい。

(1) a_nを求めなさい。

(2) $\displaystyle\lim_{n\to\infty}\dfrac{a_1+a_3+\cdots+a_{2n-1}}{a_2+a_4+\cdots+a_{2n}}$を求めなさい。

(☆☆☆◎◎◎)

【4】 次の文は，高等学校学習指導要領「数学」の「第1款　目標」である。(a)～(c)にあてはまる語句を書きなさい。

　(a)を通して，数学における基本的な概念や原理・法則の体系的な理解を深め，事象を数学的に考察し表現する能力を高め，(b)の基礎を培うとともに，数学のよさを認識し，それらを積極的に活用して(c)に基づいて判断する態度を育てる。

(☆☆☆◎◎◎)

【5】 次の文は，高等学校学習指導要領「数学」の「第1　数学Ⅰ」「2内容　(4)データの分析」の一部である。(a)～(c)にあてはまる語句を書きなさい。

　統計の基本的な考えを理解するとともに，それを用いてデータを(a)・分析し傾向を把握できるようにする。

　ア　データの散らばり

四分位偏差，（　b　）及び標準偏差などの意味について理解し，それらを用いてデータの傾向を把握し，（　c　）すること。

（☆☆☆◎◎◎）

【6】次の文は，高等学校学習指導要領「数学」の「第5　数学B」，「1　目標」と「2　内容　(2)数列」の一部である。（　a　）～（　f　）にあてはまる語句を語群より選び，記号で答えなさい。

1　目標

　　確率分布と統計的な推測，数列又は（　a　）について理解させ，（　b　）の習得と（　c　）の習熟を図り，事象を数学的に考察し表現する能力を伸ばすとともに，それらを活用する態度を育てる。

2　内容

　(2)　数列

　　ア　数列とその和

　　(ア)　等差数列と等比数列

　　　　等差数列と等比数列について理解し，それらの（　d　）及び和を求めること。

　　イ　漸化式と数学的帰納法

　　(イ)　数学的帰納法

　　　　数学的帰納法について理解し，それを用いて（　e　）を証明するとともに，（　f　）に活用すること。

語群　ア　一般式　　　　イ　簡単な命題　　ウ　特徴
　　　エ　ベクトル　　　オ　数理的な考察　カ　総合的な理論
　　　キ　図形の性質　　ク　性質　　　　　ケ　簡単な式
　　　コ　技能　　　　　サ　三角関数　　　シ　事象の考察
　　　ス　一般項　　　　セ　不等式　　　　ソ　基礎的な知識

（☆☆☆◎◎◎）

解答・解説

【中高共通】

【 1 】 (1)　与式を変形すると,

$(2y-5)(x+1)＝4$

$2y-5$は奇数より,

$(2y-5,\ x+1)＝(\pm 1,\ \pm 4)$　（複号同順）

これより, $(x,\ y)＝(-5,\ 2),\ (3,\ 3)$

(2)　$1<x<y<z$　…①より,

$\dfrac{1}{z}<\dfrac{1}{y}<\dfrac{1}{x}<1$

よって, $1＝\dfrac{1}{x}+\dfrac{1}{y}+\dfrac{1}{z}<\dfrac{1}{x}+\dfrac{1}{x}+\dfrac{1}{x}＝\dfrac{3}{x}$

これより$x<3$　…②

また, ①と②より$1<x<3$

よって, これを満たす整数xは, $x＝2$　…③

③を与式に代入し, 整理すると$\dfrac{1}{y}+\dfrac{1}{z}＝\dfrac{1}{2}$

同様に, $\dfrac{1}{2}＝\dfrac{1}{y}+\dfrac{1}{z}<\dfrac{1}{y}+\dfrac{1}{y}＝\dfrac{2}{y}$

これより$y<4$　…④

①, ③, ④より$2<y<4$

よって, これを満たす整数yは, $y＝3$　…⑤

③, ⑤を与式に代入して, $z＝6$

$(x,\ y,\ z)＝(2,\ 3,\ 6)$

〈解説〉(1)　（別解）xについて解くと, $x＝\dfrac{4}{2y-5}-1$

$x,\ y$は整数であり, $2y-5$は奇数より, $2y-5＝\pm 1$

よって, $y＝3,\ 2$

このとき, $x＝3,\ -5$

ゆえに, $(x,\ y)＝(-5,\ 2),\ (3,\ 3)$

(2)　解答参照。

【２】(1)　$x=\sin\theta+\cos\theta$ の両辺を2乗し整理すると，

$2\sin\theta\cos\theta=x^2-1$，また，$\sin2\theta=2\sin\theta\cos\theta$

よって，①についてyをxの式で表すと，

$y=x^2-2x-2$

(2)　$x=\sin\theta+\cos\theta=\sqrt{2}\,\sin\left(\theta+\dfrac{\pi}{4}\right)$

$0\leqq\theta<2\pi$ より，$\dfrac{\pi}{4}\leqq\theta+\dfrac{\pi}{4}<\dfrac{9}{4}\pi$

これより，$-1\leqq\sin\left(\theta+\dfrac{\pi}{4}\right)\leqq1$

よって，$-\sqrt{2}\leqq x\leqq\sqrt{2}$

(3)　(1)，(2)より

$y=(x-1)^2-3\quad(-\sqrt{2}\leqq x\leqq\sqrt{2})$

$x=1$のとき，

$\sqrt{2}\,\sin\left(\theta+\dfrac{\pi}{4}\right)=1$より，$\sin\left(\theta+\dfrac{\pi}{4}\right)=\dfrac{1}{\sqrt{2}}$

$\theta+\dfrac{\pi}{4}=\dfrac{\pi}{4}$，$\dfrac{3}{4}\pi$

$\therefore\quad\theta=0$，$\dfrac{\pi}{2}$のとき，最小値-3

$x=-\sqrt{2}$のとき，

$\sqrt{2}\,\sin\left(\theta+\dfrac{\pi}{4}\right)=-\sqrt{2}$より，$\sin\left(\theta+\dfrac{\pi}{4}\right)=-1$

$\theta+\dfrac{\pi}{4}=\dfrac{3}{2}\pi$

$\therefore\quad\theta=\dfrac{5}{4}\pi$のとき，最大値$2\sqrt{2}$

〈解説〉解答参照。

【３】(1)　解をもつ条件は，判別式をDとすると$D\geqq0$より

$\dfrac{D}{4}=(2k-1)^2-(4k^2-9)$

$\phantom{\dfrac{D}{4}}=-4k+10$

であるから　$k\leqq\dfrac{5}{2}$　…①

また，2次方程式の解を α，β とおくと，$\alpha < 0$，$\beta < 0$ となる条件は

$$\begin{cases} \alpha + \beta < 0 & \cdots ② \\ \alpha \beta > 0 & \cdots ③ \end{cases}$$

②について，解と係数の関係より，

$\alpha + \beta = -2(2k-1)$

よって $k > \dfrac{1}{2}$　$\cdots ②'$

③も同様に，$\alpha \beta = 4k^2 - 9$

$(2k+3)(2k-3) > 0$

よって，$k < -\dfrac{3}{2}$，$\dfrac{3}{2} < k$　$\cdots ③'$

①，②'，③'より $\dfrac{3}{2} < k \leqq \dfrac{5}{2}$

(2)　異符号の解を α，β とすると，

異符号の解をもつ条件は，$\alpha \beta < 0$　$\cdots ④$

④の解は　$-\dfrac{3}{2} < k < \dfrac{3}{2}$　$\cdots ④'$

④'より　$-\dfrac{3}{2} < k < \dfrac{3}{2}$

〈解説〉(別解)　$f(x) = (x+2k-1)^2 + 4k - 10$ とする。

(1)　2次関数 $y = f(x)$ のグラフが x 軸の負の部分で共有点を2つもつから，

$f(-2k+1) = 4k - 10 \leqq 0$，$k \leqq \dfrac{5}{2}$

軸：$x = -2k+1 < 0$，$k > \dfrac{1}{2}$

$f(0) = 4k^2 - 9 > 0$，$k < -\dfrac{3}{2}$，$k > \dfrac{3}{2}$

共通の範囲をとって，$\dfrac{3}{2} < k \leqq \dfrac{5}{2}$

(2)　x 軸と正と負の部分で共有点をもつから，

$f(0) = 4k^2 - 9 < 0$ より，$-\dfrac{3}{2} < k < \dfrac{3}{2}$

【4】(1)　$k^x + k^{-x} = t$ とおくとき，

$k^x > 0$，$k^{-x} > 0$ から，

相加平均と相乗平均の大小関係より

$t = k^x + k^{-x} \geqq 2\sqrt{k^x \cdot k^{-x}}$

よって $t \geqq 2$

最小値をとるのは等号が成り立つときで，

$k > 0$，$k \neq 1$ より，

$k^x = k^{-x}$ のときより，$x = -x$

すなわち，$x = 0$

これより，t は $x = 0$ のとき，最小値 2

(2) $f(x) = (k^x + k^{-x})^2 - 2k^x \cdot k^{-x} - 2(k^x + k^{-x})(k + k^{-1}) + 2$

$\qquad = t^2 - 2(k + k^{-1})t$

$\qquad = \{t - (k + k^{-1})\}^2 - (k + k^{-1})^2$

$t \geqq 2$ で，$t = k + k^{-1}$ のとき，

最小値 $-(k + k^{-1})^2$ をとるので，その時の x は，

$k + k^{-1} = k^x + k^{-x}$ より

両辺に k^x をかけて

$k^x(k + k^{-1}) = k^{2x} + 1$

$k^{2x} - k^x(k + k^{-1}) + 1 = 0$

$(k^x - k)(k^x - k^{-1}) = 0$

よって，$k^x = k$，$k^x = k^{-1}$ を解くと

$x = -1$，1

これより，$x = -1$，1 のとき，

最小値 $-(k + k^{-1})^2$

〈解説〉解答参照。

【5】(1) $\overrightarrow{\mathrm{OD}} = \dfrac{3\overrightarrow{a} + 2\overrightarrow{b}}{5}$

$\overrightarrow{\mathrm{OE}} = \dfrac{5\overrightarrow{\mathrm{OD}} + \overrightarrow{\mathrm{OC}}}{6} = \dfrac{3\overrightarrow{a} + 2\overrightarrow{b} + \overrightarrow{c}}{6}$

$\overrightarrow{\mathrm{AF}} = \overrightarrow{\mathrm{OF}} - \overrightarrow{\mathrm{OA}} = \dfrac{1}{3}\overrightarrow{\mathrm{OE}} - \overrightarrow{\mathrm{OA}}$

$$=\frac{-15\vec{a}+2\vec{b}+\vec{c}}{18}$$

(2)　直線AFの延長上に点Hがあるので,

$$\vec{AH}=k\,\vec{AF}\ とおける。$$

$$\vec{OH}=\vec{OA}+k\,\vec{AF}\ より,\ (1)の結果も使って,$$

$$\vec{OH}=\frac{(18-15k)\vec{a}+2k\vec{b}+k\vec{c}}{18}$$

点O, Hは, 平面OBC上にあるから,
$$18-15k=0\quad これより,\ k=\frac{6}{5}$$

$$\vec{AH}=\frac{6}{5}\,\vec{AF}\ が成り立つので,$$

AF：FH＝5：1

〈解説〉解答参照。

【6】(1)　$\{a_n\}$の階差数列を$\{b_n\}$とおくと,
$\{b_n\}$は初項1, 公差1の等差数列より,
$b_n=1+(n-1)=n$
これより, $n\geqq2$のとき, $a_n=1+\displaystyle\sum_{k=1}^{n-1}b_k$
$a_n=1+\dfrac{(n-1)n}{2}=\dfrac{1}{2}(n^2-n+2)$
これは, $n=1$のときも成立する。

(2)　$a_n=\dfrac{1}{2}(n^2-n+2)$より,
第$4k$項までの数列は, $a_{4k-3},\ a_{4k-2},\ a_{4k-1},\ a_{4k}$とあらわすことができる
$(k\geqq1)$。

$a_{4k-3}=\dfrac{1}{2}\{(4k-3)^2-(4k-3)+2\}$

$\qquad=2(4k^2-7k)+7\quad$（奇数）

$a_{4k-2}=\dfrac{1}{2}\{(4k-2)^2-(4k-2)+2\}$

$\qquad=2(4k^2-5k+2)\quad$（偶数）

$$a_{4k-1}=\frac{1}{2}\{(4k-1)^2-(4k-1)+2\}$$

$$=2(4k^2-3k+1)\quad(偶数)$$

$$a_{4k}=\frac{1}{2}\{(4k)^2-4k+2\}$$

$$=2(4k^2-k)+1\quad(奇数)$$

これより，第$4m$項までの奇数の総和は，

$$\sum_{k=1}^{m}(a_{4k-3}+a_{4k})=\sum_{k=1}^{m}\{(8k^2-14k+7)+(8k^2-2k+1)\}$$

$$=\sum_{k=1}^{m}(16k^2-16k+8)=\frac{8}{3}m(2m^2+1)$$

〈解説〉解答参照。

【中学校】

【1】(1)　$126-3n=3(42-n)$

kを0以上の整数として，$42-n=3k^2$となればよい

$k=0$のとき　$42-n=3\times0^2$　　$n=42$

$k=1$のとき　$42-n=3\times1^2$　　$n=39$

$k=2$のとき　$42-n=3\times2^2$　　$n=30$

$k=3$のとき　$42-n=3\times3^2$　　$n=15$

答え　42，39，30，15

(2)　$12+13=25$　　25は5の倍数

nを整数とすると，小さい方の自然数は，$5n+2$と表される。このとき大きい方の自然数は，$(5n+2)+1=5n+3$と表される。

よって，これら2つの数の和は，

$$(5n+2)+(5n+3)=10n+5$$

$$=5(2n+1)$$

$2n+1$は，整数であるから，$5(2n+1)$は，5の倍数である。よって，2つの数の和は，5の倍数になる。

〈解説〉解答参照。

【2】(1) (手順)
① 辺BCを右側に延長する。
② 頂点Dを通り，対角線ACに平行な直線ℓをひく。
③ 直線ℓと直線BCとの交点をEとして，△ABEをかく。

(説明)
対角線ACと直線ℓが平行であるから，△DACと△EACの面積は等しい。
四角形ABCDの面積は，△ABC＋△DACであり，△ABEは，△ABC＋
△EACである。
このことから，四角形ABCDの面積と等しい△ABEをかくことができ
る。

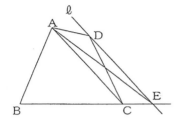

(2) (証明)
△DABにおいて，中点連結定理より
PS//AB，PS＝$\frac{1}{2}$AB …①
また，△CABにおいて，中点連結定理より
RQ//AB，RQ＝$\frac{1}{2}$AB …②
①，②より，
PS//RQ，PS＝RQ
よって，1組の向かい合う辺が等しくて平行であるから四角形PSQRは，
平行四辺形である。

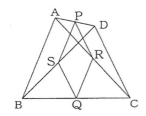

〈解説〉解答参照。

【3】(1)　6つの点A，B，C，D，E，Fの中から，3つの点を選ぶ組み合わせを，樹形図を書き求める。

```
A－B┬C      A－C┬D      A－D┬E
    ├D          ├E          └F
    ├E          └F
    └F                  A－E－F

B－C┬D      B－D┬E      C－D┬E
    ├E          └F          └F
    └F      B－E－F      C－E－F

D－E－F
```

答え　20通り

(2)　正三角形は，△ACEと△BDFの2つしかできず，合同であるため面積は同じである。

△ACEにおいて，直線AOと辺CEとの交点をHとする。点HはCEの中点で，AHは△ACEの高さになる。円Oの半径よりAO＝CO＝a，△OCHにおいて，∠OCH＝30°，∠COH＝60°なので，

三平方の定理によりOH＝$\dfrac{a}{2}$，CH＝$\dfrac{\sqrt{3}\,a}{2}$

よって，△ACEの面積は

$$\dfrac{1}{2}\times\dfrac{\sqrt{3}\,a}{2}\times2\times\left(a+\dfrac{a}{2}\right)=\dfrac{3\sqrt{3}\,a^2}{4}$$

答え　$\dfrac{3\sqrt{3}\,a^2}{4}$

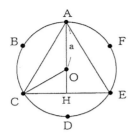

〈解説〉(1)　(参考)　組合せの公式より，$_6C_3 = \dfrac{6 \times 5 \times 4}{3!} = 20$

(2)　解答参照。

【4】(1)　a　数学的な見方・考え方　　b　数学化　　c　論理的
d　統合的　　e　発展的　　f　明瞭　　g　的確　　h　数学のよさ
i　評価　　j　改善　　(2) a　カ　　b　シ　　c　ク　　d　ケ
e　イ　　f　ソ　　g　セ

〈解説〉「数学科の目標」については最も重要なので，学習指導要領を精
読し，暗記する必要がある。また，各学年の細かい内容についてもし
っかりと学習しておきたい。

【高等学校】

【1】Sは，初項$\dfrac{x+1}{x^2+2}$，公比$\dfrac{3x}{x^2+2}$の無限等比級数であるから，これが収

束するためには，$-1 < \dfrac{3x}{x^2+2} < 1$となればよい。

ここで，$x > 0$であるから，$\dfrac{3x}{x^2+2} > 0$であり$\dfrac{3x}{x^2+2} < 1$を満たすxの値の

範囲を求めればよい。両辺に$x^2+2(>0)$をかけると，

$3x < x^2+2$　$(x-2)(x-1) > 0$

すなわち，$0 < x < 1$，$2 < x$

このとき，

$$S=\frac{\dfrac{x+1}{x^2+2}}{1-\dfrac{3x}{x^2+2}}=\frac{x+1}{x^2-3x+2}=\frac{x+1}{(x-2)(x-1)}$$

〈解説〉解答参照。

【2】(1) $f'(x)=\dfrac{(\sin x)'x-\sin x(x)'}{x^2}=\dfrac{x\cos x-\sin x}{x^2}$であるから

$g(x)=x\cos x-\sin x$である。

$g'(x)=\cos x-x\sin x-\cos x=-x\sin x$より

$0<x<\dfrac{\pi}{2}$において，$g'(x)<0$

となるので，$g(x)$は減少関数である。

したがって，$0<x<\dfrac{\pi}{2}$において$g(x)<g(0)=0$が成り立つ。

(2) (1)より$0<x<\dfrac{\pi}{2}$において，$f'(x)<0$となるので，$f(x)$は減少関数である。

$\displaystyle\lim_{x\to0}f(x)=\lim_{x\to0}\dfrac{\sin x}{x}=1$であるから，$0<x<\dfrac{\pi}{2}$において，

$f(x)<1$が成り立つ。

また，$h(x)=f(x)-\left(1-\dfrac{x}{2}\right)$とおくと

$h'(x)=\dfrac{x\cos x-\sin x}{x^2}+\dfrac{1}{2}=\dfrac{2x\cos x-2\sin x+x^2}{2x^2}$となる。

そこで，$k(x)=2x\cos x-2\sin x+x^2$とおくと

$\quad k'(x)=2\cos x-2x\sin x-2\cos x+2x$

$\qquad\quad =2x(1-\sin x)$

であるから，$0<x<\dfrac{\pi}{2}$において，$k'(x)>0$となるので，$k(x)$は増加関数である。

したがって，$0<x<\dfrac{\pi}{2}$において，

$k(x)>k(0)=0$で，

$k(x)>0$のとき，$h'(x)>0$となるので，$h(x)$は増加関数である。

$\displaystyle\lim_{x\to0}h(x)=\lim_{x\to0}\left(\dfrac{\sin x}{x}+\dfrac{x}{2}-1\right)=1-1=0$であるから

$0<x<\dfrac{\pi}{2}$ において，$h(x)>0$

すなわち，$1-\dfrac{x}{2}<f(x)$ が成り立つ。

以上より，$0<x<\dfrac{\pi}{2}$ において

$1-\dfrac{x}{2}<f(x)<1$ が成り立つ。

〈解説〉解答参照。

【3】(1)　$a_n=\displaystyle\int_{n\pi}^{(n+1)\pi}\pi(\sqrt{x}\,\sin x)^2dx=\pi\int_{n\pi}^{(n+1)\pi}x\sin^2xdx$

$\qquad=\pi\displaystyle\int_{n\pi}^{(n+1)\pi}x\cdot\dfrac{1-\cos2x}{2}dx$

$\qquad=\dfrac{\pi}{2}\displaystyle\int_{n\pi}^{(n+1)\pi}x\Big(x-\dfrac{1}{2}\sin2x\Big)'dx$

$\qquad=\dfrac{\pi}{2}\Big[x\Big(x-\dfrac{1}{2}\sin2x\Big)\Big]_{n\pi}^{(n+1)\pi}-\dfrac{\pi}{2}\displaystyle\int_{n\pi}^{(n+1)\pi}\Big(x-\dfrac{1}{2}\sin2x\Big)dx$

$\qquad=\dfrac{\pi}{2}\{(n+1)^2\pi^2-n^2\pi^2\}-\dfrac{\pi}{2}\Big[\dfrac{x^2}{2}+\dfrac{1}{4}\cos2x\Big]_{n\pi}^{(n+1)\pi}$

$\qquad=\dfrac{\pi^3}{2}(2n+1)-\dfrac{\pi^3}{4}(2n+1)$

$\qquad=\dfrac{\pi^3}{4}(2n+1)$

(2)　$a_1+a_3+\cdots+a_{2n-1}$

$\qquad=\displaystyle\sum_{k=1}^{n}\dfrac{\pi^3}{4}\{2(2k-1)+1\}=\dfrac{\pi^3}{4}\sum_{k=1}^{n}(4k-1)$

$\qquad=\dfrac{\pi^3}{4}\Big\{4\cdot\dfrac{1}{2}n(n+1)-n\Big\}$

$\qquad=\dfrac{\pi^3}{4}(2n^2+n)$

$a_2+a_4+\cdots+a_{2n}$

$\qquad=\displaystyle\sum_{k=1}^{n}\dfrac{\pi^3}{4}(2\cdot2k+1)=\dfrac{\pi^3}{4}\sum_{k=1}^{n}(4k+1)$

$\qquad=\dfrac{\pi^3}{4}\Big\{4\cdot\dfrac{1}{2}n(n+1)+n\Big\}$

$\qquad=\dfrac{\pi^3}{4}(2n^2+3n)$

$$\therefore \quad (与式) = \lim_{n \to \infty} \frac{2n^2 + n}{2n^2 + 3n}$$

$$= \lim_{n \to \infty} \frac{2 + \dfrac{1}{n}}{2 + \dfrac{3}{n}} = 1$$

〈解説〉解答参照。

【4】a　数学的活動　　b　創造性　　c　数学的論拠
〈解説〉学習指導要領の第1款の教科の目標は，非常に重要なので，よく
　理解するとともに，用語などもしっかり覚えておきたい。

【5】a　整理　　b　分散　　c　説明
〈解説〉学習指導要領の第2款の各科目の目標，内容，内容の取扱いは，
　整理・理解しておくとともに，用語・記号についてもしっかり覚えて
　おきたい。

【6】a　エ　　b　ソ　　c　コ　　d　ス　　e　イ　　f　シ
〈解説〉学習指導要領の第2款の各科目の目標，内容，内容の取扱いは，
　整理・理解しておくとともに，用語・記号についてもしっかり覚えて
　おきたい。

2018年度　実施問題

【中高共通】

【1】2次関数 $y=-2x^2$ について，定義域が $a\leqq x\leqq b$，値域が $-18\leqq y\leqq 0$ であるとき，整数 a，b の値の組 (a,b) をすべて求めなさい。

(☆◎◎◎)

【2】平面上に△ABCがあり，AB＝3，BC＝$\sqrt{7}$，CA＝2である。辺BCを直径とする円と，辺AB，CAの交点をそれぞれD，Eとするとき，次の(1)・(2)の問いに答えなさい。

(1) ∠BACの大きさと，△ABCの面積を求めなさい。

(2) 線分DEの長さと，四角形BCEDの面積を求めなさい。

(☆☆◎◎◎)

【3】方程式 $4x-9y=1$　…①について，次の(1)・(2)の問いに答えなさい。

(1) 方程式①の整数解をすべて求めなさい。

(2) x は①を満たす3桁の自然数とし，その中で最小となる x の値を N とする。$N!＝2^p\times L$（L は奇数）を満たす自然数 p の値を求めなさい。

(☆☆◎◎◎)

【4】△OABは1辺の長さが1の正三角形であり，$\overrightarrow{OA}=\vec{a}$，$\overrightarrow{OB}=\vec{b}$ とする。t を正の数とし，直線OA，OB上に点C，Dを，それぞれ $\overrightarrow{OC}=t\vec{a}$，$\overrightarrow{OD}=t\vec{b}$ を満たすようにとる。△OCDの重心をG，線分BCの中点をMとするとき，次の(1)・(2)の問いに答えなさい。

(1) 内積 $\vec{a}\cdot\vec{b}$，$\overrightarrow{MA}\cdot\overrightarrow{MG}$ を，それぞれ求めなさい。

(2) t が正の実数全体を動くとき，△AGMの面積を最小にする t の値と，そのときの面積を求めなさい。

(☆☆◎◎◎)

【5】2つの関数 $f(\theta)=4\sin\theta\cos\theta$ ， $g(\theta)=\sin\left(\theta+\dfrac{\pi}{6}\right)\cos\theta-\cos\left(\theta-\dfrac{\pi}{6}\right)\sin\theta$ について，次の(1)・(2)の問いに答えなさい。

(1)　$f(\theta)$は$\sin2\theta$を用いて，また，$g(\theta)$は$\cos2\theta$を用いて，それぞれ表しなさい。

(2)　$0\leqq\theta\leqq2\pi$とする。不等式$f(\theta)g(\theta)\leqq0$を解きなさい。

(☆☆◎◎◎)

【6】pを実数とする。xの3次方程式 $x^3+(p-1)x^2+px-2p=0$ …①について，次の(1)・(2)の問いに答えなさい。

(1)　方程式①が異なる3つの実数解をもつとき，pの値の範囲を求めなさい。

(2)　(1)のとき，①の異なる3つの実数解が，数直線上で等間隔に並ぶようなpの値を求めなさい。

(☆☆◎◎◎)

【中学校】

【1】2つの奇数の和は偶数になる。このことを文字式を使って次のように生徒が説明をしている。この説明では不十分であることの理由を示し，文字式を使って正しい説明に直しなさい。

【生徒の説明】

nを整数とすると，奇数は$2n+1$と表される。このとき，2つの奇数の和は，

$(2n+1)+(2n+1)=4n+2$
$\qquad\qquad\qquad=2(2n+1)$

$2n+1$は整数だから，$2(2n+1)$は偶数である。

したがって，2つの奇数の和は偶数である。

(☆☆◎◎◎)

【2】円錐について，次の(1)・(2)の問いに答えなさい。ただし，円周率はπとする。

(1) 底面の半径が8cm，母線の長さが12cmの円錐の体積を求めなさい。また，この円錐の側面を展開図にしたときにできる，おうぎ形の中心角を求めなさい。

(2) 底面の半径がr，母線の長さがR，側面積をSとするとき，$S＝\pi rR$であることを図を用いて説明しなさい。

(☆☆◎◎◎)

【3】次の表は，ある中学校の生徒40人について，ソフトボール投げの記録を度数分布表に表したものである。中学校の学習内容をもとに，この度数分布表から代表値を求める問題を2種類，相対度数を求める問題を1種類，合計3種類の問題をつくりなさい。また，その解答も書きなさい。

ソフトボール投げの記録

距離（m）	人数(人)
１０以上～１４未満	２
１４ ～ １８	１０
１８ ～ ２２	１３
２２ ～ ２６	１２
２６ ～ ３０	３
合　計	４０

(☆◎◎◎)

【4】中学校学習指導要領「第2章　各教科」「第3節　数学」の内容について，次の(1)・(2)の問いに答えなさい。

(1) 次の文は，「第3　指導計画の作成と内容の取扱い」の一部である。（　a　）～（　f　）にあてはまる語句を書きなさい。

> 4　課題学習とは，生徒の(　a　)への取組を促し(　b　)，
> (　c　)，表現力等の育成を図るため，各領域の内容を総合
> したり(　d　)や(　e　)等での学習に関連付けたりするなど
> して見いだした課題を(　f　)する学習であり，この実施に
> 当たっては各学年で指導計画に適切に位置付けるものとす
> る。

(2)　次の文は，「第2　各学年の目標及び内容」〔第2学年〕「2　内容」
　の一部である。(　a　)～(　f　)にあてはまる語句を，下のア～タの
　中からそれぞれ1つ選び，記号で書きなさい。

> B　図形
> (2)　図形の合同について理解し図形についての見方を深め
> 　　るとともに，図形の性質を三角形の合同条件などを基に
> 　　して確かめ，論理的に(　a　)し表現する能力を養う。
> 　　ア　(　b　)の合同の意味及び三角形の合同条件について
> 　　　理解すること。
> 　　イ　証明の(　c　)と意味及びその方法について理解する
> 　　　こと。
> 　　ウ　三角形の合同条件などを基にして三角形や(　d　)の
> 　　　(　e　)な性質を論理的に確かめたり，図形の性質の
> 　　　(　f　)を読んで新たな性質を見いだしたりすること。

ア　可能性	イ　考察	ウ　多角形	エ　証明
オ　仮定	カ　結論	キ　平行四辺形	ク　正方形
ケ　具体的	コ　重要性	サ　平面図形	シ　空間図形
ス　平面上	セ　事象	ソ　必要性	タ　基本的

（☆☆☆◎◎◎）

【高等学校】

【1】 aを定数とする。

関数$f(x)=\begin{cases}x^2+ax & (x\geqq1)\\ax^2+1 & (x<1)\end{cases}$ について，次の(1)・(2)の問いに答えなさい。

(1) $\displaystyle\lim_{h\to+0}\frac{f(1+h)-f(1)}{h}$，$\displaystyle\lim_{h\to-0}\frac{f(1+h)-f(1)}{h}$を，それぞれ求めなさい。

(2) $f(x)$が$x=1$で微分可能となるようなaの値を求めなさい。

(☆☆◎◎◎)

【2】 数列$\{a_n\}$の一般項が$a_n=5^n$ ($n=1$，2，3，……) によって定義されている。

$A_n=a_1a_3a_5\cdots\cdots a_{2n-1}$，$B_n=a_2a_4a_6\cdots\cdots a_{2n}$とするとき，次の(1)・(2)の問いに答えなさい。

(1) A_n，B_nを，それぞれ求めなさい。

(2) 次の極限値を求めなさい。

(a) $\displaystyle\lim_{n\to\infty}\frac{A_n}{B_n}$　(b) $\displaystyle\lim_{n\to\infty}(\sqrt{\log_5B_n}-\sqrt{\log_5A_n})$　(c) $\displaystyle\lim_{n\to\infty}\frac{B_n-A_n}{B_n+A_n}$

(☆☆◎◎◎)

【3】 次の(1)・(2)の問いに答えなさい。

(1) $I_n=\displaystyle\int_0^{\frac{\pi}{2}}\sin^nxdx$とおくとき，$I_n=\dfrac{n-1}{n}I_{n-2}$が成り立つことを示しなさい。ただし，$n$は2以上の整数とする。

(2) $x=\cos^3t$，$y=\sin^3t$ ($0\leqq t\leqq2\pi$) で表される曲線をx軸の周りに1回転して得られる立体の体積を求めなさい。

(☆☆☆◎◎◎)

【4】 次の文は，高等学校学習指導要領「数学」の「第2 数学Ⅱ」「1 目標」である。(a)～(c)にあてはまる語句を書きなさい。

135

　いろいろな式，（　a　），指数関数・対数関数，三角関数及び微分・積分の考えについて理解させ，基礎的な知識の習得と（　b　）を図り，事象を数学的に考察し（　c　）を養うとともに，それらを活用する態度を育てる。

（☆☆☆◎◎◎）

【5】次の文は，高等学校学習指導要領「数学」の「第4　数学A」「3　内容の取扱い」である。（　a　）～（　c　）にあてはまる語句を書きなさい。

(1)　この科目は，内容の(1)(場合の数と確率)から(3)(図形の性質)までの中から適宜選択させるものとする。

(2)　（　a　）については，それぞれの内容との関連を踏まえ，（　b　）を高めるよう適切な時期や場面に実施するとともに，実施に当たっては（　c　）を一層重視するものとする。

（☆☆☆◎◎◎）

【6】次の文は，高等学校学習指導要領「数学」の「第3　数学Ⅲ」「2　内容　(2)極限」の一部である。（　a　）～（　f　）にあてはまる語句を語群より選び，記号で答えなさい。

　数列や関数値の（　a　）を理解し，それらを事象の考察に活用できるようにする。

ア　数列とその極限

　(ア)　数列の極限

　　　数列の極限について理解し，数列$\{r^n\}$の極限などを基に（　b　）の極限を求めること。また，数列の極限を事象の考察に活用すること。

　(イ)　無限等比級数の和

　　　無限級数の収束，（　c　）について理解し，無限等比級数などの簡単な（　d　）を求めること。また，それらを事象の考察に活用すること。

136

イ　関数とその極限

(ア)　分数関数と無理関数

　　簡単な分数関数と無理関数及びそれらの(e)の特徴について理解すること。

(イ)　合成関数と逆関数

　　合成関数や逆関数の(f)を理解し，簡単な場合についてそれらを求めること。

(ウ)　関数値の極限

　　関数値の極限について理解し，それを事象の考察に活用すること。

語群	ア	特徴	イ	意義	ウ	無限級数の和
	エ	式	オ	意味	カ	簡単な関数値
	キ	発散	ク	極限値	ケ	極限の概念
	コ	数列の和	サ	二次曲線	シ	簡単な数列
	ス	無限大	セ	グラフ	ソ	振動

(☆☆☆◎◎◎)

解答・解説

【中高共通】

【1】値域$-18 \leqq y \leqq 0$から

$a=-3$，$b=3$の少なくとも一方が成り立つ。

また，定義域$a \leqq x \leqq b$には0を含むことから，

$-3 \leqq a \leqq 0$，$0 \leqq b \leqq 3$である。

以上を満たす整数a，bの値の組は

$(a, b)=(-3, 0)$, $(-3, 1)$, $(-3, 2)$, $(-3, 3)$, $(-2, 3)$, $(-1, 3)$,

　　　　$(0, 3)$

〈解説〉解答参照。

【２】(1)　$\cos\angle BAC = \dfrac{3^2+2^2-\sqrt{7}^2}{2\cdot 3\cdot 2} = \dfrac{1}{2}$　から　$\angle BAC = 60°$

　　　よって　$\triangle ABC = \dfrac{1}{2}\cdot 3\cdot 2\cdot \sin 60° = \dfrac{3\sqrt{3}}{2}$

(2)　$\angle BDC$と$\angle BEC$は，直径BCに対する円周角であるから

$\angle BDC = \angle BEC = 90°$

直角三角形CADから　$AD = CA\cos 60° = 1$

また，直角三角形EABから　$AE = BA\cos 60° = \dfrac{3}{2}$

$\triangle ADE$において

$DE^2 = 1^2 + \left(\dfrac{3}{2}\right)^2 - 2\cdot 1\cdot \dfrac{3}{2}\cdot \cos 60° = \dfrac{7}{4}$　よって　$DE = \dfrac{\sqrt{7}}{2}$

また，$\triangle ADE = \dfrac{1}{2}\cdot 1\cdot \dfrac{3}{2}\cdot \sin 60° = \dfrac{3\sqrt{3}}{8}$　より

四角形BCEDの面積をSとすると

$S = \triangle ABC - \triangle ADE = \dfrac{3\sqrt{3}}{2} - \dfrac{3\sqrt{3}}{8} = \dfrac{9\sqrt{3}}{8}$

〈解説〉解答参照。

【３】(1)　$4x - 9y = 1$　…①を満たす整数解の1つは

$x = 7$，$y = 3$　であるから　$4\cdot 7 - 9\cdot 3 = 1$　…②

①，②の辺々を引くと

$4(x-7) - 9(y-3) = 0$　よって　$4(x-7) = 9(y-3)$　…③

4と9は互いに素であるから③のすべての整数解は

$x - 7 = 9k$，$y - 3 = 4k$　（kは整数）

したがって①のすべての整数解は

$x = 9k + 7$，$y = 4k + 3$　（kは整数）

(2)　$x = 9k + 7 \geqq 100$　であるから　$k \geqq \dfrac{93}{9}$

これを満たす最小の整数kは$k = 11$であるから　$N = 9\cdot 11 + 7 = 106$

pは$N! = 1\times 2\times 3\times \cdots\cdots \times 106$を素因数分解したときの素因数2の個数である。

ここで，1から106までの106個の整数のうち2の倍数は，$106\div 2 = 53$から53個

以下同様にして

2^2すなわち4の倍数は26個

2^3すなわち8の倍数は13個

2^4すなわち16の倍数は6個

2^5すなわち32の倍数は3個

2^6すなわち64の倍数は1個

pはこれらの個数の和と等しいので

$p＝53＋26＋13＋6＋3＋1＝102$

〈解説〉解答参照。

【4】(1) $\quad \vec{a} \cdot \vec{b} = 1 \cdot 1 \cdot \cos 60° = \dfrac{1}{2}$

$$\vec{MA} = \vec{OA} - \vec{OM} = \vec{a} - \frac{t\vec{a}+\vec{b}}{2} = -\frac{(t-2)\vec{a}+\vec{b}}{2}$$

$$\vec{MG} = \vec{OG} - \vec{OM} = \frac{t\vec{a}+\vec{b}}{3} - \frac{t\vec{a}+\vec{b}}{2} = -\frac{t\vec{a}-(2t-3)\vec{b}}{6}$$

$$\vec{MA} \cdot \vec{MG} = \frac{\{(t-2)\vec{a}+\vec{b}\} \cdot \{t\vec{a}-(2t-3)\vec{b}\}}{12}$$

$$= \frac{t(t-2)|\vec{a}|^2 - (2t^2-8t+6)\vec{a} \cdot \vec{b} - (2t-3)|\vec{b}|^2}{12}$$

$$= \frac{t(t-2) - (2t^2-8t+6) \cdot \dfrac{1}{2} - (2t-3)}{12} = 0$$

(2) (1)より $\vec{MA} \perp \vec{MG}$ であるから $\quad \triangle AGM = \dfrac{1}{2}|\vec{MA}| \cdot |\vec{MG}|$

$$|\vec{MA}|^2 = \frac{(t-2)^2|\vec{a}|^2 + 2(t-2)\vec{a} \cdot \vec{b} + |\vec{b}|^2}{4} = \frac{t^2-3t+3}{4}$$

$$|\vec{MG}|^2 = \frac{t^2|\vec{a}|^2 - 2t(2t-3)\vec{a} \cdot \vec{b} + (2t-3)^2|\vec{b}|^2}{36} = \frac{t^2-3t+3}{12}$$

$$\triangle AGM = \frac{1}{2} \cdot \sqrt{\frac{t^2-3t+3}{4}} \cdot \sqrt{\frac{t^2-3t+3}{12}} = \frac{t^2-3t+3}{8\sqrt{3}}$$

$$= \frac{\sqrt{3}}{24}\left\{\left(t-\frac{3}{2}\right)^2+\frac{3}{4}\right\}$$

したがって△AGMの面積は$t=\frac{3}{2}$のとき最小となりその面積は$\frac{\sqrt{3}}{32}$

〈解説〉解答参照。

【5】(1)　$f(\theta)=4\sin\theta\cos\theta=2\sin2\theta$

$g(\theta)=\sin\left(\theta+\frac{\pi}{6}\right)\cos\theta-\cos\left(\theta-\frac{\pi}{6}\right)\sin\theta$

$\qquad -\left(\sin\theta\cos\frac{\pi}{6}+\cos\theta\sin\frac{\pi}{6}\right)\cos\theta-\left(\cos\theta\cos\frac{\pi}{6}+\sin\theta\sin\frac{\pi}{6}\right)\sin\theta$

$\qquad =\left(\frac{\sqrt{3}}{2}\sin\theta+\frac{1}{2}\cos\theta\right)\cos\theta-\left(\frac{\sqrt{3}}{2}\cos\theta+\frac{1}{2}\sin\theta\right)\sin\theta$

$\qquad =\frac{1}{2}(\cos^2\theta-\sin^2\theta)=\frac{1}{2}\cos2\theta$

(2)　(1)より$f(\theta)g(\theta)=2\sin2\theta\cdot\frac{1}{2}\cos2\theta=\frac{1}{2}\sin4\theta$

$f(\theta)g(\theta)=\frac{1}{2}\sin4\theta\leqq0$より$\sin4\theta\leqq0$　…①

$0\leqq\theta\leqq2\pi$より$0\leqq4\theta<8\pi$であるから①より

$4\theta=0,\ \pi\leqq4\theta\leqq2\pi,\ 3\pi\leqq4\theta\leqq4\pi,\ 5\pi\leqq4\theta\leqq6\pi,\ 7\pi\leqq4\theta<8\pi$

よって，求める解は

$\theta=0,\ \frac{\pi}{4}\leqq\theta<\frac{\pi}{2},\ \frac{3\pi}{4}\leqq\theta\leqq\pi,\ \frac{5\pi}{4}\leqq\theta\leqq\frac{3\pi}{2},\ \frac{7\pi}{4}\leqq\theta<2\pi$

〈解説〉解答参照。

【6】(1)　①の左辺を因数分解して　$(x-1)(x^2+px+2p)=0$

$x^2+px+2p=0$　…②として

方程式①が異なる3つの実数解をもつ条件は，2次方程式②が異なる2つの実数解をもち，かつ②が$x=1$を解にもたないことである。

②について　$D=p^2-8p>0$　よって　$p<0,\ 8<p$

また，②が$x=1$を解にもつとき，

$1+p+2p=0$　より　$p=-\frac{1}{3}$

よって②が$x=1$を解にもたない条件は，$p \neq -\dfrac{1}{3}$

以上から求めるpの値の範囲は

$p < -\dfrac{1}{3}$,　$-\dfrac{1}{3} < p < 0$,　$8 < p$

(2)　(1)のとき，②の異なる実数解をα，β($\alpha < \beta$)とおくと，解と係数の関係より　$\alpha + \beta = -p$　…③，$\alpha\beta = 2p$　…④であるから

$2\alpha + 2\beta + \alpha\beta = 0$　…⑤が成り立つ。

①の異なる3つの実数解1，α，βについて

(i)　$1 < \alpha < \beta$のとき，⑤を満たすα，βは存在しない。

(ii)　$\alpha < 1 < \beta$のとき，$1 - \alpha = \beta - 1$であるので，

$\alpha + \beta = 2$　③から　$p = -2$

これは，(1)の結果を満たす。

(iii)　$\alpha < \beta < 1$のとき，$\beta - \alpha = 1 - \beta$であるので，

$\alpha = 2\beta - 1$を⑤に代入して整理すると，

$2\beta^2 + 5\beta - 2 = 0$　　よって　$\beta = \dfrac{-5 \pm \sqrt{41}}{4}$

このとき

$\alpha = 2\beta - 1 = 2 \cdot \dfrac{-5 \pm \sqrt{41}}{4} - 1 = \dfrac{-7 \pm \sqrt{41}}{2}$　(複号同順)

このときα，βはともに，$\alpha < \beta < 1$を満たす。

よって③から

$p = -\left(\dfrac{-7 \pm \sqrt{41}}{2} + \dfrac{-5 \pm \sqrt{41}}{4} \right) = -\dfrac{-19 \pm 3\sqrt{41}}{4}$

$p = \dfrac{19 \pm 3\sqrt{41}}{4}$

これは，(1)の結果を満たす。

(i)～(iii)より，求めるpの値は

$p = -2$,　$\dfrac{19 \pm 3\sqrt{41}}{4}$

〈解説〉解答参照。

【中学校】

【１】(理由)

$n＝3$のとき，$7＋7$のように同じ奇数の和についてしか表すことができない。

(説明)

m，nを整数とすると，2つの奇数は$2m＋1$，$2n＋1$と表される。

このとき，2つの奇数の和は，

$(2m＋1)＋(2n＋1)＝2m＋2n＋2＝2(m＋n＋1)$

$m＋n＋1$は整数だから，$2(m＋n＋1)$は偶数である。

したがって，2つの奇数の和は偶数である。

〈解説〉解答参照。

【２】(1)　・円錐の高さを$h$cmとすると，三平方の定理より

$h＝\sqrt{12^2－8^2}＝4\sqrt{5}$

よって，体積をVcm³とすると

$V＝\dfrac{1}{3}×π×8^2×4\sqrt{5}＝\dfrac{256\sqrt{5}}{3}π$　　　　　　　$\dfrac{256\sqrt{5}}{3}π$〔cm³〕

・側面の展開図は，半径12cmのおうぎ形で，その中心角を$x°$とすると，

$(2π×8)：(2π×12)＝x：360$　　これを解くと，$x＝240$　　　　　　$240°$

(2)　(説明)

側面の展開図のおうぎ形の弧の長さをℓ，その中心角を$x°$とする。

円錐の側面積Sは，おうぎ形の面積になるので

$S＝πR^2×\dfrac{x}{360}$　…①

おうぎ形の弧の長さℓは$\ell＝2πR×\dfrac{x}{360}$　…②

また，おうぎ形の弧の長さℓは，底面の円周の長さと等しいので

$\ell＝2πr$　…③

②，③より

$2πR×\dfrac{x}{360}＝2πr$　　　$\dfrac{x}{360}＝\dfrac{2πr}{2πR}$　…④

①，④より　　$S＝πR^2×\dfrac{2πr}{2πR}$　　　　　　　　よって，$S＝πrR$

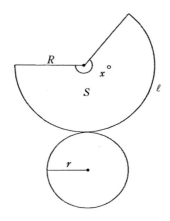

〈解説〉解答参照。

【3】(問題1)　ソフトボール投げの記録の平均値を求めなさい。

(解答)　度数分布表から平均値を求める場合には，各階級の階級値と人数をかけて，その合計を全生徒数の40人で割って求める。

よって，$(12 \times 2 + 16 \times 10 + 20 \times 13 + 24 \times 12 + 28 \times 3) \div 40 = 20.4$

20.4m

(問題2)　ソフトボール投げの記録の最頻値を求めなさい。

(解答)　度数分布表では，度数の最も多い階級の階級値を最頻値とするので，度数の多い18以上22m未満の階級値である20mが最頻値である。

20m

(問題3)　22m以上26m未満の階級の相対度数を求めなさい。

(解答)　22m以上26m未満の階級の度数は12である。

$$相対度数 = \frac{階級の度数}{度数の合計}　より$$

$12 \div 40 = 0.3$

0.3

〈解説〉解答参照。

【４】(1)　a　数学的活動　　b　思考力　　c　判断力　　d　日常の事象　　e　他教科　　f　解決　　(2)　a　イ　　b　サ　　c　ソ　　d　キ　　e　タ　　f　エ

〈解説〉学習指導要領は重要なので，学習指導要領解説とあわせて整理し，理解・記憶しておくようにするとよい。

【高等学校】

【１】(1)

$$\lim_{h \to +0} \frac{f(1+h)-f(1)}{h} = \lim_{h \to +0} \frac{f(1+h)^2+a(1+h)-(a+1)}{h}$$
$$= \lim_{h \to +0} \frac{h^2+ah+2h}{h} = \lim_{h \to +0}(h+a+2) = a+2$$

$$\lim_{h \to -0} \frac{f(1+h)-f(1)}{h} = \lim_{h \to -0} \frac{a(1+h)^2+1-(a+1)}{h}$$
$$= \lim_{h \to -0} \frac{ah^2+2ah}{h} = \lim_{h \to -0}(ah+2a) = 2a$$

(2)　$f(x)$が$x=1$で微分可能であるためには

$$\lim_{h \to +0} \frac{f(1+h)-f(1)}{h} = \lim_{h \to -0} \frac{f(1+h)-f(1)}{h}$$　となればよいので，

(1)より　$a+2=2a$　　　　　　　　　　　　　　　　　　　　$\therefore$　$a=2$

〈解説〉解答参照。

【２】(1)

$$A_n = 5 \cdot 5^3 \cdot 5^5 \cdot \ \cdots\cdots \ \cdot 5^{2n-1} = 5^{1+3+5+\cdots+(2n-1)} = 5^{\frac{1}{2}n\{1+(2n-1)\}} = 5^{n^2}$$

$$B_n = 5^2 \cdot 5^4 \cdot 5^6 \cdot \ \cdots\cdots \ \cdot 5^{2n} = 5^{2+4+6+\cdots+2n} = 5^{\frac{1}{2}n(2+2n)} = 5^{n(n+1)}$$

(2)　(a)　(1)より

$$\frac{A_n}{B_n} = \frac{5^{n^2}}{5^{n(n+1)}} = \frac{1}{5^n}$$　　　　　　　　$\therefore$　$\displaystyle\lim_{n \to \infty} \frac{A_n}{B_n} = \lim_{n \to \infty} \frac{1}{5^n} = 0$

(b)　(1)より

$$\sqrt{\log_5 B_n} - \sqrt{\log_5 A_n} = \sqrt{\log_5 5^{n(n+1)}} - \sqrt{\log_5 5^{n^2}} = \sqrt{n(n+1)} - \sqrt{n^2}$$

$$= \frac{n(n+1)-n^2}{\sqrt{n(n+1)}+\sqrt{n^2}} = \frac{n}{\sqrt{n(n+1)}+n}$$

$$\therefore \quad \lim_{n \to \infty}(\sqrt{\log_5 B_n}-\sqrt{\log_5 A_n}) = \lim_{n \to \infty}\frac{n}{\sqrt{n(n+1)}+n}$$

$$= \lim_{n \to \infty}\frac{1}{\sqrt{1+\dfrac{1}{n}}+1} = \frac{1}{2}$$

(c)　(a)より

$$\lim_{n \to \infty}\frac{B_n - A_n}{B_n + A_n} = \lim_{n \to \infty}\frac{1-\dfrac{A_n}{B_n}}{1+\dfrac{A_n}{B_n}} = \frac{1-0}{1+0} = 1$$

〈解説〉解答参照。

【3】(1)

$$I_n = \int_0^{\frac{\pi}{2}}\sin^n x\,dx = \int_0^{\frac{\pi}{2}}\sin x\sin^{n-1}x\,dx = \int_0^{\frac{\pi}{2}}(-\cos x)'\sin^{n-1}x\,dx$$

$$= \left[-\cos x\sin^{n-1}x\right]_0^{\frac{\pi}{2}} - \int_0^{\frac{\pi}{2}}(-\cos x)(n-1)\sin^{n-2}x\cos x\,dx$$

$$= (n-1)\int_0^{\frac{\pi}{2}}\cos^2 x\sin^{n-2}x\,dx = (n-1)\int_0^{\frac{\pi}{2}}(1-\sin^2 x)\sin^{n-2}x\,dx$$

$$= (n-1)I_{n-2} - (n-1)I_n$$

よって，$nI_n = (n-1)I_{n-2}$ 　　　　　　　　$\therefore \quad I_n = \frac{n-1}{n}I_{n-2}$

(2)　曲線はx軸，y軸に関して対称であるから，求める体積をVとおくと，$V = 2\pi\int_0^1 y^2\,dx$

$x = \cos^3 t$ より

$dx = 3\cos^2 t(-\sin t)dt$

x	0	$\to$	1
t	$\frac{\pi}{2}$	$\to$	0

$$V = 2\pi\int_{\frac{\pi}{2}}^0\sin^6 t \cdot 3\cos^2 t(-\sin t)dt = 6\pi\int_0^{\frac{\pi}{2}}\sin^7 t(1-\sin^2 t)dt$$

145

ここで，$I_n=\int_0^{\frac{\pi}{2}}\sin^n tdt$　とすると　$V=6\pi(I_7-I_9)$

また，(1)より

$$I_7-I_9=I_7-\frac{8}{9}I_7=\frac{1}{9}I_7=\frac{1}{9}\cdot\frac{6}{7}I_5=\frac{1}{9}\cdot\frac{6}{7}\cdot\frac{4}{5}\cdot\frac{2}{3}\cdot I_1=\frac{16}{315}I_1$$

$I_1=\int_0^{\frac{\pi}{2}}\sin tdt=\Bigl[-\cos t\Bigr]_0^{\frac{\pi}{2}}=1$　であるから

$\therefore\quad V=6\pi\cdot\frac{16}{315}\cdot1=\frac{32}{105}\pi$

〈解説〉解答参照。

【4】a　図形と方程式　　b　技能の習熟　　c　表現する能力

〈解説〉教科の目標と各科目の目標は重要なので，しっかりと理解し，記
　憶しておくようにするとよい。

【5】a　課題学習　　b　学習効果　　c　数学的活動

〈解説〉各科目の内容の取扱いについても，そらんじて記述できるよう，
　しっかり覚えておくようにしたい。

【6】a　ケ　　b　シ　　c　キ　　d　ウ　　e　セ　　f　オ

〈解説〉各科目の内容，内容の取扱いは，重要なので，学習指導要領だけ
　ではなく，学習指導要領解説もあわせて，整理・理解しておくととも
　に，用語・記号についてもしっかり覚えておきたい。また，科目間を
　関連づけて整理しておくとよい。

2017年度　実施問題

【中高共通】

【1】a，xは自然数とする。不等式$a+1<\sqrt{x+2}<2a+1\cdots$①について，次の(1)・(2)の問いに答えなさい。

(1) $a=3$のとき，①を満たすxの個数を求めなさい。

(2) ①を満たすxの個数が119であるとき，aの値を求めなさい。

(☆☆◎◎◎)

【2】aは0以上の整数とする。データ　43　53　45　49　57　41　55　51　47　a　について，次の(1)・(2)の問いに答えなさい。

(1) 平均値が50であるとき，aの値を求めなさい。

(2) aの値がわからないとき，中央値をすべて求めなさい。

(☆◎◎◎)

【3】OA，OB，OCを3つの辺とする平行六面体OADB－CQPRにおいて，$\overrightarrow{OA}=\vec{a}$，$\overrightarrow{OB}=\vec{b}$，$\overrightarrow{OC}=\vec{c}$とするとき，下の(1)，(2)の問いに答えなさい。

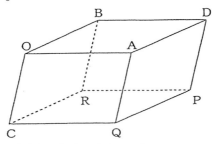

(1) △ABCの重心をGとするとき，3点O，G，Pは一直線上にあることを示し，OG：OPを求めなさい。

(2) 辺RPのPを越える延長上にRP＝PSとなるように点Sをとり，直線

OSと平面DQRの交点をTとするとき，$\vec{OT}$を$\vec{a}$，$\vec{b}$，$\vec{c}$を用いて表しなさい。

（☆☆☆◎◎◎）

【４】aを定数とし，xの2次関数$y=2x^2-4(a-1)x+a+5$のグラフをGとする。次の(1)・(2)の問いに答えなさい。

(1)　グラフGの頂点の座標をaを用いて表しなさい。

(2)　グラフGが，$-1\leqq x\leqq 3$の範囲で，x軸と異なる2つの共有点をもつとき，定数aの値の範囲を求めなさい。

（☆☆◎◎◎）

【５】直線$y=\dfrac{1}{3}x$と，中心が第1象限にある半径rの円Cについて，次の(1)・(2)の問いに答えなさい。

(1)　直線ℓは，直線$y=\dfrac{1}{3}x$に関してx軸と対称な直線である。直線ℓの方程式を求めなさい。

(2)　直線ℓとy軸の両方に接する円Cが，点(1，3)を内部に含むとき，半径rのとる値の範囲を求めなさい。

（☆☆☆◎◎◎）

【６】次の条件によって定められる数列$\{a_n\}$がある。次の(1)・(2)の問いに答えなさい。

$$a_1=2,\ a_na_{n+1}=8a_n{}^3\ (n=1,\ 2,\ 3,\ \cdots\cdots)$$

(1)　$b_n=\log_2 a_n$とおく。数列$\{a_n\}$，$\{b_n\}$の一般項を，それぞれ求めなさい。

(2)　a_9は何桁の整数か求めなさい。ただし，$\log_{10}2=0.301$とする。

（☆☆☆◎◎◎）

【中学校】

【１】「二次方程式」の指導について，次の(1)・(2)の問いに答えなさい。

(1)　二次方程式の解の公式を，$ax^2+bx+c=0(a\neq 0)$を用いて導きなさ

い。(ただし，導く途中の過程も書きなさい。)

(2)　次の文章は，二次方程式を利用して解く問題の冒頭部分です。中学校の学習内容をもとに，問題を完成させて解きなさい。

> 縦の長さが18m，横の長さが25mの長方形の土地があります。…

(☆☆☆◎◎◎)

【2】次の図のような直方体でAE＝3cm，EF＝5cm，FG＝4cmのとき，頂点Aから頂点Gに3本のひもをかけます。1本目は辺EF上，2本目は辺BF上，3本目は辺BC上を通るようにし，それぞれのひもの長さが最短になるように，たるみなくかけます。下の(1)・(2)の問いに答えなさい。

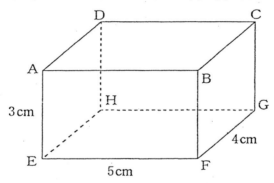

(1)　辺BF上を通るひもの長さの求め方を図を用いて示し，その長さを求めなさい。

(2)　3本のひものうち，どの辺上を通るひもが一番短いですか。また，そのときのひもの長さを求めなさい。

(☆☆☆◎◎◎)

【3】円Oの円周上に3点A，B，Pがあります。∠APB＝$\frac{1}{2}$∠AOBの証明について，次に(1)・(2)の問いに答えなさい。

(1)　点Pが図(ア)のように，半径AOの延長線上にある場合，証明がで

149

きない生徒に与えるヒントを2種類書きなさい。

(2)　点Pが図(イ)の位置にある場合について，$\angle APB = \dfrac{1}{2}\angle AOB$が成り立つことを証明しなさい。

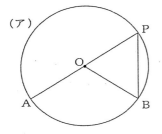

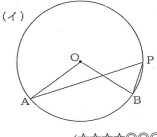

(☆☆☆◎◎◎)

【4】中学校学習指導要領「数学」の内容について，次の(1)・(2)の問いに答えなさい。

(1)　次の文は，「第2　各学年の目標及び内容」における各学年の「1　目標」の一部である。(a)～(f)にあてはまる語句を書きなさい。

第1学年	(4)　目的に応じて資料を (a) し，その資料の (b) を読み取る能力を培う。
第2学年	(2)　基本的な平面図形の性質について，観察，(c)などの活動を通して理解を深めるとともに，図形の性質の考察における (d) の必要性と意味及びその方法を理解し，論理的に考察し表現する能力を養う。
第3学年	(1)　(e)について理解し，数の概念についての理解を深める。また，目的に応じて計算したり式を変形したりする能力を伸ばすとともに，(f)について理解し用いる能力を培う。

(2)　次の文は，「第3　指導計画の作成と内容の取扱い」の一部である。(a)～(f)にあてはまる語句を，あとのア～タの中からそれぞれ1つ選び，記号で書きなさい。

> 3　数学的活動の指導に当たっては，次の事項に配慮するもの
> とする。
>
> (1)　数学的活動を楽しめるようにするとともに，数学を学
> 習することの(　a　)や数学の(　b　)などを実感する機会
> を設けること。
>
> (2)　自ら課題を見いだし，解決するための(　c　)を立て，
> 実践し，その結果を評価・(　d　)する機会を設けること。
>
> (3)　数学的活動の過程を振り返り，(　e　)にまとめ発表す
> ることなどを通して，その成果を(　f　)する機会を設け
> ること。

ア	よさ	イ	共有	ウ	有用性	エ	構想
オ	筋道	カ	活用	キ	レポート	ク	ノート
ケ	必要性	コ	意義	サ	効果	シ	考察
ス	プレゼンテーション			セ	説明	ソ	計画
タ	改善						

(☆☆☆☆◎◎◎)

【高等学校】

【1】次の(1)・(2)の問いに答えなさい。

(1)　関数$y=\left(\dfrac{2x-1}{x^2+1}\right)^3$を微分しなさい。

(2)　$\displaystyle\lim_{n\to\infty}\left(1+\dfrac{1}{2n}\right)^n$の極限値を求めなさい。ただし，$n$は自然数とする。

(☆◎◎◎)

【2】nを2より大きい自然数とするとき，次の(1)・(2)の問いに答えなさい。

(1)　$0\leqq x\leqq\dfrac{1}{2}$のとき，$1$，$\dfrac{1}{\sqrt{1-x^2}}$，$\dfrac{1}{\sqrt{1-x^n}}$の大小関係を示しなさい。

151

(2)　$\dfrac{1}{2} < \displaystyle\int_0^{\frac{1}{2}} \dfrac{1}{\sqrt{1-x^n}}dx < \dfrac{\pi}{6}$ を示しなさい。

（☆☆☆◎◎◎）

【3】2つの曲線 $y=\sqrt{x}$, $\sqrt{x}+\sqrt{y}=1$ と直線 $x=1$ で囲まれた図形の面積を求めなさい。

（☆☆☆☆◎◎◎）

【4】次の文は，高等学校学習指導要領「数学」の「第1　数学Ⅰ」「2　内容　(1)数と式」の一部である。(a)～(c)にあてはまる語句を書きなさい。
　イ　式
　(ア)　式の展開と因数分解
　　　(a)及び因数分解の公式の理解を深め，式を(b)にみたり目的に応じて式を(c)したりすること。

（☆☆☆◎◎◎）

【5】次の文は，高等学校学習指導要領「数学」の「第3　数学Ⅲ」「2　内容　(3)微分法」の一部である。(a)～(c)にあてはまる語句を書きなさい。
　イ　導関数の応用
　　　導関数を用いて，いろいろな曲線の(a)を求めたり，いろいろな関数の(b)，極大・極小，(c)などを調べグラフの概形をかいたりすること。また，それらを事象の考察に活用すること。

（☆☆☆◎◎◎）

【6】次の文は，高等学校学習指導要領「数学」の「第5　数学B」「2　内容　(3)ベクトル」の一部である。(a)～(f)にあてはまる語句を語群より選び，記号で答えなさい。

(3)　ベクトル

　　ベクトルの基本的な(　a　)について理解し，その(　b　)を認
識するとともに，事象の考察に活用できるようにする。

　ア　平面上のベクトル

　(ア)　ベクトルとその演算

　　　ベクトルの意味，相等，和，差，(　c　)，(　d　)及びベク
　　トルの(　e　)について理解すること。

　(イ)　ベクトルの内積

　　　ベクトルの内積及び基本的な性質について理解し，それらを
　(　f　)の性質などの考察に活用すること。

語群　ア　積　　　　　イ　意義　　　　　ウ　平面図形
　　　エ　実数倍　　　オ　方向ベクトル　カ　有用性
　　　キ　大きさ　　　ク　概念　　　　　ケ　位置ベクトル
　　　コ　平行移動　　サ　意味　　　　　シ　図形
　　　ス　成分表示　　セ　性質　　　　　ソ　三角形

（☆☆☆◎◎◎）

解答・解説

【中高共通】

【1】(1)　$4<\sqrt{x+2}<7$ から　$16<x+2<49$　$14<x<47$

これを満たす自然数xの個数は　$46-14=32$　よって32

(2)　$a+1<\sqrt{x+2}<2a+1$ から

$(a+1)^2<x+2<(2a+1)^2$　$a^2+2a-1<x<4a^2+4a-1$

条件より　$4a^2+4a-2-(a^2+2a-1)=119$

$3a^2+2a-120=0$　$(3a+20)(a-6)=0$

aは自然数であるから　$a=6$

〈解説〉解答参照

【２】(1)　$\dfrac{43+53+45+49+57+41+55+51+47+a}{10}=50$ から

$441+a=500$　よって　$a=59$

(2)　データ 41　43　45　47　49　51　53　55　57　a についてデータの大きさは

10 であるから，中央値は左から5番目の値と6番目の値の平均値である。

(ア)　$0\leqq a\leqq47$ のとき　$\dfrac{47+49}{2}=48$　以下同様にして

(イ)　$a=48$ のとき　48.5　(ウ)　$a=49$ のとき　49

(エ)　$a=50$ のとき　49.5　(オ)　$a\geqq51$ のとき　50

〈解説〉解答参照

【３】(1)　$\overrightarrow{\mathrm{OP}}=\overrightarrow{a}+\overrightarrow{b}+\overrightarrow{c}$

また，G は△ABC の重心であるから

$\overrightarrow{\mathrm{OG}}=\dfrac{\overrightarrow{a}+\overrightarrow{b}+\overrightarrow{c}}{3}$　よって　$\overrightarrow{\mathrm{OP}}=3\overrightarrow{\mathrm{OG}}$

したがって，3点 O，G，P は一直線上にあり OG：OP＝1：3

(2)　T は直線 OS 上にあるから

$\overrightarrow{\mathrm{OT}}=k\overrightarrow{\mathrm{OP}}$ となる実数 k がある。よって

$\overrightarrow{\mathrm{OT}}=k(2\overrightarrow{a}+\overrightarrow{b}+\overrightarrow{c})=2k\overrightarrow{a}+k\overrightarrow{b}+k\overrightarrow{c}$　…①

また，T は平面 DQR 上にあるから

$\overrightarrow{\mathrm{DT}}=s\overrightarrow{\mathrm{DQ}}+t\overrightarrow{\mathrm{DR}}$ となる実数 s，t がある。

ゆえに

$\overrightarrow{\mathrm{OT}}=(1-s-t)\overrightarrow{\mathrm{OD}}+s\overrightarrow{\mathrm{OQ}}+t\overrightarrow{\mathrm{OR}}$

$\phantom{\overrightarrow{\mathrm{OT}}}=(1-s-t)(\overrightarrow{a}+\overrightarrow{b})+s(\overrightarrow{a}+\overrightarrow{c})+t(\overrightarrow{b}+\overrightarrow{c})$

$\phantom{\overrightarrow{\mathrm{OT}}}=(1-t)\overrightarrow{a}+(1-s)\overrightarrow{b}+(s+t)\overrightarrow{c}$　…②

4点 O，A，B，C は同じ平面上にないから

①，②より　$2k=1-t$　$k=1-s$　$k=s+t$

よって　$k-1-k+1-2k$　ゆえに　$k=\dfrac{1}{2}$

154

したがって $\overrightarrow{\mathrm{OT}} = \vec{a} + \dfrac{1}{2}\vec{b} + \dfrac{1}{2}\vec{c}$

〈解説〉(1)　解答参照　(2)　斜交座標を使った別解

　　$\overrightarrow{\mathrm{OT}} = x\vec{a} + y\vec{b} + z\vec{c}$ とする(つまり，Tの座標を$(x,\ y,\ z)$とする)。

　　題意より，媒介変数を消去すれば，$x,\ y,\ z$の1次式になる。それを
$ax+by+cz=d\cdots\cdots$①　とすると，

　　$\overrightarrow{\mathrm{OD}} = \vec{a} + \vec{b}$ (Dの座標$(1,\ 1,\ 0)$を①に代入)より，$a+b=d\cdots\cdots$②

　　$\overrightarrow{\mathrm{OQ}} = \vec{a} + \vec{c}$ (Qの座標$(1,\ 0,\ 1)$を①に代入)より，$a+c=d\cdots\cdots$③

　　$\overrightarrow{\mathrm{OR}} = \vec{b} + \vec{c}$ (Rの座標$(0,\ 1,\ 1)$を①に代入)より，$b+c=d\cdots\cdots$④②，

　　③，④より，$a:b:c:d=1:1:1:2$　よって，

　　①は$x+y+z=2\cdots\cdots$⑤(これを平面DQRの方程式と言う)

　　$\overrightarrow{\mathrm{OS}} = 2\vec{a} + \vec{b} + \vec{c}$

　　$\overrightarrow{\mathrm{OT}} = k\overrightarrow{\mathrm{OS}} = k(2\vec{a} + \vec{b} + \vec{c}) = x\vec{a} + y\vec{b} + z\vec{c}$

　　kを消去して，$x=2y=2z\cdots\cdots$⑥(これを直線OSの方程式と言う)

　　⑤，⑥より，$x=1,\ y=z=\dfrac{1}{2}$　よって，$\overrightarrow{\mathrm{OT}} = \vec{a} + \dfrac{1}{2}\vec{b} + \dfrac{1}{2}\vec{c}$

【4】(1)　$y = 2x^2 - 4(a-1)x + a + 5$
　　　　　$= 2\{x-(a-1)\}^2 - 2(a-1)^2 + a + 5$
　　　　　$= 2\{x-(a-1)\}^2 - 2a^2 + 5a + 3$
よって，頂点の座標は$(a-1,\ -2a^2+5a+3)$

(2)　グラフGが，$-1 \leqq x \leqq 3$の範囲で，x軸と異なる2つの共有点をもつ
条件は
頂点のy座標について

$-2a^2+5a+3<0$　から　$a<-\dfrac{1}{2},\ 3<a$　…①

軸について

$-1<a-1<3$　から　$0<a<4$　…②

$f(x)＝2x^2-4(a-1)x+a+5$として

$f(-1)＝5a+3≧0$　から　$a≧-\dfrac{3}{5}$　…③

$f(3)＝-11a+35≧0$　から　$a≦\dfrac{35}{11}$　…④

①から④の共通範囲を求めて　$3＜a≦\dfrac{35}{11}$

〈解説〉(1)　未定係数法を使った別解

与式$＝2(x-p)^2+q＝2x^2-4px+2p^2+q$

係数比較により，$p＝a-1$，$q＝a+5-2p^2＝-2a^2+5a+3$

よって，頂点の座標は，$(P，Q)＝(a-1，-2a^2+5a+3)$

(2)　解答参照

【５】(1)　直線$y＝\dfrac{1}{3}x$とx軸の正の向きとのなす角を$\theta\left(0＜\theta＜\dfrac{\pi}{2}\right)$とおく

と　$\tan\theta＝\dfrac{1}{3}$

また，直線ℓの傾きは$\tan2\theta$となることから$\tan2\theta＝\dfrac{2\tan\theta}{1-\tan^2\theta}＝\dfrac{3}{4}$

よって，直線ℓの方程式は$y＝\dfrac{3}{4}x$

(2)　y軸に接することから円Cの中心を$(r，a)(a＞0)$とおく。

直線ℓは円Cにも接することから円Cの中心$(r，a)$と直線$\ell：3x-4y＝0$との距離が，円Cの半径rに等しい。

よって　$\dfrac{|3r-4a|}{\sqrt{9+16}}＝r$　$|3r-4a|＝5r$　$3r-4a＝\pm5r$

ゆえに$a＝-\dfrac{1}{2}r，2r$

$a＞0$であるから　$a＝2r$　これより，円Cの方程式は

$(x-r)^2+(y-2r)^2＝r^2$となり点$(1，3)$を内部に含むことから

$(1-r)^2+(3-2r)^2＜r^2$　$2r^2-7r+5＜0$

$(2r-5)(r-1)＜0$

したがって，半径rのとる値の範囲は$1＜r＜\dfrac{5}{2}$

〈解説〉(1)　解答参照　(2)　円の中心が直線$y＝2x$上にある(題意より，直

線ℓとy軸とのなす角を二等分する直線が，x軸となす角αは，$\alpha = \theta + \dfrac{1}{4}$だから，$\tan \alpha = 2$になる)ことが解れば，容易に円の方程式が求まる。

【6】 (1) $a_1 > 0$，$a_n a_{n+1} = 8a_n{}^3$ …① から

すべての自然数nについて$a_n > 0$である。

①の両辺において，2を底とする対数をとると

$\log_2 a_n a_{n+1} = \log_2 8a_n{}^3$ $\log_2 a_n + \log_2 a_{n+1} = 3 + 3\log_2 a_n$

すなわち$b_{n+1} = 2b_n + 3$ これを変形して

$b_{n+1} + 3 = 2(b_n + 3)$ また $b_1 = \log_2 2 = 1$ から

数列$\{b_n + 3\}$は，初項4，公比2の等比数列で$b_n + 3 = 4 \cdot 2^{n-1}$

よって $b_n = 2^{n+1} - 3$

また$\log_2 a_n = 2^{n+1} - 3$から$a_n = 2^{2^{n+1}-3}$

(2) $a_9 = 2^{2^{10}-3} = 2^{1021}$

$\log_{10} 2^{1021} = 1021\log_{10} 2 = 1021 \times 0.301$

$\qquad\qquad\qquad\qquad\quad \fallingdotseq 307.3$

ゆえに $307 < \log_{10} 2^{1021} < 308$

よって $10^{307} < 2^{1021} < 10^{308}$

したがって a_9は308桁の整数である。

〈解説〉解答参照。

【中学校】

【1】 (1) $a \neq 0$より，両辺をaで割ると

$x^2 + \dfrac{b}{a}x + \dfrac{c}{a} = 0$ $\quad x^2 + \dfrac{b}{a}x = -\dfrac{c}{a}$

$\left(x + \dfrac{b}{2a}\right)^2 = \dfrac{b^2 - 4ac}{4a^2}$ $\quad x + \dfrac{b}{2a} = \pm\sqrt{\dfrac{b^2 - 4ac}{4a^2}}$

$x = -\dfrac{b}{2a} \pm \sqrt{\dfrac{b^2 - 4ac}{2a}}$ $\quad x = \dfrac{-b \pm \sqrt{b^2 - 4ac}}{2a}$

(2) (問題例) 縦の長さが18m，横の長さが25mの長方形の土地があります。この土地に，縦と横に同じ幅の道を作り，残った面積が330m²

になるようにします。道幅は何mにすればよいでしょう。

(正答例)　道幅をxmとする。

$(18-x)(25-x)=330$　　$x^2-43x+120=0$

$(x-3)(x-40)=0$　　　$x=3,\ 40$

ここで$x=40$は問題にあわないので，$x=3$　答え　3m

〈解説〉(1)　解答参照　　(2)　縦横にxを加減して面積を求めることに気付けば簡単である。

【2】(1)　最短となるのは，展開図の長方形AEGCの対角線AGとなるときである。

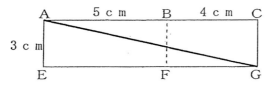

三平方の定理を使って

AG$=\sqrt{3^2+9^2}=\sqrt{90}=3\sqrt{10}$　よって$3\sqrt{10}$cm

(2)　(1)と同じやり方でAGの長さを求めると，

・辺BF上を通るときの長さは(1)より$\sqrt{90}$

・辺EF上を通るときの長さは$\sqrt{74}$

・辺BC上を通るときの長さは$\sqrt{80}$

$\sqrt{74}<\sqrt{80}<\sqrt{90}$より，辺EF上を通るときが一番短く，そのときのひもの長さは$\sqrt{74}$cmになる。

〈解説〉解答参照

【3】(1)　△POBはどんな三角形ですか。

OB＝OPならば　∠OBP＝∠OPBである。

・三角形の内角と外角の性質を思いだそう。

∠c＝∠a＋∠b

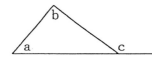

(2)　P，Oを通る直径PKを引くと△OPAで，三角形の内角と外角の性質より

∠AOK＝2∠OPA　…①

△OPBでも同じように考えて

∠BOK＝2∠OPB　…②

①，②から∠AOB＝∠BOK－∠AOK

$$=2(\angle OPB - \angle OPA)$$

$$=2\angle APB$$

したがって，$\angle APB = \frac{1}{2}\angle AOB$

〈解説〉解答参照

【4】(1)　a　収集して整理　　b　傾向　　c　操作や実験　　d　数学的な推論　　e　数の平方根　　f　二次方程式　　(2)　a　コ　b　ケ　　c　エ　　d　タ　　e　キ　　f　イ

〈解説〉(1), (2)　教科の目標は，全文を正確に書けるように覚える必要がある。また，各学年での目標を比較し，明確にしておくとよい。ただの暗記にはせず，内容の理解も必要である。

【高等学校】

【１】(1)　$u=\dfrac{2x-1}{x^2+1}$ とおくと

$y=u^3$ より $y'=3u^2\cdot u'$

$u'=\left(\dfrac{2x-1}{x^2+1}\right)'=\dfrac{2\cdot(x^2+1)-(2x-1)\cdot 2x}{(x^2+1)^2}$

$\qquad=-\dfrac{2(x^2-x-1)}{(x^2+1)^2}$

ゆえに

$y'=3\cdot\left(\dfrac{2x-1}{x^2+1}\right)^2\cdot\left\{\dfrac{2(x^2-x-1)}{(x^2+1)^2}\right\}$

$\quad=-\dfrac{6(2x-1)^2(x^2-x-1)}{(x^2+1)^4}$

(2)　$\displaystyle\lim_{n\to\infty}\left(1+\dfrac{1}{2n}\right)^n=\lim_{n\to\infty}\left(1+\dfrac{1}{2n}\right)^{2n\cdot\frac{1}{2}}$

$\qquad\qquad\qquad\quad=\lim_{n\to\infty}\left\{\left(1+\dfrac{1}{2n}\right)^{2n}\right\}^{\frac{1}{2}}$

$\qquad\qquad\qquad\quad=\sqrt{e}$

〈解説〉解答参照

【２】(1)　$n>2$ かつ $0\leqq x\leqq\dfrac{1}{2}$ のとき，

$0\leqq x^n\leqq x^2<1$ より

$1\geqq\sqrt{1-x^n}\geqq\sqrt{1-x^2}>0$

したがって　$1\leqq\dfrac{1}{\sqrt{1-x^n}}\leqq\dfrac{1}{\sqrt{1-x^2}}$

等号が成立するのは，$x=0$ のときである。

(2)　区間$\left[0,\ \dfrac{1}{2}\right]$において，(1)の結果から

$\displaystyle\int_0^{\frac{1}{2}}dx<\int_0^{\frac{1}{2}}\dfrac{1}{\sqrt{1-x^n}}dx<\int_0^{\frac{1}{2}}\dfrac{1}{\sqrt{1-x^2}}dx$

ここで $\displaystyle\int_0^{\frac{1}{2}}dx=\Big[x\Big]_0^{\frac{1}{2}}=\dfrac{1}{2}$

また，$x=\sin\theta$ とおくと

$dx=\cos\theta\,d\theta$

x	$0 \rightarrow \dfrac{1}{2}$
θ	$0 \rightarrow \dfrac{\pi}{6}$

よって，$\displaystyle \int_0^{\frac{1}{2}} \frac{1}{\sqrt{1-x^2}} dx = \int_0^{\frac{\pi}{6}} \frac{\cos\theta}{\cos\theta} d\theta$

$$= \Big[\theta \Big]_0^{\frac{\pi}{6}} = \frac{\pi}{6}$$

したがって $\dfrac{1}{2} < \displaystyle\int_0^{\frac{1}{2}} \frac{1}{\sqrt{1-x^n}} dx < \frac{\pi}{6}$

〈解説〉解答参照

【3】

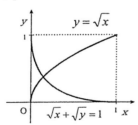

$y = \sqrt{x}$ …①

$\sqrt{x} + \sqrt{y} = 1$ …②

とすると

②より $\sqrt{y} = 1 - \sqrt{x}$ …③

$x \geqq 0,\ y \geqq 0$ より $0 \leqq x \leqq 1$

③の両辺を2乗すると $y = 1 + x - 2\sqrt{x}$

よって $y' = \dfrac{\sqrt{x} - 1}{\sqrt{x}}$

ゆえに $0 < x < 1$ で $y' < 0$

よって y は区間 $0 \leqq x \leqq 1$ で単調に減少する。

①と②の交点の x 座標は

$1+x-2\sqrt{x}=\sqrt{x}$ から $(\sqrt{x})^2-3\sqrt{x}+1=0$

$0\leqq x\leqq 1$ から $\sqrt{x}=\dfrac{3-\sqrt{5}}{2}$

したがって　$x=\dfrac{7-3\sqrt{5}}{2}$

交点のx座標を α とおくと　$\sqrt{\alpha}=\dfrac{3-\sqrt{5}}{2}$

よって求める面積をSとすると

$S=\displaystyle\int_{\alpha}^{1}\{\sqrt{x}-(1+x-2\sqrt{x})\}dx=\int_{\alpha}^{1}(3\sqrt{x}-1-x)dx$

$=\left[2x^{\frac{3}{2}}-x-\dfrac{x^2}{2}\right]_{\alpha}^{1}$

$=\dfrac{1}{2}-2\alpha^{\frac{3}{2}}+\alpha+\dfrac{\alpha^2}{2}=\dfrac{1}{2}+\dfrac{\alpha}{2}(\alpha+2-4\alpha^{\frac{1}{2}})$

$=\dfrac{1}{2}+\dfrac{7-3\sqrt{5}}{4}\left\{\dfrac{7-3\sqrt{5}}{2}+2-2(3-\sqrt{5})\right\}$

$=\dfrac{5\sqrt{5}-9}{4}$

〈解説〉解答参照

【４】a　二次の乗法公式　　b　多面的　　c　適切に変形
〈解説〉二次の乗法公式及び因数分解の公式の理解を深め，式を多面的に
　みたり目的に応じて式を適切に変形したりすること。

【５】a　接線の方程式　　b　値の増減　　c　グラフの凹凸
〈解説〉導関数を用いて，いろいろな曲線の接線の方程式を求めたり，い
　ろいろな関数の値の増減，極大・極小，グラフの凹凸などを調べグラ
　フの概形をかいたりすること。また，それらを事象の考察に活用する
　こと。

【６】a　ク　　b　カ　　c　エ　　d　ケ　　e　ス　　f　ウ
〈解説〉ベクトルの基本的な概念について理解し，その有用性を認識する
　とともに，事象の考察に活用できるようにする。

162

2016年度 実施問題

【中高共通】

【1】 x は $\sqrt{5} < x < \sqrt{6}$ を満たす実数とする。x と x^2 の小数部分が等しいとき，x の値を求めなさい。

(☆☆◎◎◎)

【2】 1から8までの番号をつけた8枚のカードがある。この中から2枚を同時に取り出し，取り出されたカードの番号を X，$Y(X < Y)$ とする。次の(1)・(2)の問いに答えなさい。

(1) $Y > X^2$ である確率を求めなさい。

(2) $X + Y$ が偶数である確率を求めなさい。

(☆◎◎◎)

【3】 2次方程式 $x^2 + x + 1 = 0$ の2つの解を α，β とする。次の(1)・(2)の問いに答えなさい。

(1) 2数 $\alpha + 2$，$\beta + 2$ を解とする2次方程式を作りなさい。

(2) n は自然数とする。$\dfrac{1}{(\alpha^n + 1)(\beta^n + 1)}$ の値を求めなさい。

(☆☆☆☆◎◎◎)

【4】 1辺の長さが $3a$ の正四面体ABCDにおいて，辺AC上の点をP，辺AD上の点をQ，辺BDを $1:2$ に内分する点をRとおく。次の(1)・(2)の問いに答えなさい。

(1) BP+PQ+QRの最小値を求めなさい。

(2) (1)のとき，△APQの面積 S を求めなさい。

(☆☆☆◎◎◎)

【5】ベクトル $\vec{a}$, $\vec{b}$, $\vec{p}$, $\vec{q}$ が，$|2\vec{a}+\vec{b}|=1$，$|\vec{a}+2\vec{b}|=2$，$2\vec{a}+\vec{b}=\vec{p}$，$\vec{a}+2\vec{b}=\vec{q}$ を満たすとき，次の(1)・(2)の問いに答えなさい。

(1) $\vec{a}$，$\vec{b}$ を $\vec{p}$，$\vec{q}$ を用いて，それぞれ表しなさい。

(2) $|\vec{a}+\vec{b}|$ の最大値と最小値を求めなさい。

(☆☆☆◎◎◎)

【6】2つの円$x^2+y^2=5\cdots$①，$(x-2)^2+(y-2)^2=1\cdots$②の交点をA，Bとする。点Pが円①上を動くとき，△ABPの重心Gの軌跡を求めなさい。

(☆☆☆◎◎◎)

【中学校】

【1】下図のように，正方形ABCDの辺BC，CD上にそれぞれ点P，Qをとり，△APQを作る。

　△APQが正三角形になるときの点Pの位置を求める作図を指導する。その手順を3通り説明し，それぞれ実際に定規とコンパスを用いて作図しなさい。ただし，作図に用いた線は消さないこと。

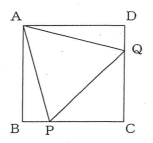

(☆☆☆☆☆◎◎◎)

【2】下図のように，∠A＝90°の直角三角形ABCの辺AB，AC，BCをそれぞれ直径とする半円をかき，2つの弧で囲まれた部分をそれぞれア，イとする。

辺BCの中点をD，点Aから辺BCに引いた垂線と辺BCとの交点をEとするとき，下の(1)・(2)の問いに答えなさい。

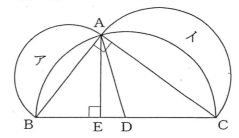

(1) AB＝AD＝2cmのとき，イの面積を求めなさい。

(2) ア，イの面積の和と面積が等しい図形を答えなさい。また，面積が等しいことを証明しなさい。

(☆☆☆☆◎◎◎)

【3】中学校学習指導要領「数学」の内容について，次の(1)・(2)の問いに答えなさい。

(1) 次の文は，「第1　目標」である。(a)〜(e)にあてはまる語句を書きなさい。

数学的活動を通して，(a)などに関する基礎的な(b)についての理解を深め，数学的な表現や処理の仕方を習得し，事象を(c)し(d)を高めるとともに，数学的活動の楽しさや(e)を実感し，それらを活用して考えたり判断したりしようとする態度を育てる。

(2) 次の文は，「第3　指導計画の作成と内容の取扱い」の一部である。(a)〜(e)にあてはまる語句を，あとのア〜シの中からそれぞれ1つ選び，記号で答えなさい。

2　第2の内容の取扱いについては，次の事項に配慮するものとする。

(2) 各領域の指導に当たっては，(a)に応じ，(b)，(c)，

コンピュータや情報通信ネットワークなどを(d)に活用し,
学習の(e)を高めるよう配慮するものとする。特に, 数値計
算にかかわる内容の指導や, 観察, 操作や実験などの活動を通
した指導を行う際にはこのことに配慮するものとする。

ア	能率	イ	計算機器	ウ	状況	エ	適切
オ	必要	カ	効果的	キ	効率	ク	積極的
ケ	電卓	コ	効果	サ	そろばん	シ	目的

(☆☆◎◎◎◎)

【高等学校】

【1】rは実数とする。第n項が, $\dfrac{1-r^n}{1-r-r^{n+1}}$で表される数列の極限を調べ
なさい。

(☆☆◎◎◎)

【2】次の(1)・(2)の問いに答えなさい。

(1) 関数$f(x)$, $g(x)$が微分可能であるとき, 次の等式が成り立つことを,
導関数の定義を用いて証明しなさい。

$$\{f(x)g(x)\}'=f'(x)g(x)+f(x)g'(x)$$

(2) $0<a<b<\dfrac{\pi}{2}$のとき, 次の不等式が成り立つことを, 平均値の定
理を用いて証明しなさい。

$$0<\sin b-\sin a<b-a$$

(☆☆☆◎◎◎)

【3】次の(1)・(2)の問いに答えなさい。

(1) 定積分$\displaystyle\int_0^{2\pi}\cos^2\theta\,d\theta$, $\displaystyle\int_0^{2\pi}\cos^3\theta\,d\theta$の値をそれぞれ求めなさい。

(2) aは正の定数とする。サイクロイド$\begin{cases}x=a(\theta-\sin\theta)\\y=a(1-\cos\theta)\end{cases}$ $(0\leqq\theta\leqq2\pi)$
とx軸で囲まれた部分を, x軸の周りに1回転させてできる立体の体積
Vを求めなさい。

(☆☆☆☆◎◎◎)

【4】 次の文は，高等学校学習指導要領「数学」の「第4　数学A」「2
　内容　(2)整数の性質」の一部である。(　a 　)～(　c 　)にあてはまる語
　句を書きなさい。

イ　ユークリッドの互除法

　　　整数の除法の性質に基づいてユークリッドの互除法の仕組みを理
　　解し，それを用いて二つの整数の(　a 　)を求めること。また，(　b 　)
　　の意味について理解し，簡単な場合についてその(　c 　)を求めるこ
　　と。

(☆☆◎◎◎)

【5】 次の文は，高等学校学習指導要領「数学」の「第2　数学Ⅱ」「3
　内容の取扱い」である。(　a 　)～(　f 　)にあてはまる語句を語群より
　選び，記号で答えなさい。

(1)　内容の(1)(いろいろな式)のア(式と証明)については，関連して
　　(　a 　)を扱うものとする。

(2)　内容の(3)(指数関数・対数関数)のイ(対数関数)については，(　b 　)
　　も扱うものとする。

(3)　内容の(4)(三角関数)のウ(三角関数の加法定理)については，関連
　　して三角関数の(　c 　)を扱うものとする。

(4)　内容の(5)(微分・積分の考え)のア(微分の考え)については，(　d 　)
　　までの関数を中心に扱い，イ(積分の考え)については，(　e 　)まで
　　の関数を中心に扱うものとする。ア(微分の考え)の(ア)(微分係数と
　　導関数)の微分係数については，関数のグラフの接線に関連付けて
　　扱うものとする。また，(　f 　)については，直観的に理解させるよ
　　う扱うものとする。

語群

ア	自然対数	イ	因数定理	ウ	極限
エ	平均値の定理	オ	弧度法	カ	二項定理
キ	合成	ク	体積	ケ	周期性
コ	二次	サ	三次	シ	四次

　　ス　桁数　　　　　　　　セ　分数式　　　　ソ　常用対数
　　タ　2倍角の公式

（☆☆☆○○○）

【6】次の文は，高等学校学習指導要領「数学」の「第6　数学活用」「1
　　目標」である。（　a　）～（　c　）にあてはまる語句を書きなさい。
　　　数学と（　a　）とのかかわりや数学の（　b　）についての認識を深める
　　とともに，事象を（　c　）する能力を養い，数学を積極的に活用する態
　　度を育てる。

（☆☆○○○○）

解答・解説

【中高共通】

【1】$2<\sqrt{5}<x<\sqrt{6}<3$ より，xの小数部分は，$x-2$　…①
　　また，$5<x^2<6$ より，x^2の小数部分は，x^2-5　…②
　　①，②より，$x-2=x^2-5$ であるから，$x^2-x-3=0$
　　$x=\dfrac{1\pm\sqrt{13}}{2}$　　　$\sqrt{5}<x<\sqrt{6}$ から，$x=\dfrac{1+\sqrt{13}}{2}$

〈解説〉解答参照。

【2】(1)　8枚のカードから2枚のカードを同時に取り出す場合の数は，
　　$_8C_2$通り。
　　$Y>X^2$を満たすのは，
　　$X=1$のとき，$Y=2$, 3, …, 8　の7通り。
　　$X=2$のとき，$Y=5$, 6, 7, 8　の4通り。
　　$\dfrac{11}{_8C_2}=\dfrac{11}{28}$　　よって，$\dfrac{11}{28}$

(2) $X+Y$ が偶数であるという事象は，2つの事象

[1]　X, Y がともに奇数

[2]　X, Y がともに偶数

の和事象であり，これらの事象は互いに排反である。

[1]の確率は，$\dfrac{{}_4C_2}{{}_8C_2}=\dfrac{6}{28}$　　　　[2]の確率は，$\dfrac{{}_4C_2}{{}_8C_2}=\dfrac{6}{28}$

よって，求める確率は，$\dfrac{6}{28}+\dfrac{6}{28}=\dfrac{12}{28}$

よって，$\dfrac{3}{7}$

〈解説〉解答参照。

【3】(1)　解と係数の関係から，

$$\begin{cases} \alpha+\beta=-1 \\ \alpha\beta=1 \end{cases}$$

よって，$(\alpha+2)+(\beta+2)=3$

$(\alpha+2)(\beta+2)=\alpha\beta+2(\alpha+\beta)+4=3$

したがって，$\alpha+2$, $\beta+2$ を解とする2次方程式の1つは，

$x^2-3x+3=0$

(2)　α は，$x^2+x+1=0$ の解であるから，$\alpha^2+\alpha+1=0$ となり，

$\alpha^2=-\alpha-1$

よって，$\alpha^3=\alpha(-\alpha-1)=-\alpha^2-\alpha=-(-\alpha-1)-\alpha=1$

同様にして，$\beta^3=1$

(i)　$n=3k$(kは自然数)のとき，

$\alpha^n=\alpha^{3k}=1$, $\beta^n=\beta^{3k}=1$ であるから，

$\dfrac{1}{(\alpha^n+1)(\beta^n+1)}=\dfrac{1}{4}$

(ii)　$n=3k+1$(kは0以上の整数)のとき，

$\alpha^n=\alpha^{3k+1}=\alpha$, $\beta^n=\beta^{3k+1}=\beta$ であるから，

$\dfrac{1}{(\alpha^n+1)(\beta^n+1)}=\dfrac{1}{(\alpha+1)(\beta+1)}=\dfrac{1}{\alpha\beta+\alpha+\beta+1}=1$

(iii)　$n=3k+2$(kは0以上の整数)のとき，

$\alpha^n=\alpha^{3k+2}=\alpha^2$, $\beta^n=\beta^{3k+2}=\beta^2$ であるから，

$$\frac{1}{(\alpha^n+1)(\beta^n+1)}=\frac{1}{(\alpha^2+1)(\beta^2+1)}$$

$$=\frac{1}{\alpha^2\beta^2+\alpha^2+\beta^2+1}=\frac{1}{1+(\alpha+\beta)^2-2\alpha\beta+1}$$

$$=1$$

〈解説〉解答参照。

【４】(1)　正四面体ABCDの展開図を下図のように考える。

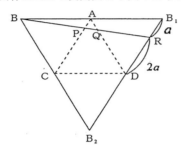

BP＋PQ＋QRが最小となるのは，4点B，P，Q，Rが同一直線上にある

ときである。

したがって余弦定理により，

$BR^2=(6a)^2+a^2-2\cdot6a\cdot a\cdot\cos60°=31a^2$

$a>0$であるから，最小値は$\sqrt{31}a$

(2)　AP//B_1R，Aは辺BB_1の中点であるから，

$AP=\frac{1}{2}a$

△QAP∽△QDRであるから

$AQ:DQ=\frac{1}{2}a:2a=1:4$

ゆえに，$AQ=\frac{3}{5}a$

よって，

$S=\frac{1}{2}\cdot\frac{1}{2}a\cdot\frac{3}{5}a\cdot\sin60°=\frac{3\sqrt{3}}{40}a^2$

〈解説〉解答参照。

【5】(1) $2\vec{a}+\vec{b}=\vec{p}$ …①, $\vec{a}+2\vec{b}=\vec{q}$ …②として,

①×2−②より, $\vec{a}=\dfrac{2\vec{p}-\vec{q}}{3}$

①−②×2より, $\vec{b}=\dfrac{-\vec{p}-2\vec{q}}{3}$

(2) (1)の結果と, $|\vec{p}|=1$, $|\vec{q}|=2$により,

$|\vec{a}+\vec{b}|^2=\left|\dfrac{2\vec{p}-\vec{q}}{3}+\dfrac{-\vec{p}+2\vec{q}}{3}\right|^2=\left|\dfrac{\vec{p}+\vec{q}}{3}\right|^2$

$=\dfrac{1}{9}\left(|\vec{p}|^2+2\vec{p}\cdot\vec{q}+|\vec{q}|^2\right)=\dfrac{1}{9}(5+2\vec{p}\cdot\vec{q})$

また, $\vec{p}\cdot\vec{q}=|\vec{p}||\vec{q}|\cos\theta=2\cos\theta$

$-1\leqq\cos\theta\leqq1$であるから, $-2\leqq\vec{p}\cdot\vec{q}\leqq2$

ゆえに, $\vec{p}\cdot\vec{q}=2$のとき, $|\vec{a}+\vec{b}|^2=1$

$\vec{p}\cdot\vec{q}=-2$のとき, $|\vec{a}+\vec{b}|^2=\dfrac{1}{9}$

$|\vec{a}+\vec{b}|\geqq0$であるから,

$|\vec{a}+\vec{b}|$の最大値1, 最小値$\dfrac{1}{3}$

〈解説〉解答参照。

【6】$x^2+y^2=5$ …①, $(x-2)^2+(y-2)^2=1$ …②において,

②−①を整理して解くと, $x=1,\ 2$

よって交点A, Bの座標は(2, 1), (1, 2)

点P, Gの座標を, それぞれ$(s,\ t)$, $(X,\ Y)$とする。

Pは①上にあるから, $s^2+t^2=5$ …③

また, Gは△ABPの重心であるから,

$X=\dfrac{3+s}{3}$, $Y=\dfrac{3+t}{3}$

ゆえに, $s=3X-3$, $t=3Y-3$

これを③に代入すると,

$(3X-3)^2+(3Y-3)^2=5$

すなわち，$(X-1)^2+(Y-1)^2=\dfrac{5}{9}$　…④

また，△ABPが存在するためには，

$(s,\ t)\neq(1,\ 2),\ (2,\ 1)$より，

$(X,\ Y)\neq\left(\dfrac{4}{3},\ \dfrac{5}{3}\right),\ \left(\dfrac{5}{3},\ \dfrac{4}{3}\right)$

ゆえに，条件を満たす点Gは，円④から2点$\left(\dfrac{4}{3},\ \dfrac{5}{3}\right),\ \left(\dfrac{5}{3},\ \dfrac{4}{3}\right)$を除いた図形上にある。

逆に，円④上の2点$\left(\dfrac{4}{3},\ \dfrac{5}{3}\right),\ \left(\dfrac{5}{3},\ \dfrac{4}{3}\right)$を除く任意の点G$(X,\ Y)$は，条件を満たす。

よって，求める軌跡は，中心が点$(1,\ 1)$，半径が$\dfrac{\sqrt{5}}{3}$の円から，2点$\left(\dfrac{4}{3},\ \dfrac{5}{3}\right),\ \left(\dfrac{5}{3},\ \dfrac{4}{3}\right)$を除いた図形である。

〈解説〉解答参照。

【中学校】

【１】

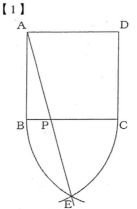

(作図の手順　1)

点B，Cをそれぞれ中心として半径BCの円をかき，正方形ABCDの外側にできる交点をEとする。

直線AEと辺BCとの交点をPとする。

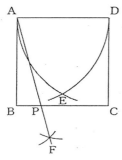

(作図の手順　2)

点A，Dをそれぞれ中心として半径ADの円をかき，正方形ABCDの内側にできる交点をEとする。

点B，Eをそれぞれ中心として等しい半径の円をかき，その交点の1つをFとする。

直線AFと辺BCとの交点をPとする。

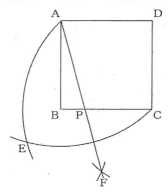

(作図の手順　3)

点A，Cをそれぞれ中心として半径ACの円をかき，正方形ABCDの頂点Bの側にできる交点をEとする。

点C，Eをそれぞれ中心として等しい半径の円をかき，その交点の1つをFとする。

直線AFと辺BCとの交点をPとする。

〈解説〉(作図の手順　1)　∠BAP＝15°となるように作図したい。Eを解答例のようにとると，∠CBE＝60°，AB＝BEであることから，∠BAP＝15°となることがわかる。

(作図の手順　2)　手順1と同様に，∠BAP＝15°としたい。Eを図のようにとると，△AEDが正三角形であることから，∠BAEの二等分線を引けばよいことがわかる。

(作図の手順　3)　図のようにEをとると，△ACEが正三角形であることから，∠EAD＝105°となる。よって，∠EACの二等分線を引くと，∠BAP＝15°となることがわかる。

【2】(1)　辺ACを直径とする半円の面積は，$\frac{3}{2}\pi$ cm² …①

△ADCの面積は，$\sqrt{3}$ cm² …②

おうぎ形ADCの面積は，$\frac{4}{3}\pi$ cm² …③

よって，イの面積は，①＋②－③より，

$\frac{3}{2}\pi + \sqrt{3} - \frac{4}{3}\pi = \sqrt{3} + \frac{1}{6}\pi$

$\sqrt{3} + \frac{1}{6}\pi$ (cm²)

(2)　(図形)…直角三角形ABC

(証明)　AB＝2c，AC＝2b，BC＝2aとする。

この図形全体の面積は，(辺ACを直径とする半円の面積)＋(辺ABを直径とする半円の面積)＋(直角三角形ABCの面積)だから，

$\frac{1}{2}\times\pi b^2 + \frac{1}{2}\times\pi c^2 + \frac{1}{2}\times 2b\times 2c = \frac{1}{2}\pi(b^2+c^2)+2bc$ …①

また，辺BCを直径とする半円の面積は，

$\frac{1}{2}\pi a^2$ …②

ア，イの面積の和は，①－②だから，

$\frac{1}{2}\pi(b^2+c^2)+2bc - \frac{1}{2}\pi a^2 = \frac{1}{2}\pi(b^2+c^2-a^2)+2bc$ …③

直角三角形ABCで，三平方の定理より，

$(2b)^2+(2c)^2=(2a)^2$

$b^2 + c^2 = a^2$ …④

④を③に代入すると，

$\dfrac{1}{2}\pi(a^2 - a^2) + 2bc = 2bc$

よって，ア，イの面積の和と直角三角形ABCの面積は等しい。

〈解説〉解答参照。

【3】(1)　a　数量や図形　　b　概念や原理・法則　　c　数理的に考察　d　表現する能力　　e　数学のよさ　　(2)　a　オ　　b　サ　c　ケ　　d　エ　　e　コ

〈解説〉(1)　教科の目標は，全文を正確に書けるように覚える必要がある。また，『中学校学習指導要領解説　数学編』を併せて熟読して，理解を深めておくこと。　　(2)　問題の文については，『中学校学習指導要領解説　数学編』の第3章の2で，「(2)　コンピュータや情報通信ネットワークなどの活用」において，「①　計算機器としての活用」で，そろばん，電卓，コンピュータをあげて，詳細な解説がなされている。また，「②　教具としての活用」「③　情報通信ネットワークの活用」の記述もあるので，確認しておくこと。

【高等学校】

【1】(ア)　$|r| > 1$のとき，$\displaystyle\lim_{n \to \infty}\dfrac{1}{r^n} = 0$であるから，

$$\lim_{n \to \infty}\dfrac{1 - r^n}{1 - r - r^{n+1}} = \lim_{n \to \infty}\dfrac{\dfrac{1}{r^{n+1}} - \dfrac{1}{r}}{\dfrac{1}{r^{n+1}} - \dfrac{1}{r^n} - 1} = \dfrac{1}{r}$$

(イ)　$r = 1$のとき，$\displaystyle\lim_{n \to \infty}\dfrac{1 - r^n}{1 - r - r^{n+1}} = \lim_{n \to \infty}\dfrac{1 - 1}{1 - 1 - 1} = 0$

(ウ)　$r = -1$のとき，

nが偶数のとき，$\dfrac{1 - r^n}{1 - r - r^{n+1}} = \dfrac{1 - 1}{1 + 1 + 1} = 0$

nが奇数のとき，$\dfrac{1 - r^n}{1 - r - r^{n+1}} = \dfrac{1 + 1}{1 + 1 - 1} = 2$

となり，極限はない。

(エ)　$|r|<1$のとき$\lim_{n\to\infty}r^n=0$であるから，

$$\lim_{n\to\infty}\frac{1-r^n}{1-r-r^{n+1}}=1/1-r$$

〈解説〉解答参照。

【２】(1)　導関数の定義より，

$$\{f(x)g(x)\}'=\lim_{h\to 0}\frac{f(x+h)g(x+h)-f(x)g(x)}{h}$$

$$=\lim_{h\to 0}\frac{f(x+h)g(x+h)-f(x)g(x+h)+f(x)g(x+h)-f(x)g(x)}{h}$$

$$=\lim_{h\to 0}\left\{\frac{f(x+h)-f(x)}{h}g(x+h)+f(x)\frac{g(x+h)-g(x)}{h}\right\}$$

ここで，$f(x)$，$g(x)$は微分可能であるから，

$$\lim_{h\to 0}\frac{f(x+h)-f(x)}{h}=f'(x),\quad \lim_{h\to 0}\frac{g(x+h)-g(x)}{h}=g'(x)$$

また，微分可能ならば連続であるから，

$$\lim_{h\to 0}g(x+h)=g(x)$$

よって，$\{f(x)g(x)\}'=f'(x)g(x)+f(x)g'(x)$である。

(2)　関数$f(x)=\sin x$は連続かつ微分可能で，

$$f'(x)=\cos x$$

区間$[a,\ b]$において平均値の定理を用いると，

$$\frac{\sin b-\sin a}{b-a}=\cos c,\ a<c<b$$を満たすcが存在する。

$0<a<c<b<\dfrac{\pi}{2}$より，$0<\cos c<1$

よって，$0<\dfrac{\sin b-\sin a}{b-a}<1$

$b-a>0$より，$0<\sin b-\sin a<b-a$である。

〈解説〉解答参照。

【3】(1) $\displaystyle\int_0^{2\pi}\cos^2\theta\,d\theta=\frac{1}{2}\int_0^{2\pi}(1+\cos2\theta)d\theta=\frac{1}{2}\Big[\theta+\frac{1}{2}\sin2\theta\Big]_0^{2\pi}=\pi$

$\displaystyle\int_0^{2\pi}\cos^3\theta\,d\theta=\int_0^{2\pi}(1-\sin^2\theta)\cos\theta\,d\theta$

$\displaystyle\qquad\qquad\quad=\Big[\sin\theta-\frac{1}{3}\sin^3\theta\Big]_0^{2\pi}=0$

(2) $\displaystyle V=\pi\int_0^{2\pi a}y^2dx,\ \ dx=a(1-\cos\theta)d\theta$,

x	$0\rightarrow2\pi a$
θ	$0\rightarrow2\pi$

であるから,

$\displaystyle V=\pi\int_0^{2\pi}a^2(1-\cos\theta)^2\cdot a(1-\cos\theta)d\theta=\pi a^3\int_0^{2\pi}(1-\cos\theta)^3d\theta$

$\displaystyle\quad=\pi a^3\int_0^{2\pi}(1-3\cos\theta+3\cos^2\theta-\cos^3\theta)d\theta$

ここで, $\displaystyle\int_0^{2\pi}d\theta=\Big[\theta\Big]_0^{2\pi}=2\pi$, $\displaystyle\int_0^{2\pi}\cos\theta\,d\theta=\Big[\sin\theta\Big]_0^{2\pi}=0$

また, (1)より, $V=\pi a^3(2\pi-0+3\pi-0)=5\pi^2a^3$

〈解説〉解答参照。

【4】a 最大公約数　　b 二元一次不定方程式の解　　c 整数解
〈解説〉「数学A」の内容の「(2)整数の性質」では,「整数の性質について
　　の理解を深め,それを事象の考察に活用できるようにする」として,
　　具体的には,「ア　約数と倍数」「イ　ユークリッドの互除法」「ウ
　　整数の性質の活用」で構成されている。必履修科目である「数学I」
　　で学習する数と式の内容は,実数,集合,式の展開と因数分解,一次
　　不等式学習である。どのように学習内容が発展しているかを確認して
　　おくこと。

【5】a カ　　b ソ　　c キ　　d サ　　e コ　　f ウ
〈解説〉高校で学習する「数学I,Ⅱ,Ⅲ,A,B」については,内容が
　　どのように構成されているか,確認しておくこと。特に,指数関数・

対数関数・微分積分での具体的な学習事項がどのように発展しているか(例えば，数学Ⅱでは常用対数，数学Ⅲでは自然対数までを学習するなど)を理解しておくこと。

【６】a　人間　　b　社会的有用性　　c　数理的に考察

〈解説〉選択式ではなく記述式なので，要注意である。「数学活用」の内容が，目標をうけて，「(1)　数学と人間の活動」「(2)　社会生活における数理的な考察」となっていることがヒントになるが，いずれの語句もキーワードであるので，この機会に確認しておくこと。

2015年度　実施問題

【中高共通】

【1】8人の生徒がいる。次の(1)・(2)の問いに答えなさい。

(1)　3人と5人のグループに分ける分け方は何通りあるか，求めなさい。

(2)　2人，3人，3人のグループに分ける分け方は何通りあるか，求めなさい。

(☆☆☆◎◎◎)

【2】点A(3，4，1)と球$(x-1)^2+(y-1)^2+z^2=4$上の点Pがある。線分APの長さの最小値を求めなさい。また，そのときの点Pの座標を求めなさい。

(☆☆☆◎◎◎)

【3】自然数Aを素因数分解したところ$A=2\times3^2\times a^2$となり，Aの約数の総和は5187となった。素数aを求めなさい。

(☆☆☆◎◎◎)

【4】正の実数からなる数列$\{a_n\}$の初項から第n項までの和をS_nとおく。数列$\{a_n\}$が$4S_n=a_n^2+4n(n=1，2，3，\cdots)$を満たすとき，次の(1)・(2)の問いに答えなさい。

(1)　a_1，a_2，a_3を求めなさい。

(2)　a_nを予想し，それが正しいことを数学的帰納法により証明しなさい。

(☆☆☆☆◎◎◎)

【5】 一直線上にない3点A，B，Cがある。点Pが$l\overrightarrow{AP}+m\overrightarrow{BP}+n\overrightarrow{CP}$ $=\vec{0}$ (l, m, nは実数，$l+m+n\neq0$)を満たし，か

つ線分BC上にあるとき，l, m, nの条件を求めなさい。

(☆☆☆◎◎◎)

【中学校】

【1】 濃度12％の食塩水100gが入った容器がある。この容器からxgの食塩水をくみ出す。その後，濃度8％の食塩水$\dfrac{x}{2}$gと水$\dfrac{x}{2}$gをこの容器に入れ，混ぜると濃度が10.4％の食塩水ができる。このときxの値を求めなさい。

(☆☆☆◎◎◎)

【2】 根号を含む式の計算の指導について，次の(1)・(2)の問いに答えなさい。
(1) 正の数a, bについて，$\sqrt{a}\times\sqrt{b}=\sqrt{a\times b}$となることを，$a=2$, $b=3$として，平方根の意味に基づいて確かめる過程を書きなさい。
(2) $\sqrt{2}+\sqrt{3}=\sqrt{2+3}$のように計算する生徒に対して，この計算が誤りであることを示すには，どのような説明が考えられるか。生徒に説明する内容を3通り書きなさい。

(☆☆☆☆◎◎◎)

【3】 次の図の∠C＝90°の直角三角形ABCについて，中学校の学習内容をもとに，三平方の定理の証明を2通り書きなさい。

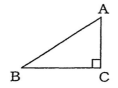

(☆☆☆◎◎◎)

【4】中学校学習指導要領「数学」の内容について，次の(1)・(2)の問い
に答えなさい。

(1) 次の文は，「第2 各学年の目標及び内容」における，第3学年の
「2 内容」の一部である。(a)～(e)にあてはまる語句を書き
なさい。

(1) 「A数と式」，「B図形」，「C関数」及び「D資料の活用」の学習
やそれらを相互に関連付けた学習において，次のような(a)に
取り組む機会を設けるものとする。

ア (b)を基にして，数や図形の性質などを見いだし，(c)
させる活動

イ (d)で数学を利用する活動

ウ (e)を用いて，根拠を明らかにし筋道立てて説明し伝え合
う活動

(2) 次の文は，「第2 各学年の目標及び内容」における，第1学年の
「3 内容の取扱い」の一部である。(a)～(e)にあてはまる語
句を，下のア～シの中からそれぞれ1つ選び，記号で答えなさい。

(1) 内容の「A数と式」の(1)に関連して，数の集合と四則計算の
(a)を取り扱うものとする。

(2) 内容の「A数と式」の(2)のエに関連して，大小関係を(b)を
用いて表すことを取り扱うものとする。

(3) 内容の「A数と式」の(3)のウに関連して，簡単な(c)を解く
ことを取り扱うものとする。

(6) 内容の「D資料の活用」の(1)に関連して，(d)や(e)，
$a \times 10^n$の形の表現を取り扱うものとする。

ア 近似値	イ 比例式	ウ 必要性
エ 意味の拡張	オ 不等号	カ 測定値
キ 誤差	ク 不等式	ケ 方程式
コ 可能性	サ 一次式	シ 有効数字

(☆☆☆◎◎◎)

【高等学校】

【1】 関数 $y＝x^2－2x+1－\dfrac{2}{x}+\dfrac{1}{x^2}$ がある。次の(1)・(2)の問いに答えなさい。

(1)　$x+\dfrac{1}{x}＝t$ とおくとき，y を t の式で表しなさい。

(2)　$x<0$ のとき y の最小値を求めなさい。また，そのときの x の値を求めなさい。

(☆☆☆◎◎◎)

【2】 次の(1)〜(3)の問いに答えなさい。

(1)　関数 $f(x)＝\log\tan\left(\dfrac{x}{2}+\dfrac{\pi}{2}\right)$ について，導関数 $f'(x)$ を $\sin x$ を用いて表しなさい。

(2)　不定積分 $\displaystyle\int e^{\frac{x}{2}}dx$ を求めなさい。

(3)　極方程式 $r^2－2r\sin\left(\theta－\dfrac{\pi}{3}\right)＝4$ によって表される円の中心と半径を求めなさい。ただし，円の中心は直交座標で表しなさい。

(☆☆☆◎◎◎)

【3】 曲線 $y＝\cos x\left(0\leqq x\leqq\dfrac{\pi}{2}\right)$ と x 軸および y 軸で囲まれた部分の面積を S とする。S が曲線 $y＝a\sin x\left(0\leqq x\leqq\dfrac{\pi}{2}\right)$ によって2等分されるとき，a の値を求めなさい。

(☆☆☆☆◎◎◎)

【4】 曲線 $C：y＝e^{x-n}$ について，次の(1)・(2)の問いに答えなさい。

(1)　点 $(n,\ 0)$ を通り，曲線 C に接する直線 l の方程式を求めなさい。

(2)　曲線 C，接線 l および直線 $x＝n$ で囲まれた部分を，x 軸の周りに1回転させてできる立体の体積を V とする。V は n の値に関わらず一定の値になることを示しなさい。

(☆☆☆☆◎◎◎)

【5】次の文は，高等学校学習指導要領「数学」の「第1　数学Ⅰ」「3　内容の取扱い」である。(ａ)〜(ｃ)にあてはまる語句を書きなさい。

(1)　内容の(1)(数と式)のア(数と集合)の(イ)(集合)については，簡単な(ａ)も扱うものとする。

(2)　内容の(2)(図形と計量)のア(三角比)の(イ)(鈍角の三角比)については，関連して(ｂ)を扱うものとする。

(3)　課題学習については，それぞれの内容との関連を踏まえ，(ｃ)を高めるよう適切な時期や場面に実施するとともに，実施に当たっては数学的活動を一層重視するものとする。

(☆☆☆◎◎◎)

【6】次の文は，高等学校学習指導要領「数学」の「第2　数学Ⅱ」「2　内容　(1)　いろいろな式」の一部である。(ａ)〜(ｄ)にあてはまる語句を語群より選び，記号で答えなさい。

整式の(ａ)及び分数式の(ｂ)について理解できるようにするとともに，等式や不等式が成り立つことを証明できるようにする。また，方程式についての理解を深め，数の範囲を(ｃ)まで拡張して二次方程式を解くこと及び(ｄ)を利用して高次方程式を解くことができるようにする。

語群　ア　実数　　　　イ　因数定理　　ウ　演算
　　　エ　四則計算　　オ　因数分解　　カ　乗法・除法
　　　キ　無理数　　　ク　計算　　　　ケ　複素数
　　　コ　整式の除法　サ　展開

(☆☆☆◎◎◎)

【7】次の文は，高等学校学習指導要領「数学」の「第5　数学Ｂ」「1　目標」である。(ａ)〜(ｃ)にあてはまる語句を書きなさい。

確率分布と(ａ)，数列又は(ｂ)について理解させ，基礎的な知識の習得と技能の習熟を図り，事象を数学的に考察し表現する能力を伸ばすとともに，それらを(ｃ)を育てる。

(☆☆☆◎◎◎)

解答・解説

【中高共通】

【１】(1)　$_8C_3=\dfrac{8\cdot7\cdot6}{3\cdot2\cdot1}=56$　　　よって56通り

(2)　$\dfrac{_8C_2\cdot{}_6C_3}{2!}=\dfrac{\dfrac{8\cdot7}{2\cdot1}\cdot\dfrac{6\cdot5\cdot4}{3\cdot2\cdot1}}{2}=280$　　　よって280通り

〈解説〉(1)　8人から3人を選ぶと，残りの5人は自動的に定まるから，分け方の総数は，$_8C_3=\dfrac{8\cdot7\cdot6}{3\cdot2\cdot1}=56$　　　よって56通り　　(2)　A(2人)，B(3人)，C(3人)の組に分ける方法は，$_8C_2\cdot{}_6C_3$通り。B，Cの区別をなくすと，同じものが2!通りずつできるから，分け方の総数は，$\dfrac{_8C_2\cdot{}_6C_3}{2!}$

$=\dfrac{\dfrac{8\cdot7}{2\cdot1}\cdot\dfrac{6\cdot5\cdot4}{3\cdot2\cdot1}}{2}=280$　　　よって280通り

【２】球の中心を点Cとおくと，C(1，1，0)となる。球の半径は2，点Aは球の外部にあるので，$AP\geqq AC-2=\sqrt{14}-2$　　　したがって，線分APの長さの最小値は$\sqrt{14}-2$　　　直線ACの方程式は，媒介変数tを用いて，

$\begin{cases}x=1+2t\\y=1+3t\\z=0+t\end{cases}$と表される。これを球の方程式に代入すると，

$(1+2t-1)^2+(1+3t-1)^2+t^2=4$　　　$14t^2=4$　　　$t=\pm\dfrac{\sqrt{14}}{7}$

したがって，直線ACと球の交点の座標は，

$\left(1-\dfrac{2\sqrt{14}}{7},\ 1-\dfrac{3\sqrt{14}}{7},\ -\dfrac{\sqrt{14}}{7}\right),\ \left(1+\dfrac{2\sqrt{14}}{7},\ 1+\dfrac{3\sqrt{14}}{7},\ \dfrac{\sqrt{14}}{7}\right)$

このうち，線分AC上にある交点が，APが最小となるときの点Pであり，それは$0<t<1$のときなので，$P\left(1+\dfrac{2\sqrt{14}}{7},\ 1+\dfrac{3\sqrt{14}}{7},\ \dfrac{\sqrt{14}}{7}\right)$

〈解説〉解答参照。

【３】条件より，Aの約数の総和は，$(1+2)(1+3+3^2)(1+a+a^2)$で求まるので，$39(1+a+a^2)=5187$　　　$a^2+a-132=0$　　　$(a+12)(a-11)=0$

$\therefore$　$a=-12,\ 11$

aは素数より，$a=11$

〈解説〉解答参照。

【4】(1)　$4S_n=a_n{}^2+4n$　$(n=1，2，3，\cdots)$　…①において，$n=1$とすると，$4S_1=a_1{}^2+4$　　$S_1=a_1$より，$4a_1=a_1{}^2+4$　　これを解くと，$a_1=2$　①において，$n=2$とすると，$4S_2=a_2{}^2+8$　　$S_2=a_1+a_2=2+a_2$より，$a_2{}^2-4a_2=0$　　これを解くと，$a_n>0$より，$a_2=4$　　①において，$n=3$とすると，$4S_3=a_3{}^2+12$　　$S_3=a_1+a_2+a_3=6+a_3$より，$a_3{}^2-4a_3-12=0$　　これを解くと，$a_n>0$より，$a_3=6$

(2)　(1)より，$a_n=2n$　…②と予想できる。

以下，帰納法により証明。

(i)　$n=1$のとき，

$a_1=2$となり，明らかに成り立つ。

(ii)　$n=k$のとき，②が成り立つと仮定する。

$n=k+1$のとき，①より，

$4S_{k+1}=a_{k+1}{}^2+4(k+1)$　…③　　①において，$n=k$とすると，

$4S_k=a_k{}^2+4k$　…④

③－④より，

$4(S_{k+1}-S_k)=a_{k+1}{}^2-a_k{}^2+4$

$4a_{k+1}=a_{k+1}{}^2-4k^2+4$

$a_{k+1}{}^2-4a_{k+1}-4k^2+4=0$

$\{a_{k+1}-2(k+1)\}\{a_{k+1}+2(k-1)\}=0$

$a_{k+1}>0$より，$a_{k+1}=2(k+1)$となり，

$n=k+1$のときも成り立つ。

(i)(ii)より，

全ての自然数nについて，$a_n=2n$は成り立つ。

〈解説〉(1)　解答参照。

(2)　(別解)　(1)から，すべての自然数nに対して，$a_n=2n\cdots[C]$と予想できる。以下，これを示す。

[1]　$n=1$のとき，(1)での計算から，$a_n=2$であり，[C]は成り立つ。

185

[2]　$n=k$において，[C]が成り立っているとき，$4S_{k+1}=a_{k+1}{}^2+4(k+1)$
という式は，$4(S_k+a_{k+1})=a_{k+1}{}^2+4(k+1)$　　$4(k(k+1)+a_{k+1})=a_{k+1}{}^2+4(k+1)$　　さらに，$a_{k+1}{}^2-4a_{k+1}+4(k+1)(1-k)=0$と変形できる。　これを$a_{k+1}$に関する二次方程式として見ると，
$(a_{k+1}-2(1-k))(a_{k+1}-2(k+1))=0$となり，正の解は，$a_{k+1}=2(k+1)$のみ。
したがって，$n=k+1$においても[C]は成り立つ。

[1]，[2]から，帰納的に，$a_n=2n$であることがわかる。

【5】$l\overrightarrow{\mathrm{AP}}+m\overrightarrow{\mathrm{BP}}+n\overrightarrow{\mathrm{CP}}=\overrightarrow{0}$，$\overrightarrow{\mathrm{BP}}=\overrightarrow{\mathrm{AP}}-\overrightarrow{\mathrm{AB}}$，$\overrightarrow{\mathrm{CP}}=\overrightarrow{\mathrm{AP}}-\overrightarrow{\mathrm{AC}}$
より，$(l+m+n)\overrightarrow{\mathrm{AP}}=m\overrightarrow{\mathrm{AB}}+n\overrightarrow{\mathrm{AC}}$

$l+m+n\neq0$より，$\overrightarrow{\mathrm{AP}}=\dfrac{m}{l+m+n}\overrightarrow{\mathrm{AB}}+\dfrac{n}{l+m+n}\overrightarrow{\mathrm{AC}}$

3点A，B，Cは同一直線上になく，点Pは線分BC上にあるので，

$\dfrac{m}{l+m+n}+\dfrac{n}{l+m+n}=1$　…①　　$\dfrac{m}{l+m+n}\geqq0$　…②

$\dfrac{n}{l+m+n}\geqq0$　…③　が成り立つ。

①より，$l=0$，$m+n\neq0$　…④　　$l=0$を②，③に代入する
と，$\dfrac{m}{m+n}\geqq0$，$\dfrac{n}{m+n}\geqq0$

したがって，$\begin{cases}m+n>0のとき，m\geqq0，n\geqq0\\m+n<0のとき，m\leqq0，n\leqq0\end{cases}$　…⑤

ゆえに④，⑤より求める条件は　$l=0$，$mn>0$　または，$l=m=0$，
$n\neq0$　または，$l=n=0$，$m\neq0$

〈解説〉解答参照。

【中学校】

【1】最初の食塩水に含まれる食塩の量は，$100\times\dfrac{12}{100}=12$〔g〕

くみ出されたxgの食塩水に含まれる食塩の量は，$x\times\dfrac{12}{100}=\dfrac{12x}{100}$〔g〕

濃度8％の食塩水$\dfrac{x}{2}$gに含まれる食塩の量は，$\dfrac{x}{2}\times\dfrac{8}{100}=\dfrac{4x}{100}$〔g〕

濃度10.4％の食塩水は100gだから，含まれる食塩の量は，$100 \times \dfrac{10.4}{100} =$ 10.4〔g〕　したがって，$12 - \dfrac{12x}{100} + \dfrac{4x}{100} = 10.4$が成り立つ。この方程式を解くと，$x = 20$

〈解説〉解答参照。

【2】(1)　$\sqrt{2} \times \sqrt{3}$を2乗すると，

$(\sqrt{2} \times \sqrt{3})^2 = (\sqrt{2} \times \sqrt{3}) \times (\sqrt{2} \times \sqrt{3})$

$\qquad\qquad = \sqrt{2} \times \sqrt{3} \times \sqrt{2} \times \sqrt{3}$

$\qquad\qquad = (\sqrt{2})^2 \times (\sqrt{3})^2$

$\qquad\qquad = 2 \times 3$

となるから，$\sqrt{2} \times \sqrt{3}$は，2×3の平方根の正の方である。

また，2×3の平方根の正の方は$\sqrt{2 \times 3}$である。

よって，$\sqrt{2} \times \sqrt{3} = \sqrt{2 \times 3}$となる。

(2)　(例1)　平方根の近似値を用いて説明する。

$\sqrt{2} = 1.41$，$\sqrt{3} = 1.73$，$\sqrt{5} = 2.23$とすると，

$\sqrt{2} + \sqrt{3} = 1.41 + 1.73 = 3.14$

よって，$\sqrt{2} + \sqrt{3} > \sqrt{5}$

つまり，$\sqrt{2} + \sqrt{3}$と$\sqrt{2+3}$は等しくない。

(例2)　それぞれの数を2乗して説明する。

$(\sqrt{2} + \sqrt{3})^2 = (\sqrt{2})^2 + 2 \times \sqrt{2} \times \sqrt{3} + (\sqrt{3})^2 = 5 + 2\sqrt{6}$

$(\sqrt{5})^2 = 5$だから，$(\sqrt{2} + \sqrt{3})^2 > (\sqrt{5})^2$

$\sqrt{2} + \sqrt{3} > 0$，$\sqrt{5} > 0$だから，

$\sqrt{2} + \sqrt{3} > \sqrt{5}$

つまり，$\sqrt{2} + \sqrt{3}$と$\sqrt{2+3}$は等しくない。

(例3)　図形を用いて説明する。

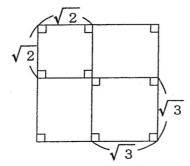

図のように，1辺が$\sqrt{2}$，$\sqrt{3}$の正方形をかき，1辺が$\sqrt{2}+\sqrt{3}$の正方形をつくる。

1辺が$\sqrt{2}+\sqrt{3}$の正方形の面積は$5+2\sqrt{6}$，1辺が$\sqrt{5}$の正方形の面積は5だから，$\sqrt{2}+\sqrt{3}>\sqrt{5}$

つまり，$\sqrt{2}+\sqrt{3}$と$\sqrt{2+3}$は等しくない。

〈解説〉(2)　一般的に，正の数a，bについて，$\sqrt{a}+\sqrt{b}=\sqrt{a+b}$のように計算してはいけないことは，$\sqrt{1}+\sqrt{1}=1+1=2\neq\sqrt{2}=\sqrt{1+1}$や，$\sqrt{2}+\sqrt{2}=2\sqrt{2}\neq2=\sqrt{4}=\sqrt{2+2}$の例から説明できる。

【3】(証明例)

直角三角形ABCで，BC$=a$，AC$=b$，AB$=c$とする。

次の図のように，直角三角形ABCと合同な三角形を，1辺がcの正方形のまわりにかき，1辺が$a+b$の正方形をつくる。

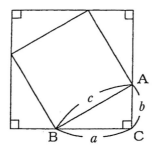

1辺がcの正方形の面積は,

(外側の正方形の面積)−(△ABCの面積)×4であるから,

$c^2 = (a+b)^2 - \dfrac{1}{2}ab \times 4$

$\quad = (a^2 + 2ab + b^2) - 2ab$

$\quad = a^2 + b^2$

したがって, $a^2 + b^2 = c^2$

(証明例)

次の図のように, 直角三角形ABCの頂点Cから斜辺ABに垂線CDを引く。

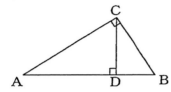

△ABC∽△ACDから,

AB：AC＝AC：AD

$\qquad$ AC^2＝AB×AD…①

△ABC∽△CBDから,

AB：CB＝BC：BD

$\qquad$ BC^2＝AB×BD…②

①, ②の両辺をそれぞれたすと,

AC^2＋BC^2＝AB×AD＋AB×BD

$\qquad\qquad$ ＝AB×(AD＋BD)

$\qquad\qquad$ ＝AB^2

したがって, AC^2＋BC^2＝AB^2

〈解説〉(その他の証明例)　直角三角形ABCで, BC＝a, AC＝b, AB＝cとする。直角三角形ABCと合同な三角形を下図のように並べると, 1辺がcの正方形の中に, 1辺が$a-b$の正方形ができる。(1辺が$a-b$の正方形の面積)＝(1辺がcの正方形の面積)−(△ABCの面積)×4　⇔　$(a-b)^2 = c^2 - \dfrac{1}{2}ab \times 4$　⇔　$a^2 - 2ab + b^2 = c^2 - 2ab$　⇔　$a^2 + b^2 = c^2$¥

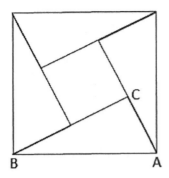

【４】(1)　a　数学的活動　　b　既習の数学　　c　発展　　d　日常生活や社会　　e　数学的な表現　　　(2)　a　コ　　b　ク　　c　イ　　d　キ　　e　ア

〈解説〉(1)　〔数学的活動〕の記述である。中学校学習指導要領では，第2学年と第3学年は同じ記述であるが，第1学年では以下のように定めている。「(1)　「A数と式」，「B図形」，「C関数」及び「D資料の活用」の学習やそれらを相互に関連付けた学習において，次のような数学的活動に取り組む機会を設けるものとする。　ア　既習の数学を基にして，数や図形の性質などを見いだす活動　イ　日常生活で数学を利用する活動　ウ　数学的な表現を用いて，自分なりに説明し伝え合う活動」

(2)　第1学年の内容の取扱いの(4)，(5)に関しては以下の通りである。「(4)　内容の「B図形」の(1)のアに関連して，円の接線はその接点を通る半径に垂直であることを取り扱うものとする。」「(5)　内容の「B図形」の(2)のイについては，見取図，展開図や投影図を取り扱うものとする。」　なお，第2学年，第3学年についても確認しておこう。

【高等学校】

【1】 (1) $y=\left(x+\dfrac{1}{x}\right)^2-2-2\left(x+\dfrac{1}{x}\right)+1=t^2-2t-1$

(2) $x<0$のとき，$-x>0$，$-\dfrac{1}{x}>0$

したがって，相加平均と相乗平均の関係より，

$(-x)+\left(-\dfrac{1}{x}\right)\geqq 2\sqrt{(-x)\cdot\left(-\dfrac{1}{x}\right)}=2$

ゆえに，$t=x+\dfrac{1}{x}\leqq-2$　　等号成立は，$-x=-\dfrac{1}{x}$　　すなわち，

$x=-1$のとき

したがって，$t\leqq-2$　　ここで，$y=t^2-2t-1=(t-1)^2-2$　なので，

$t=-2$のときyは最小となる。

したがって，最小値7，そのときのxの値は-1である。

〈解説〉解答参照。

【2】 (1) $f'(x)=\dfrac{1}{\tan\left(\dfrac{x}{2}+\dfrac{\pi}{2}\right)}\cdot\dfrac{1}{\cos^2\left(\dfrac{x}{2}+\dfrac{\pi}{2}\right)}\cdot\dfrac{1}{2}=\dfrac{\cos\left(\dfrac{x}{2}+\dfrac{\pi}{2}\right)}{\sin\left(\dfrac{x}{2}+\dfrac{\pi}{2}\right)}\cdot\dfrac{1}{\sin^2\dfrac{x}{2}}$

$\cdot\dfrac{1}{2}=\dfrac{\sin\dfrac{x}{2}}{\cos\dfrac{x}{2}}\dfrac{1}{\sin^2\dfrac{x}{2}}\cdot\dfrac{1}{2}=-\dfrac{1}{2\sin\dfrac{x}{2}\cos\dfrac{x}{2}}=-\dfrac{1}{\sin x}$

(2) $\sqrt{x}=t$とおくと，$dx=2tdt$

$\displaystyle\int e^{\sqrt{x}}dx=\int 2te^t dt=\int 2t\cdot(e^t)'dt=2te^t-2\int e^t dt=2te^t-2e^t+C$

$=2(\sqrt{x}-1)e^{\sqrt{x}}+C$　（Cは積分定数）　　(3) $r^2-2r\sin\left(\theta-\dfrac{\pi}{3}\right)=4$

$r^2-2r\left(\sin\theta\cos\dfrac{\pi}{3}-\cos\theta\sin\dfrac{\pi}{3}\right)=4$

よって，$r^2-r\sin\theta+\sqrt{3}r\cos\theta=4$

$r^2=x^2+y^2$，$r\cos\theta=x$，$r\sin\theta=y$を代入して整理すると，

$\left(x+\dfrac{\sqrt{3}}{2}\right)^2+\left(y-\dfrac{1}{2}\right)^2=5$

よって，中心$\left(-\dfrac{\sqrt{3}}{2},\ \dfrac{1}{2}\right)$，半径$\sqrt{5}$

〈解説〉解答参照。

【３】$S=\displaystyle\int_0^{\frac{\pi}{2}}\cos x\,dx=\Big[\sin x\Big]_0^{\frac{\pi}{2}}=1$　　$y=\cos x$と，$y=a\sin x$の交点のx座標を，

$\alpha\left(0<\alpha<\dfrac{\pi}{2}\right)$　とすると，$\cos\alpha=a\sin\alpha$　…①

これを，$\sin^2\alpha+\cos^2\alpha=1$に代入して，$\sin^2\alpha+a^2\sin^2\alpha=1$

$\sin\alpha>0$であるから，$\sin\alpha=\dfrac{1}{\sqrt{a^2+1}}$　…②

$\displaystyle\int_0^\alpha(\cos x-a\sin x)dx=\Big[\sin x+a\cos x\Big]_0^\alpha=\dfrac{1}{2}$　　$\sin\alpha+a\cos\alpha-a=\dfrac{1}{2}$

①より，$(a^2+1)\sin\alpha-a=\dfrac{1}{2}$　　②を代入して，$\dfrac{a^2+1}{\sqrt{a^2+1}}=a+\dfrac{1}{2}$

よって，$a=\dfrac{3}{4}$

〈解説〉解答参照。

【４】(1)　$y'=e^{x-n}$であるから，接点の座標を$(t,\ e^{t-n})$とすると，接線の方

程式は，$y=e^{t-n}(x-t)+e^{t-n}$

点$(n,\ 0)$を通るので，$0=e^{t-n}(n-t)+e^{t-n}$

$e^{t-n}(n-t+1)=0$を解いて，$t=n+1$

よってlの方程式は，$y=e(x-n)$

(2)　(1)より，$V=\pi\displaystyle\int_n^{n+1}\{(e^{x-n})^2-e^2(x-n)^2\}dx$

$=\pi\left[\dfrac{1}{2}e^{2x-2n}-\dfrac{e^2}{3}(x-n)^3\right]_n^{n+1}=\dfrac{\pi}{6}(e^2-3)$　（一定）

〈解説〉解答参照。

【５】a　命題の証明　　b　0°，90°，180°の三角比　　c　学習効果

〈解説〉a　簡単な命題の証明とは，対偶を利用した証明や背理法による
証明などの考え方が容易に理解できるもの，と解説(第2章第1節3　(1))
で述べられている。　　b　鈍角の三角比では，三角比を鈍角や0°，90°，
180°の場合まで拡張する。その際，鈍角の三角比の考え方に重点を置
く。また，鈍角までの三角比についての相互関係を扱い，90°までの三
角比の表を用いて鈍角の三角比の値が求められることを理解させる，

と解説(第2章第1節3 (2))で述べられている。 c 解説(第2章第1節3 (5))では，課題学習の実施については，内容との関連を踏まえ，適切な時期や場面を考慮することが大切である。必ずしも，それぞれの項目の終りに実施する必要はなく，複数の項目にわたる課題を学習したり，場合によってはより早い時期に課題学習を行いそれ以後の内容ではどのようなことを学習するのかを感じ取らせ，関心や意欲をもって学習を進めさせることも可能である，と述べている。高等学校学習指導要領では，数学Ⅰの目標が以下のように定められている。「数と式，図形と計量，二次関数及びデータの分析について理解させ，基礎的な知識の習得と技能の習熟を図り，事象を数学的に考察する能力を培い，数学のよさを認識できるようにするとともに，それらを活用する態度を育てる。」この目標から，内容と内容の取扱いが構成されているので，個々の記述を熟読して理解しておこう。

【6】a カ b エ c ケ d オ
〈解説〉高等学校学習指導要領では，数学Ⅱの内容に関して，「(1) いろいろな式」の他に，「(2) 図形と方程式」，「(3) 指数関数・対数関数」，「(4) 三角関数」，「(5) 微分・積分の考え」を定めている。(1)以外も確認しておこう。

【7】a 統計的な推測 b ベクトル c 活用する態度
〈解説〉各科目の目標は，教科の目標とともに重要である。高等学校学習指導要領では，数学Ⅱ，数学Ⅲ，数学A，数学活用に関する目標を以下のように定めている。数学Ⅱ「いろいろな式，図形と方程式，指数関数・対数関数，三角関数及び微分・積分の考えについて理解させ，基礎的な知識の習得と技能の習熟を図り，事象を数学的に考察し表現する能力を養うとともに，それらを活用する態度を育てる。」，数学Ⅲ「平面上の曲線と複素数平面，極限，微分法及び積分法についての理解を深め，知識の習得と技能の習熟を図り，事象を数学的に考察し表現する能力を伸ばすとともに，それらを積極的に活用する態度を育て

る。」，数学A「場合の数と確率，整数の性質又は図形の性質について
理解させ，基礎的な知識の習得と技能の習熟を図り，事象を数学的に
考察する能力を養い，数学のよさを認識できるようにするとともに，
それらを活用する態度を育てる。」，数学活用「数学と人間とのかかわ
りや数学の社会的有用性についての認識を深めるとともに，事象を数
理的に考察する能力を養い，数学を積極的に活用する態度を育てる。」

2014年度　実施問題

【中高共通】

【1】 実数x，yが$x^2+y^2=9$を満たすとき，x^2-y^2+4xの最大値と最小値を求めなさい。また，そのときのx，yの値を求めなさい。

(☆☆☆◎◎◎)

【2】 不定方程式$3x+2y=1$の整数解の1組が$x=3$，$y=-4$であることを用いて，不定方程式$3x+2y=4$の整数解をすべて求めなさい。

(☆☆☆◎◎◎)

【3】 1辺の長さがaの正四面体ABCDの体積をVとする。次の(1)・(2)の問いに答えなさい。
(1) 体積Vを求めなさい。
(2) この正四面体に内接する球の半径rを求めなさい。

(☆☆☆◎◎◎)

【4】 a，b，cを0でない実数とし，$\dfrac{a+b+c}{a}=\dfrac{a+b+c}{b}=\dfrac{a+b+c}{c}$ のとき，$\dfrac{(b+c)(c+a)(a+b)}{abc}$ の値を求めなさい。

(☆☆☆◎◎◎)

【5】 等式$f(x)=x^2-x\displaystyle\int_0^1 f(t)dt+2\int_0^x f'(t)dt$を満たす関数$f(x)$を求めなさい。

(☆☆☆◎◎◎)

【6】 次の条件によって定められる数列$\{a_n\}$がある。あとの(1)・(2)の問いに答えなさい。

$a_1=2$，$(2n+2)a_n-na_{n+1}=0$　$(n=1, 2, 3, \cdots\cdots)$

(1)　一般項a_nを求めなさい。

(2)　$\displaystyle\sum_{k=1}^{n} a_k$を求めなさい。

(☆☆☆◎◎◎)

【中学校】

【1】「△ABCにおいて，∠Aの二等分線と辺BCとの交点をDとするとき，AB：AC＝BD：DCが成り立つ」ことを，次の(1)・(2)の方法で，それぞれ証明しなさい。

(1)　三角形の面積比，合同な図形の性質を活用する方法

(2)　相似な図形の性質を活用する方法

(☆☆☆◎◎◎)

【2】「1辺にx個ずつ碁石を並べて正三角形をつくるとき，碁石全部の個数をxを使った式で表しなさい。」という問題に対し，次の図にあるように，生徒が考え方を図に示し解答した。その他の考え方と式を，生徒の解答のように，5つ示しなさい。

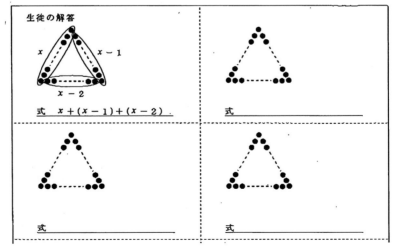

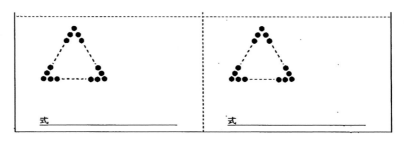

式 _____ | 式 _____

(☆☆☆◎◎◎)

【3】 中学校学習指導要領「数学」の内容について，次の(1)・(2)の問い
に答えなさい。

(1) 次の文は，「第2 各学年の目標及び内容」における，各学年の
「1 目標」の一部である。(a)〜(e)にあてはまる語句を書き
なさい。

第1学年	(3) 具体的な事象を調べることを通して，比例，反比例についての理解を深めるとともに，(a)を見いだし表現し考察する能力を培う。
第2学年	(4) (b)を調べることを通して，(c)について理解し用いる能力を培う。
第3学年	(2) 図形の相似，(d)の関係や三平方の定理について，観察，操作や実験などの活動を通して理解し，それらを図形の性質の考察や計量に用いる能力を伸ばすとともに，図形について(e)をもって論理的に考察し表現する能力を伸ばす。

(2) 次の文は，「第3 指導計画の作成と内容の取扱い」の一部である。
(f)〜(j)にあてはまる語句を，あとのア〜シの中からそれぞ
れ1つ選び，記号で答えなさい。

4 (f)とは，生徒の(g)への取組を促し思考力，(h)力，
表現力等の育成を図るため，各領域の内容を総合したり(i)や
他教科等での学習に関連付けたりするなどして見いだした課題を
解決する学習であり，この実施に当たっては(j)で指導計画に
適切に位置付けるものとする。

ア	各学校	イ	学習活動	ウ	課題学習
エ	既習の内容	オ	発展的な学習	カ	判断
キ	各学年	ク	数学的活動	ケ	理解
コ	日常の事象	サ	選択	シ	各単元

(☆☆☆◎◎◎)

【高等学校】

【１】 次の(1)・(2)の問いに答えなさい。

(1) $(-1+\sqrt{3}\ i)^{12}$の値をド・モアブルの定理を用いて求めなさい。

(2) 導関数の定義にしたがって，$\sin x$の導関数を求めなさい。

(☆☆☆◎◎◎)

【２】 定積分$I_n=\displaystyle\int_0^{\frac{\pi}{2}}\sin^n x dx$がある。($n$は0または正の整数)

次の(1)・(2)の問いに答えなさい。

(1) $n\geqq2$のとき，I_nとI_{n-2}の関係式を求めなさい。

(2) I_nを求めなさい。

(☆☆☆◎◎◎)

【３】 曲線$y=x^3$とx軸および2直線$x=1$，$x=3$で囲まれた部分の面積Sを区分求積法を用いて求めなさい。

(☆☆☆◎◎◎)

【４】 高等学校学習指導要領「数学」について，(1)〜(3)の問いに答えなさい。

(1) 次の文は，「第2　数学Ⅱ」「2　内容　(5)微分・積分の考え」の一部である。（　a　）〜（　c　）に当てはまる語句を書きなさい。

ア　微分の考え

(イ)導関数の応用

導関数を用いて関数の値の（　a　）や（　b　）を調べ，グラフの概形をかくこと。

198

また，微分の考えを（　c　）に活用すること。

(2)　次の文は，「第4　数学A」「1　目標」である。（　a　）～（　c　）に当てはまる語句を書きなさい。

　　場合の数と確率，（　a　）又は図形の性質について理解させ，基礎的な知識の習得と（　b　）の習熟を図り，事象を数学的に考察する能力を養い，数学の（　c　）を認識できるようにするとともに，それらを活用する態度を育てる。

(3)　次の文は，「第3款　各科目にわたる指導計画の作成と内容の取扱い」の一部である。（　a　）～（　d　）に当てはまる語句を語群より選び，記号で答えなさい。

3　指導に当たっては，各科目の特質に応じ（　a　）を重視し，数学を学習する意義などを実感できるようにするとともに，次の事項に配慮するものとする。

(1)　自ら（　b　）を見いだし，（　c　）するための構想を立て，（　d　）し，その過程を振り返って得られた結果の意義を考えたり，それを発展させたりすること。

語群

ア　解決　　　　　イ　問題　　　　　ウ　思考

エ　数学的活動　　オ　数学的考察　　カ　考察・処理

キ　解答過程　　　ク　解説　　　　　ケ　計算

コ　課題

（☆☆☆○○○）

解答・解説

【中高共通】

【 1 】 $x^2+y^2=9$ から $y^2=9-x^2\cdots\cdots$①

$y^2\geqq0$ であるから $9-x^2\geqq0$

よって, $(x+3)(x-3)\leqq0$

ゆえに, $-3\leqq x\leqq3\cdots\cdots$②

$x^2-y^2+4x=x^2-(9-x^2)+4x=2x^2+4x-9=2(x+1)^2-11$

よって, ②の範囲の x について, x^2-y^2+4x は $x=3$ で最大値21, $x=-1$ で最小値 -11 をとる。

①から $x=3$ のとき, $y^2=0$ よって, $y=0$

$x=-1$ のとき, $y^2=8$ よって, $y=\pm2\sqrt{2}$

したがって, $x=3$, $y=0$ で最大値21

$x=-1$, $y=\pm2\sqrt{2}$ で最小値 -11

〈解説〉(1) $x^2+y^2=9$ という条件から, $y^2=9-x^2$ …①と変形する。このとき, $y^2\geqq0$ より, $9-x^2\geqq0$ なので, $-3\leqq x\leqq3$ となることに注意する。あとは x^2-y^2+4x に①を代入し, x の2次関数にして, $-3\leqq x\leqq3$ の範囲で最大値, 最小値を求めればよい。

【 2 】 $3x+2y=1\cdots\cdots$①

$3x+2y=4\cdots\cdots$② とおく。

$x=3$, $y=-4$ を①に代入すると

$3\times3+2\times(-4)=1\cdots\cdots$③

③の両辺を4倍すると

$3\times12+2\times(-16)=4\cdots\cdots$④

②から④を引いて

$3(x-12)+2(y+16)=0$

$3(x-12)=2(-y-16)\cdots\cdots$⑤

3と2は互いに素であるから

$x-12$は2の倍数である。

よって，$x-12=2k(k$は整数)

⑤に代入して，$-y-16=3k$

したがって，求める解は，

$x=12+2k,\ y=-16-3k(k$は整数)

〈解説〉1次不定方程式は，1組の整数解を見つけることで，すべての整数解を求めることができる。この問題では，整数解が与えられているので，それらを$3x+2y=1$に代入して，$3\cdot3+2\cdot(-4)=1$

ここで，両辺を4倍して$3\cdot12+2\cdot(-16)=4$ …①

$3x+2y=4$から①を引いて，$3(x-12)=2(-y-16)$と変形する。3と2が互いに素であることと，等式が成り立っていることから，$x-12$は2の倍数，$-y-16$は$x-12$の$\dfrac{3}{2}$倍となる。このことからすべての解が求められる。

【3】(1) 正四面体ABCDの頂点Aから底面△BCDに垂線AHを下ろすと，Hは△BCDの外接円の中心となる。

△BCDに正弦定理を使うと，$\dfrac{a}{\sin60°}=2BH$

よって，$BH=\dfrac{a}{2\sin60°}=\dfrac{a}{\sqrt{3}}$

ゆえに，$AH=\sqrt{AB^2-BH^2}=\sqrt{a^2-\left(\dfrac{a}{\sqrt{3}}\right)^2}=\sqrt{\dfrac{2}{3}}a$

△BCDの面積Sは

$S=\dfrac{1}{2}\cdot a\cdot a\cdot\sin60°=\dfrac{1}{2}\cdot a\cdot a\cdot\dfrac{\sqrt{3}}{2}=\dfrac{\sqrt{3}}{4}a^2$

したがって，正四面体ABCDの体積Vは

$V=\dfrac{1}{3}\times\dfrac{\sqrt{3}}{4}a^2\times\sqrt{\dfrac{2}{3}}a=\dfrac{\sqrt{2}}{12}a^3$

(2) $V=\dfrac{1}{3}r(\triangle ABC+\triangle ACD+\triangle ABD+\triangle BCD)$で，

△ABC＝△ACD＝△ABD＝△BCDであるから

$V=\dfrac{1}{3}r\times4\triangle BCD$

よって，$\dfrac{\sqrt{2}}{12}a^3 = \dfrac{1}{3}r \times 4 \cdot \dfrac{\sqrt{3}}{4}a^2$

これを解いて，$r = \dfrac{\sqrt{6}}{12}a$

〈解説〉(1)　[別解]　正四面体ABCDの頂点Aから底面の△BCDに垂線AH

を下ろすと，Hは△BCDの重心になるので，$BH = \dfrac{\sqrt{3}}{3}a$　△ABHに対

して，三平方の定理を用いると，$AH = \sqrt{a^2 - \dfrac{3}{9}a^2} = \dfrac{\sqrt{6}}{3}a$　△BCDは正三

角形なので，面積は$\dfrac{\sqrt{3}}{4}a^2$

よって，正四面体ABCDの体積Vは，$V = \dfrac{1}{3} \times \dfrac{\sqrt{3}}{4}a^2 \times \dfrac{\sqrt{6}}{3}a = \dfrac{\sqrt{2}}{12}a^3$

(2)　解答参照。

【4】$\dfrac{a+b+c}{a} = \dfrac{a+b+c}{b} = \dfrac{a+b+c}{c} = k$とおくと，

$\begin{cases} a+b+c = ak \\ a+b+c = bk \\ a+b+c = ck \end{cases}$

辺々を加えて$3(a+b+c) = k(a+b+c)$

よって，$(a+b+c)(k-3) = 0$

ゆえに，$a+b+c = 0$または$k = 3$

(i)　$a+b+c = 0$のとき

$b+c = -a$，$c+a = -b$，$a+b = -c$であるから

$\dfrac{(b+c)(c+a)(a+b)}{abc} = \dfrac{(-a)(-b)(-c)}{abc} = -1$

(ii)　$k = 3$のとき

$a+b = 2c$，$b+c = 2a$，$c+a = 2b$であるから

$\dfrac{(b+c)(c+a)(a+b)}{abc} = \dfrac{2a \cdot 2b \cdot 2c}{abc} = 8$

〈解説〉この問題では，初めに条件の3つの文字式についての等式をk(実

数)とおくことがポイントになる。kとおいた3つの式を連立して解いて，

$a+b+c=0$, $k=3$を得る。あとは場合分けしてそれぞれの値を求めればよい。

【5】 $f(x)=x^2-x\displaystyle\int_0^1 f(t)dt+2\int_0^x f'(t)dt$

$=x^2-x\displaystyle\int_0^1 f(t)dt+2f(x)-2f(0)$

ゆえに，$f(x)=-x^2+x\displaystyle\int_0^1 f(t)dt+2f(0)$

$\displaystyle\int_0^1 f(t)dt=k(k$は定数)とおき，

$x=0$を代入すると$f(0)=-0^2+0\cdot k+2f(0)$

よって，$f(0)=0$

ゆえに$f(x)=-x^2+kx$と表せるから

$\displaystyle\int_0^1 f(t)dt=\int_0^1(-t^2+kx)dt=\left[-\frac{t^3}{3}+\frac{k}{2}t^2\right]_0^1=-\frac{1}{2}+\frac{k}{2}$

よって，$k=-\dfrac{1}{3}+\dfrac{k}{2}$から $k=-\dfrac{2}{3}$

したがって$f(x)=-x^2-\dfrac{2}{3}x$

〈解説〉この問題では，$\displaystyle\int_0^1 f(t)dt$を求めるところがポイントである。

$\displaystyle\int_0^1 f(t)dt$は定数なので，$\displaystyle\int_0^1 f(t)dt=k$(定数)とおき，$f(x)$の計算をすると，

$f(x)=-x^2+kx$と表せる。あとは$\displaystyle\int_0^1 f(t)dt$に代入して計算すればよい。

【6】 (1) $(2n+2)a_n-na_{n+1}=0$より，

$(2n+2)a_n=na_{n+1}$の両辺を$n(n+1)$で割ると

$\dfrac{a_{n+1}}{n+1}=2\cdot\dfrac{a_n}{n}$

したがって，数列$\left\{\dfrac{a_n}{n}\right\}$は初項$\dfrac{a_1}{1}$，公比2の等比数列であるから

$\dfrac{a_n}{n}=a_1\cdot 2^{n-1}$

$a_1=2$より$a_n=n\cdot 2^n$

(2)　$S = 1 \cdot 2^1 + 2 \cdot 2^2 + 3 \cdot 2^3 + 4 \cdot 2^4 + \cdots\cdots + n \cdot 2^n$ とおくと

$2S = 1 \cdot 2^2 + 2 \cdot 2^3 + 3 \cdot 2^4 + \cdots\cdots + (n-1) \cdot 2^n + n \cdot 2^{n+1}$

この2式の辺々を引いて

$-S = 1 \cdot 2^1 + 2^2 + 2^3 + 2^4 + \cdots\cdots + 2^n - n \cdot 2^{n+1}$

$ = \dfrac{2(2^n-1)}{2-1} - n \cdot 2^{n+1}$

$ = (1-n) \cdot 2^{n+1} - 2$

したがって，$\displaystyle\sum_{k=1}^{n} a_k = S = (n-1) \cdot 2^{n+1} + 2$

〈解説〉[別解]　(1)　$\dfrac{a_n}{a_{n-1}} \cdot \dfrac{a_{n-1}}{a_{n-2}} \cdot \cdots \cdot \dfrac{a_3}{a_2} \cdot \dfrac{a_2}{a_1}$

$= \dfrac{2n}{n-1} \cdot \dfrac{2(n-1)}{n-2} \cdot \cdots \cdot \dfrac{2 \times 3}{2} \cdot \dfrac{2 \times 2}{1}$

よって，$\dfrac{a_n}{a_1} = n \cdot 2^{n-1}$　　$a_1 = 2$ なので，$a_n = n \cdot 2^n$

【中学校】

【1】(1)　(証明)

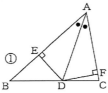

点Dから，直線AB，ACに引いた垂線をそれぞれDE，DFとする。

△AEDと△AFDで

∠DEA＝∠DFA＝90°…①

AD＝AD(共通)…②

仮定より

∠DAE＝∠DAF…③

①，②，③より，直角三角形の斜辺と1つの鋭角がそれぞれ等しいから，

△AED≡△AFD

よって，DE＝DF

204

△ABDと△ACDで，底辺をそれぞれAB，ACとして考えると，高さが
DE＝DFで等しいから，

△ABD：△ACD＝AB：AC…④

また，△ABDと△ACDで，底辺をそれぞれBD，DCとして考えると，
高さが等しいから，

△ABD：△ACD＝BD：DC…⑤

④，⑤より，AB：AC＝BD：DC

(2)　(証明)

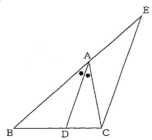

点Cを通り，直線ADと平行な直線と辺BAの延長との交点をEとする。

AD//ECから

∠BAD＝∠AEC(同位角)

∠DAC＝∠ACE(錯角)

仮定より，∠BAD＝∠DACだから，

∠AEC＝∠ACE

よって，△ACEは二等辺三角形だから，

AE＝AC…①

△BCEにおいて，AD//ECだから，

BA：AE＝BD：DC…②

①，②より，AB：AC＝BD：DC

〈解説〉角の二等分線と三角形の辺の比についての重要な定理についての
　　　問題である。教科書にものっているので，証明法は覚えておきたい。
　　　(1)について，ポイントとなるのは，点Dから辺AB，ACに垂線を引く
　　　ところである。そこから，直角三角形の合同と，高さの等しい三角形

の面積比は底辺の比に等しいことを利用して定理を導く流れになる。

(2)について，ポイントとなるのは，点Cを通り，線分ADと平行な直線を引くところである。補助線を引くのは慣れていないとなかなか難しいが，問題に定理を導くのに利用する方法がヒントとして挙げられているので，そこから逆算して考えてみるとよい。

【２】

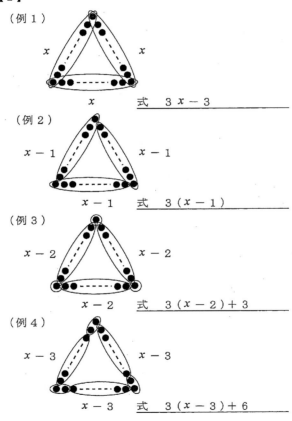

（例１）

x　　　x

x　　式　３x－３

（例２）

$x－1$　　　$x－1$

$x－1$　　式　３（$x－1$）

（例３）

$x－2$　　　$x－2$

$x－2$　　式　３（$x－2$）＋３

（例４）

$x－3$　　　$x－3$

$x－3$　　式　３（$x－3$）＋６

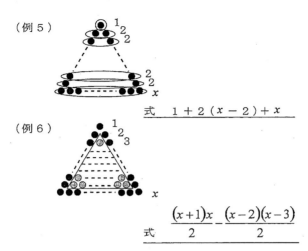

（例5）

式　$1+2(x-2)+x$

（例6）

式　$\dfrac{(x+1)x}{2}-\dfrac{(x-2)(x-3)}{2}$

〈解説〉解答参照。

【3】(1)　a　関数関係　　b　不確定な事象　　c　確率　　d　円周率
と中心角　　e　見通し　　(2)　f　ウ　g　ク　h　カ　i　コ
j　キ

〈解説〉(1)　各学年の目標は，数と式，図形，関数，資料の活用の4項目
について記されているので，各項目が学年を追ってどのように発展し
ているかを確認しておこう。　(2)　「指導計画の作成と内容の取扱い」
には本問の他に(1)〜(3)があるのであわせて確認しておこう。なお，空
欄の用語はキーワードであるので選択式でなくても正確に書けるよう
にしておくこと。

【高等学校】

【1】(1)　$(-1+\sqrt{3}\,i)^{12}=2^{12}\left(\cos\dfrac{2}{3}\pi+i\sin\dfrac{2}{3}\pi\right)^{12}=2^{12}(\cos 8\pi+i\sin 8\pi)$
$=4096$

(2)　$(\sin x)'=\displaystyle\lim_{h\to 0}\dfrac{\sin(x+h)-\sin x}{h}$

$=\displaystyle\lim_{h\to 0}\dfrac{\sin x\cdot\cos h+\cos x\cdot\sin h-\sin x}{h}$

$$= \lim_{h \to 0} \frac{\cos x \cdot \sin h - \sin x(1 - \cos h)}{h}$$

$$= \lim_{h \to 0} \left(\cos x \frac{\sin h}{h} - \sin x \frac{1 - \cos h}{h} \right)$$

ここで，$\displaystyle \lim_{h \to 0} \frac{1 - \cos h}{h} = \lim_{h \to 0} \frac{\sin h}{h} \cdot \frac{\sin h}{1 + \cos h} = 0$

したがって，$(\sin x)' = (\cos x) \cdot 1 - (\sin x) \cdot 0 = \cos x$

〈解説〉(1)　$-1 + \sqrt{3}\,i = 2\left(-\frac{1}{2} + \frac{\sqrt{3}}{2}i \right) = 2\left(\cos \frac{2}{3}\pi + i\sin \frac{2}{3}\pi \right)$

ド・モアブルの定理より，

$$(-1 + \sqrt{3}\,i)^{12} = 2^{12}\left(-\frac{1}{2} + \frac{\sqrt{3}}{2}i \right)^{12} = 2^{12}\left(\cos \frac{2}{3}\pi + i\sin \frac{2}{3}\pi \right)^{12}$$

$$= 2^{12}(\cos 2\pi + i\sin 2\pi)^4$$

$$= 2^{12} = 4096$$

※ド・モアブルの定理

nを整数とするとき，$(\cos\theta + i\sin\theta)^n = (\cos n\theta + i\sin n\theta)$が成り立つ。

(2)　$\displaystyle \lim_{h \to 0} \frac{\sin(x+h) - \sin x}{h} = \lim_{h \to 0} \frac{\sin x\cos h + \cos x\sin h - \sin x}{h}$

$$= \lim_{h \to 0} \frac{\sin x(\cos h - 1)}{h} + \lim_{h \to 0} \cos x \frac{\sin h}{h} = \cos x$$

※$\displaystyle \lim_{h \to 0} \frac{\sin h}{h} = 1$は必ず覚えておくこと。なお，$\displaystyle \lim_{h \to 0} \frac{\cos h - 1}{h}$

$$= -\lim_{h \to 0} 2 \cdot \frac{\sin^2 \frac{h}{2}}{h} = -\lim_{h \to 0} \frac{\sin^2 \frac{h}{2}}{\left(\frac{h}{2} \right)^2} \cdot \frac{h}{2} = -1 \cdot 0 = 0 \text{である。}$$

【2】(1)　$n \geqq 2$のとき，$\displaystyle I_n = \int_0^{\frac{\pi}{2}} \sin^n x\,dx = \int_0^{\frac{\pi}{2}} \sin^{n-1}x \cdot \sin x\,dx$

$$= \left[-\sin^{n-1}x \cdot \cos x \right]_0^{\frac{\pi}{2}} + (n-1)\int_0^{\frac{\pi}{2}} \sin^{n-2}x \cdot \cos^2 x\,dx$$

$$= (n-1)\int_0^{\frac{\pi}{2}} \sin^{n-2}x \cdot (1 - \sin^2 x)\,dx$$

$$= (n-1)\left(\int_0^{\frac{\pi}{2}} \sin^{n-2}x\,dx - \int_0^{\frac{\pi}{2}} \sin^n x\,dx \right)$$

$$= (n-1)(I_{n-2} - I_n)$$

したがって，$\displaystyle I_n = \frac{n-1}{n}I_{n-2}$

(2)　$n=0$ のとき，$I_0=\displaystyle\int_0^{\frac{\pi}{2}}1dx=\dfrac{\pi}{2}$　…(i)

$n=1$ のとき，$I_1=\displaystyle\int_0^{\frac{\pi}{2}}\sin x\,dx=1$　…(ii)

したがって，n が偶数のとき，$I_n=\dfrac{n-1}{n}\cdot\dfrac{n-3}{n-2}\cdots\dfrac{3}{4}\cdot\dfrac{1}{2}\cdot\dfrac{\pi}{2}$　…(iii)

n が奇数のとき，$I_n=\dfrac{n-1}{n}\cdot\dfrac{n-3}{n-2}\cdots\dfrac{4}{5}\cdot\dfrac{2}{3}\cdot1$　…(iv)

〈解説〉I_n は，n が偶数か奇数かによって値が変わってくるので，n が偶数のときと，n が奇数のときで場合分けをしなければならないことに注意する。

【3】区間$[1,3]$を$2n$等分して考えると，

$$S=\lim_{n\to\infty}\dfrac{2}{2n}\left\{\left(1+\dfrac{1}{n}\right)^3+\left(1+\dfrac{2}{n}\right)^3+\cdots+\left(1+\dfrac{2n}{n}\right)^3\right\}$$

$$=\lim_{n\to\infty}\dfrac{1}{n}\left\{\left(\dfrac{n+1}{n}\right)^3+\left(\dfrac{n+2}{n}\right)^3+\cdots+\left(\dfrac{3n}{n}\right)^3\right\}$$

$$=\lim_{n\to\infty}\dfrac{1}{n^4}\{(n+1)^3+(n+2)^3+\cdots+(3n)^3\}$$

$$=\lim_{n\to\infty}\dfrac{1}{n^4}\left[\left\{\dfrac{1}{2}\cdot3n(3n+1)\right\}^2-\left\{\dfrac{1}{2}n(n+1)\right\}^2\right]$$

$$=\lim_{n\to\infty}\dfrac{1}{4n^4}\left\{9n^2(3n+1)^2-n^2(n+1)^2\right\}$$

$$=\lim_{n\to\infty}\dfrac{1}{4}\left\{9\left(3+\dfrac{1}{n}\right)^2-\left(1+\dfrac{1}{n}\right)^2\right\}$$

$$=20$$

〈解説〉求める面積や体積を，積分する区間を細分して，いくつかの長方形の和の極限値として面積や体積を求める方法を区分求積法という。この考え方は重要なので，必ず覚えて使いこなせるようになっておくことが大事である。

この問題では，区間$[1,3]$を$2n$等分して求めているが，区間$[1,3]$を区間$[1,2]$，$[2,3]$に分けて，それぞれの区間をn等分して個別に積分値を求めてから，最後にその2つの積分値の和を求めてもよい。

【４】(1)　a　増減　　b　極大・極小　　c　事象の考察

　　(2)　a　整数の性質　　b　技能　　c　よさ

　　(3)　a　エ　　b　コ　　c　ア　　d　カ

〈解説〉学習指導要領を学習するときには必ず同解説を合わせて理解する
　　ようにすることが大切である。空欄の用語はキーワードなので，選択
　　式でなくても正確に書けるようにしておくことが肝要である。

2013年度　実施問題

【中高共通】

【 1 】 $2x^2+3xy-2y^2-3x+4y-5=0$ を満たす整数x, yの値をすべて求めなさい。

(☆☆☆◎◎◎◎)

【 2 】 次の図を用いて，次の式が成り立つことを証明しなさい。

$\cos2\theta = \cos^2\theta - \sin^2\theta\ (0°<\theta<45°)$

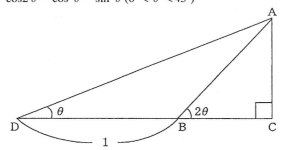

(☆☆☆◎◎◎)

【 3 】 平面上に2点A$(-1$, $3)$, B$(5$, $11)$がある。点Qが直線$y=2x$上にあるとき，QA＋QBを最小にする点Qの座標を求めなさい。

(☆☆☆◎◎◎◎)

【 4 】 △ABCの内部に点Pがあり，$13\overrightarrow{\mathrm{PA}}+2\overrightarrow{\mathrm{PB}}+3\overrightarrow{\mathrm{PC}}=\overrightarrow{0}$ を満たしている。線分APの延長が辺BCと交わる点をDとするとき，△PAB：△PCDを求めなさい。

(☆☆☆◎◎◎◎)

【 5 】 次の(1)・(2)の問いに答えなさい。

ただし，$\log_{10}2=0.3010$，$\log_{10}3=0.4771$とする。

(1)　6^{30}は何桁の整数か求めなさい。

(2)　6^{30}の最高位の数字を求めなさい。

(☆☆☆◎◎◎◎)

【6】次の図において，互いに外接している3つの円O_1，O_2，O_3の半径は，それぞれ，a，a，$2a$である。半径1の円Oにこれらの3つの円が内接しているとき，aの値を求めなさい。

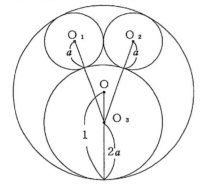

(☆☆☆☆◎◎◎)

【中学校】

【1】$\sqrt{2}$ が無理数であることを証明しなさい。

(☆☆☆◎◎◎◎)

【2】「底面の半径が3cmで，母線の長さが9cmの円錐の表面積を求めなさい。ただし，円周率はπとします。」という問題を，第1学年の生徒に指導する場合の板書の内容を書きなさい。

(☆☆☆☆◎◎◎◎)

【3】第3学年の生徒に，循環小数は分数で表すことができることを指導する過程を，具体例$0.2\dot{6}$を用いて説明しなさい。

【4】 中学校学習指導要領(平成20年3月告示)「数学」の内容について，次の(1)・(2)の問いに答えなさい。

(1) 次の文は，「第2 各学年の目標及び内容〔第3学年〕」「2 内容」「B 図形(1)」の一部である。(a)～(e)にあてはまる語句を書きなさい。

イ 三角形の相似条件などを基にして図形の基本的な性質を(a)に確かめること。

ウ (b)と線分の比についての性質を見いだし，それらを確かめること。

エ 基本的な(c)の意味と，相似な図形の(d)と面積比及び(e)の関係について理解すること。

(2) 次の文は，「第3 指導計画の作成と内容の取扱い」の一部である。(f)～(j)にあてはまる語句を，下のア～シの中からそれぞれ1つ選び，記号で答えなさい。

3 数学的活動の指導に当たっては，次の事項に配慮するものとする。

(1) 数学的活動を楽しめるようにするとともに，数学を学習することの意義や数学の必要性などを(f)を設けること。

(2) 自ら課題を見いだし，解決するための(g)を立て，実践し，その結果を(h)を設けること。

(3) 数学的活動の過程を(i)，レポートにまとめ発表することなどを通して，その成果を(j)を設けること。

ア 計画	イ 共有する機会	ウ 構想
エ 取り組む機会	オ 学び直し	カ 実感する機会
キ 振り返り	ク 評価・改善する機会	ケ 基にして
コ 目標	サ 体験する機会	シ 活用する機会

【高等学校】

【１】 $0 \leqq x \leqq 2\pi$ とする。このとき，関数 $f(x) = \int_0^x e^t \sin t \, dt$ の最大値を求めなさい。

(☆☆☆◎◎◎◎)

【２】 次の(1)・(2)の問いに答えなさい。

(1) $x > 0$ のとき，不等式 $e^x > 1 + x + \dfrac{x^2}{2}$ が成り立つことを証明しなさい。

(2) (1)で証明した不等式を用いて，極限値 $\displaystyle\lim_{x \to \infty} \dfrac{x}{e^x}$ を求めなさい。

(☆☆☆◎◎◎◎)

【３】 n を3以上の自然数とし，周の長さが1である正 n 角形の面積を S_n とするとき，S_n を n の式で表し，極限値 $\displaystyle\lim_{n \to \infty} S_n$ を求めなさい。

(☆☆☆☆◎◎◎)

【４】 関数 $f(x) = \dfrac{\log x}{x}$ $(x > 0)$ の増減を調べ，e^π と π^e の大小を比較しなさい。

(☆☆☆☆◎◎◎◎)

【５】 新高等学校学習指導要領(平成21年3月告示)「数学」について，(1)～(3)の問いに答えなさい。

(1) 次の文は，「第1　数学Ⅰ」「2　内容　(4)　データの分析」の一部である。(a)～(c)にあてはまる語句を書きなさい。

ア　データの散らばり

(a)，分散及び(b)などの意味について理解し，それらを用いてデータの傾向を把握し，説明すること。

イ　データの相関

(c)や相関係数の意味を理解し，それらを用いて二つのデータの相関を把握し説明すること。

(2) 次の文は，「第2　数学Ⅱ」「1　目標」である。(a)～(e)にあてはまる語句を語群より選び，記号で答えなさい。

いろいろな式，図形と方程式，指数関数・対数関数，(a)及び

（ b ）の考えについて理解させ，基礎的な（ c ）の習得と技能の習熟を図り，事象を数学的に考察し（ d ）を養うとともに，それらを活用する（ e ）を育てる。

語群

ア　平面上の曲線と複素数平面	イ　三角関数
ウ　微分法	エ　知識
オ　積分法	カ　態度
キ　整数の性質	ク　微分・積分
ケ　理解力	コ　極限
サ　応用力	シ　活用力
ス　技術	セ　図形と計量
ソ　表現する能力	

(3) 「第3　数学Ⅲ」「2　内容」に宗されている[用語・記号]を7つ書きなさい。

(☆☆☆◎◎◎◎)

解答・解説

【中高共通】

【 1 】 $2x^2+3xy-2y^2-3x+4y-2=3$　左辺を因数分解して，

$(x+2y-2)(2x-y+1)=3$　…①

x，yは整数であるから，$x+2y-2$，$2x-y+1$も整数である。よって，①を満たす$x+2y-2$，$2x-y+1$の組は，

$(x+2y-2, 2x-y+1)=(3, 1), (-3, -1), (1, 3), (-1, -3)$

このとき，$(x, y)=(1, 2), (-1, 0), \left(\dfrac{7}{5}, \dfrac{4}{5}\right), \left(-\dfrac{7}{5}, \dfrac{6}{5}\right)$

x，yが共に整数であるから，$(x, y)=(1, 2), (-1, 0)$

〈解説〉左辺の因数分解は，

$2x^2+3xy-2y^2-3x+4y-2 = 2x^2+3(y-1)x-2(y^2-2y+1)$

$$= 2x^2 + 3(y-1)x - 2(y-1)^2$$
$$= \{x + 2(y-1)\}\{2x - (y-1)\}$$
$$= (x + 2y - 2)(2x - y + 1)$$

となる。

【2】∠BAD＝θ より，△ABDは二等辺三角形であるから，AB＝1
ここで，点Bから辺ADに下ろした垂線をBEとする。
△ABEにおいて，AE＝$\cos\theta$であるから，AD＝$2\cos\theta$，
△ABCにおいて，BC＝$\cos2\theta$であるから，DC＝$1+\cos2\theta$　　また，
△ADCにおいて，AD$\cos\theta$＝DCであるから，$2\cos^2\theta = 1 + \cos2\theta$
ここで，$\sin^2\theta + \cos^2\theta = 1$であるから，
$2\cos^2\theta = \sin^2\theta + \cos^2\theta + \cos2\theta$　　したがって，
$\cos2\theta = \cos^2\theta - \sin^2\theta$ となる。

〈解説〉解答参照。

【3】直線$y=2x$　…①について，点Aと対称な点Pの座標を$(a,\ b)$とすると，
2点A，Pの中点が直線$y=2x$上にあるから，$\dfrac{3+b}{2} = 2 \cdot \dfrac{-1+a}{2}$　…②
直線APと直線$y=2x$は垂直に交わるから，$\dfrac{b-3}{a+1} \cdot 2 = -1$　…③
②，③を連立させて解くと，$a=3$，$b=1$　　したがって，点Pの座標は，
P(3，1)　　ここで，QA＋QB＝QP＋QB≧PBである。よって，3点Q，P，
Bが同一直線上にあるとき，QA＋QBは最小となる。
ここで，直線PBの方程式は，$y-1 = \dfrac{11-1}{5-3}(x-3)$　$y = 5x - 14$　…④
①，④を連立させて解くと，$x = \dfrac{14}{3}$，$y = \dfrac{28}{3}$　　したがって，求める点Q
の座標は，$Q\left(\dfrac{14}{3},\ \dfrac{28}{3}\right)$

〈解説〉次のように図をかいてみるとよい。

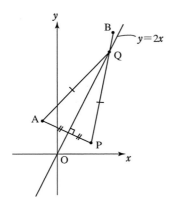

【4】等式から, $-13\overrightarrow{AP}+2(\overrightarrow{AB}-\overrightarrow{AP})+3(\overrightarrow{AC}-\overrightarrow{AP})=\overrightarrow{0}$ よって,

$18\overrightarrow{AP}=2\overrightarrow{AB}+3\overrightarrow{AC}$ ゆえに, $\overrightarrow{AP}=\dfrac{5}{18}\cdot\dfrac{2\overrightarrow{AB}+3\overrightarrow{AC}}{3+2}$ したがって,

辺BCを3:2に内分する点がDであり, 線分ADを5:13に内分する点が

Pである。ここで, △ABCの面積をSとすると,

$\triangle PAB=\dfrac{5}{18}\triangle ABD=\dfrac{5}{18}\cdot\dfrac{3}{5}S=\dfrac{15}{90}S,$

$\triangle PCD=\dfrac{13}{18}\triangle ACD=\dfrac{13}{18}\cdot\dfrac{2}{5}S=\dfrac{26}{90}S$

よって, $\triangle PAB:\triangle PCD=\dfrac{15}{90}S:\dfrac{26}{90}S=15:26$

〈解説〉問題文を次のような図にすると, わかりやすい。

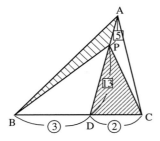

辺の比は○や□で表すとよい。

【5】(1)　$\log_{10}6^{30}=30\log_{10}6=30(\log_{10}2+\log_{10}3)=30\times(0.3010+0.4771)=$
23.3430　ゆえに，$23<\log_{10}6^{30}<24$　よって，$10^{23}<6^{30}<10^{24}$
したがって，6^{30}は24桁の整数である。

(2)　$\log_{10}6^{30}=23.3430$　ゆえに，$6^{30}=10^{23.3430}=10^{23}\times10^{0.3430}$　ここで，
$0.3010<0.3430<0.4771$　$\log_{10}2<0.3430<\log_{10}3$　$2<10^{0.3430}<3$　よって，
$2\times10^{23}<6^{30}<3\times10^{23}$　したがって，6^{30}の最高位の数字は2である。

〈解説〉(1)　$\log_{10}(ab)^n=n\log_{10}ab=n(\log_{10}a+\log_{10}b)$より，
$\log_{10}6^{30}=30\log_{10}6=30(\log_{10}2+\log_{10}3)$となる。

(2)　$a^{m+n}=a^m\times a^n$より，$10^{23.3430}=10^{23}\times10^{0.3430}$となる。

【6】2円O_1，O_2の接点をPとする。

$OO_2=1-a$より，$OP=\sqrt{(1-a)^2-a^2}=\sqrt{1-2a}$

$O_2O_3=3a$より，$O_3P=\sqrt{(3a)^2-a^2}=2\sqrt{2}\,a$　$OO_3=1-2a$より，$O_3P=$
OO_3+OP　それぞれ代入して，$2\sqrt{2}\,a=1-2a+\sqrt{1-2a}$となる。両辺
を2乗して整理すると，$(1-2a)\sqrt{1-2a}=2a^2+3a-1$　さらに両辺を2
乗して整理すると，
$a^2(4a^2+20a-7)=0$　ここで，$a>0$であることから，$a=\dfrac{-5+4\sqrt{2}}{2}$

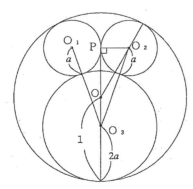

〈解説〉解答参照。

218

【中学校】

【1】 $\sqrt{2}$ が無理数でない，すなわち有理数であると仮定すると，1以外に正の公約数をもたない2つの自然数a，bを用いて，$\sqrt{2} = \dfrac{a}{b}$と表される。このとき，$a = \sqrt{2}b$，両辺を2乗すると，$a^2 = 2b^2$ …① よって，a^2は偶数であり，aも偶数である。ゆえに，aは，ある自然数cを用いて，$a = 2c$ …②と表される。②を①に代入すると，$4c^2 = 2b^2$ すなわち，$b^2 = 2c^2$ よって，b^2は偶数であり，bも偶数である。ゆえに，a，bは公約数2をもつ。これは，aとbが1以外に正の公約数をもたないことに矛盾する。したがって，$\sqrt{2}$ は無理数である。

〈解説〉仮定したことが矛盾することを示す証明を背理法という。

【2】 問題 底面の半径が3cmで，母線の長さが9cmの円錐の表面積を求めなさい。ただし，円周率はπとする。

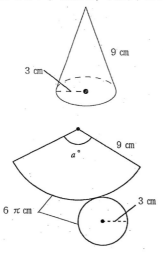

表面積は，底面積と側面積の和である。(1)底面積を求める。半径3cmの円より，$\pi \times 3^2 = 9\pi$ 9π cm^2 (2)側面積を求める。側面は，おうぎ形である。おうぎ形の弧の長さと底面の円の周の長さは，同じである。

①半径3cmの円より，底面の円の周の長さは，$2\pi \times 3 = 6\pi$　　6π cm

②側面のおうぎ形の中心角の大きさを$a°$とすると，おうぎ形の弧の長さは，$2\pi \times 9 \times \dfrac{a}{360}$　　①，②より，$2\pi \times 9 \times \dfrac{a}{360} = 6\pi$　これを解くと，$a = 120$　中心角の大きさは120°である。したがって，側面積は，$\pi \times 9^2 \times \dfrac{120}{360} = 27\pi$　　27π cm²

(1)，(2)より，表面積は，$9\pi + 27\pi = 36\pi$　　答え　36π cm²

〈解説〉円錐などの立体の表面積は，解答のように展開図を示して指導すると，生徒も理解しやすい。

【３】$0.2\dot{6}$は，0.2666…を表しているものである。$0.2\dot{6}$をxとおくと，$x = 0.2\dot{6} = 0.2666\cdots$となる。小数部分の数字を同じ数にそろえるために，$x$を10倍して，$10x = 2.6666\cdots$とする。…①　①のように，小数部分を6にあわせるために，xを100倍して，$100x = 26.6666\cdots$とする。…②

①，②により，小数部分を同じ数にそろえたので，②－①の計算をすると，小数部分がなくなる。

$$
\begin{array}{r}
100x = 26.6666\cdots\cdots \quad \cdots ② \\
-) \quad 10x = \ \ 2.6666\cdots\cdots \quad \cdots ① \\
\hline
90x = 24 \qquad\qquad\ \ \cdots ③
\end{array}
$$

③を解き，$x = \dfrac{24}{90} = \dfrac{4}{15}$　よって，$x = \dfrac{4}{15}$となり，$0.2\dot{6}$を分数で表すと，$\dfrac{4}{15}$となる。このように，循環小数は分数で表すことができる。

〈解説〉解答参照。

【４】(1)　a　論理的　　b　平行線　　c　立体の相似　　d　相似比　　e　体積比　　(2)　f　カ　g　ウ　h　ク　i　キ　j　イ

〈解説〉(1)　第3学年では，三角形の相似条件などを用いて図形の性質を論理的に確かめ，論理的に考察し表現する能力を伸ばし，相似な図形の性質を用いて図形の計量ができるようにすることがねらいとなる。

(2)　数学的活動の指導に当たっての配慮事項(1)数学的活動を楽しみ，数学を学習することの意義や必要性を実感すること　(2)見通しをもっ

て数学的活動に取り組み，振り返ること　(3)数学的活動の成果を共有
すること　について書かれた内容である。

【高等学校】

【1】 $f'(x)＝e^x\sin x$ であるから，$0≦x≦2\pi$ のとき $f'(x)＝0$ とすると，$x＝0$，π，2π　$0≦x≦2\pi$ における $f(x)$ の増減表は，図のようになる。

x	0	$\cdots$	π	$\cdots$	2π
$f'(x)$	0	$+$	0	$-$	0
$f(x)$		↗		↘	

よって，$f(x)$ は $x＝\pi$ のとき極大かつ最大となる。

$$f(\pi)＝\int_0^\pi e^t\sin t dt＝\left[e^t(-\cos t)\right]_0^\pi-\int_0^\pi e^t(-\cos t)dt$$
$$＝e^\pi+1+\int_0^\pi e^t\cos t dt$$
$$＝e^\pi+1+\left\{\left[e^t\sin t\right]_0^\pi-\int_0^\pi e^t\sin t dt\right\}$$
$$＝e^\pi+1-f(\pi)$$

ゆえに，$f(\pi)＝\dfrac{e^\pi+1}{2}$　　したがって，$f(x)$ は $x＝\pi$ のとき，最大値 $\dfrac{e^\pi+1}{2}$ をとる。

〈解説〉解答参照。

【2】(1) $f(x)＝e^x-\left(1+x+\dfrac{x^2}{2}\right)$ とおくと，$f'(x)＝e^x-1-x$，$f''(x)＝e^x-1$ から，$x＞0$ のとき，$f''(x)＞0$ となり，$x＞0$ で，$f'(x)$ は単調に増加し，$f'(0)＝0$ だから，$f'(x)＞0$

したがって，$f(x)$ は単調に増加し，$f(0)＝0$ より，$x＞0$ で $f(x)＞0$ となる。

すなわち，$x＞0$ のとき，$e^x＞1+x+\dfrac{x^2}{2}$ が成り立つ。

(2)　(1)より，$x＞0$ のとき，$e^x＞1+x+\dfrac{x^2}{2}$ だから，

$x>0$のとき，$e^x>1+x+\dfrac{x^2}{2}>\dfrac{x^2}{2}$が成り立つ。そこで，逆数をとると，

$0<\dfrac{1}{e^x}<\dfrac{2}{x^2}$　各辺に$x(x>0)$をかけると，$0<\dfrac{x}{e^x}<\dfrac{2}{x}$となり，

$\displaystyle\lim_{x\to\infty}\dfrac{2}{x}=0$から，はさみうちの原理により，$\displaystyle\lim_{x\to\infty}\dfrac{x}{e^x}=0$

〈解説〉(1)　解答参照。　　(2)　解答参照。

【3】1辺をABとすると，$AB=\dfrac{1}{n}$であり，正n角形の外接円の中心をOとすると，$\angle AOB=\dfrac{2\pi}{n}$　よって，S_nは，

$$S_n=n\times\triangle OAB=n\times\dfrac{1}{2}\cdot\dfrac{1}{n}\cdot\dfrac{\dfrac{1}{2n}}{\tan\dfrac{\pi}{n}}=\dfrac{1}{4n\tan\dfrac{\pi}{n}}\quad\text{したがって，}$$

$$\lim_{n\to\infty}S_n=\lim_{n\to\infty}\dfrac{1}{4n\tan\dfrac{\pi}{n}}=\lim_{n\to\infty}\dfrac{\cos\dfrac{\pi}{n}}{4n\sin\dfrac{\pi}{n}}=\lim_{n\to\infty}\dfrac{\dfrac{\pi}{n}}{\sin\dfrac{\pi}{n}}\cdot\dfrac{\cos\dfrac{\pi}{n}}{4\pi}=\dfrac{1}{4\pi}$$

〈解説〉次の図からも，$\angle AOB=\dfrac{2\pi}{n}$だとわかる。

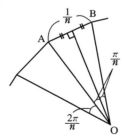

【4】$f'(x)=\dfrac{\dfrac{1}{x}\cdot x-\log x\cdot 1}{x^2}=\dfrac{1-\log x}{x^2}$　$f'(x)=0$とすると，$x=e$

よって，$f(x)$の増減表は図のようになる。

x	0	$\cdots$	e	$\cdots$
$f'(x)$		$+$	0	$-$
$f(x)$		↗		↘

ゆえに，$f(x)$は区間$0<x\leqq e$で単調に増加し，区間$e\leqq x$で単調に減少する。$e<\pi$であるから，$f(e)>f(\pi)$　すなわち，$\dfrac{\log e}{e}>\dfrac{\log \pi}{\pi}$

$e>0$，$\pi>0$より，$\pi\log e>e\log\pi$　すなわち，$\log e^{\pi}>\log\pi^{e}$　底eは1より大きいから，$e^{\pi}>\pi^{e}$

〈解説〉解答参照。

【5】(1)　a　四分位偏差　　b　標準偏差　　c　散布図　　(2)　a　イ　b　ク　　c　エ　　d　ソ　　e　カ　　(3)　焦点，準線，∞，自然対数，e，第二次導関数，変曲点

〈解説〉(1)「データの分析」の指導内容は，目的に応じデータを収集・整理し，四分位数，四分位範囲，四分位偏差，分散，標準偏差，散布図及び相関係数などに着目させ，データの傾向を的確に把握することができるようにすることである。　(2)「数学Ⅱ」の構成内容は，「(1)いろいろな式」，「(2)図形と方程式」，「(3)指数関数・対数関数」，「(4)三角関数」，「(5)微分・積分の考え」の5つである。また，「理解させ，基礎的な知識の習得と技能の習熟を図り」，「事象を数学的に考察し表現する能力を養う」，「それらを活用する態度を育てる」という表現は覚えておきたい。　(3)「数学Ⅲ」の構成内容である。「(1)平面上の曲線と複素数平面」，「(2)極限」，「(3)微分法」，「(4)積分法」で扱う用語・記号である。

【中高共通】

【１】a，bは実数とする。次の(1)～(4)について，[　　]の中は，ア「必要条件である」，イ「十分条件である」，ウ「必要十分条件である」，エ「必要条件でも十分条件でもない」のうち，それぞれどれが最も適当か記号で答えなさい。

(1)　△ABCが二等辺三角形であることは，△ABCが直角三角形であるための[　　]。

(2)　$ab>0$は$a^2+b^2>0$であるための[　　]。

(3)　$|a|<1$かつ$|b|<1$は$a^2+b^2<1$であるための[　　]。

(4)　$a≧0$は$\sqrt{a^2}=a$であるための[　　]。

(☆☆☆◎◎◎◎)

【２】x，yが3つの不等式　$2x-y+4≧0$，$x-5y+2≦0$，$x+y-4≦0$を満たすとき，次の(1)・(2)の問いに答えなさい。

(1)　3つの不等式で表された領域の面積を求めなさい。

(2)　x^2+y^2の最大値および最小値を求めなさい。

(☆☆☆◎◎◎◎)

【３】白玉2個，赤玉4個が入っている袋がある。次の(1)・(2)の問いに答えなさい。

(1)　この袋から玉を1個取り出し，色を調べてから玉を元に戻すことを5回続けて行うとき，4回以上白玉が出る確率を求めなさい。

(2)　この袋から玉を1個取り出し，色を調べてから玉を元に戻すと同時に，その玉と同じ色の玉を2個加える操作を繰り返す。このとき，次の(a)・(b)の問いに答えなさい。

(a)　1回目と2回目ともに白玉が取り出される確率を求めなさい。

(b)　3回目に白玉が取り出される確率を求めなさい。

(☆☆☆◎◎◎)

【4】 自然数nがn個ずつ続く次のような数列がある。

  1，2，2，3，3，3，4，4，4，4，…

  初項から第200項までの和を求めなさい。

(☆☆☆◎◎◎◎)

【5】 aは定数とする。関数$y=x^2-4x$ $(a≦x≦a+2)$の最大値および最小値と，そのときのxの値を求めなさい。

(☆☆☆◎◎◎◎)

【6】 自然数Nについて，一の位の数を1番目として数え始めて，十の位，百の位と左へ向かって奇数番目の位の数の和から，偶数番目の位の数の和を引くと，11の倍数になるとき，自然数Nは11の倍数である。自然数Nは6桁であるとして，このことを証明しなさい。

(☆☆☆☆◎◎◎)

【中学校】

【1】 次の図のように，円Oとこの円の外部の点Aがある。第3学年の生徒に，点Aを通る，円Oの接線の作図を指導する場合の板書の内容を書きなさい。

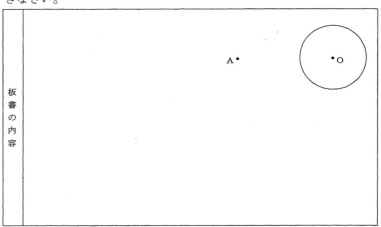

(☆☆☆◎◎◎◎)

【2】 二次方程式$ax^2+bx+c=0$の解の公式　$x=\dfrac{-b\pm\sqrt{b^2-4ac}}{2a}$　が導かれる過程を，第3学年の生徒に指導するとして，解の公式が導かれる過程を示しなさい。

(☆☆☆◎◎◎◎)

【3】 次の(1)～(3)の文は，新中学校学習指導要領(平成20年3月告示)「数学」の「第2　各学年の目標及び内容」における，各学年の「3　内容の取扱い」の一部である。(a)～(e)にあてはまる語句を書きなさい。

(1)	第1学年	(5)　内容の「B図形」の(2)のイについては，見取図，(a)や(b)を取り扱うものとする。
(2)	第2学年	(1)　内容の「B図形」の(2)のウに関連して，正方形，ひし形，(c)が平行四辺形の(d)であることを取り扱うものとする。
(3)	第3学年	(2)内容の「A数と式」の(3)については，(e)をもつ二次方程式を取り扱うものとする。

(☆☆☆◎◎◎)

【4】 次の(1)～(3)の文は，新中学校学習指導要領(平成20年3月告示)「数学」の「第3　指導計画の作成と内容の取扱い」において，「1　指導計画の作成に当たっては，次の事項に配慮するものとする。」として示されたものの一部である。(f)～(h)にあてはまる語句を，あとのア～コの中からそれぞれ1つ選び，記号で答えなさい。

(1)	第2の各学年の目標の達成に支障のない範囲内で，当該学年の内容の一部を軽く取り扱い，それを(f)で指導することができる。
(2)	生徒の学習を確実なものにするために，新たな内容を指導する際には，既に指導した関連する内容を意図的に再度取り上げ，(g)の機会を設定することに配慮するものとする。
(3)	第1章総則の第1の2及び第3章道徳の第1に示す道徳教育の目標に基づき，(h)などとの関連を考慮しながら，第3章道徳の第2に示す内容について，数学科の特質に応じて適切な指導をすること。

226

ア	補充的な学習	イ	各学年	ウ	道徳の時間
エ	課題学習	オ	前の学年	カ	数学科の目標
キ	学び直し	ク	学年の目標	ケ	後の学年
コ	復習				

(☆☆☆◎◎◎◎)

【高等学校】

【1】 次の(1)〜(3)の問いに答えなさい。

(1) $x=a$を含む開区間で定義された関数$f(x)$について，次の(a)〜(c)の問いに答えなさい。

  (a) 「関数$f(x)$が$x=a$で連続である」ことの定義を，①高校の学習内容に基づく場合と，②関数の極限の性質などの基本的な公式の論証を行う場合で，それぞれ示しなさい。

  (b) $a=1$とする。高校生に数学Ⅲを指導する立場で，$x=1$において連続とはならない関数$f(x)$の例を2種類あげなさい。

  (c) 定義域の中の2つの値α，β（$\alpha<\beta$とする）に対して，関数$f(x)$は，開区間(α, β)（この区間をⅠとする）で微分可能であるとする。以下の(*)を示しなさい。

  「区間Ⅰでつねに$f'(x)>0$ならば，関数$f(x)$は区間Ⅰで単調増加である」…(*)

(2) 不定積分$\displaystyle\int\frac{1}{\sin x}dx$を計算しなさい。

(3) 関数$y=\dfrac{e^x+e^{-x}}{2}$のグラフにおいて，区間$[-2, 2]$におけるグラフの長さを求めなさい。

(☆☆◎◎◎)

【2】 次の文は，新高等学校学習指導要領(平成21年3月告示)「数学」の「第3 数学Ⅲ」「1 目標」である。(a)〜(d)にあてはまる語句を書きなさい。

(a)と(b)，(c)，微分法及び積分法についての理解を深め，

知識の習得と(d)を図り，事象を数学的に考察し表現する能力を伸ばすとともに，それらを積極的に活用する態度を育てる。

(☆☆☆○○○○)

【3】次の文は，新高等学校学習指導要領(平成21年3月告示)「数学」の「第2　数学Ⅱ」「3　内容の取扱い」の一部である。(a)～(e)にあてはまる語句を語群より選び，記号で書きなさい。

(1)　内容の(1)(いろいろな式)のア(式と証明)については，関連して(a)を扱うものとする。

(4)　内容の(5)(微分・積分の考え)のア(微分の考え)については，(b)次までの関数を中心に扱い，イ(積分の考え)については，(c)次までの関数を中心に扱うものとする。アの(ア)の微分係数については，(d)に関連付けて扱うものとする。また，(e)については，直観的に理解させるよう扱うものとする。

語群

ア	二	イ	三	ウ	四
エ	因数定理	オ	平均変化率	カ	剰余の定理
キ	関数の増減	ク	微分公式	ケ	極限
コ	二項定理	サ	相加・相乗平均の大小関係		
シ	極大・極小	ス	関数のグラフの接線	セ	グラフの凹凸

(☆☆☆○○○)

【4】次の文は，新高等学校学習指導要領(平成21年3月告示)「数学」の「第1款　目標」である。(a)～(d)にあてはまる語句を書きなさい。

(a)を通して，数学における基本的な概念や原理・法則の(b)な理解を深め，事象を数学的に考察し表現する能力を高め，(c)を培うとともに，数学のよさ，を認識し，それらを積極的に活用して(d)に基づいて判断する態度を育てる。

(☆☆☆○○○○○)

228

解答・解説

【中高共通】

【 1 】 (1)　エ　　　(2)　イ　　　(3)　ア　　　(4)　ウ

〈解説〉(1)　直角三角形でない二等辺三角形も二と辺三角形でない直角
三角形も存在するため,「△ABCが二等辺三角形⇒△ABCが直角三角
形」は偽であり,「△ABCが直角三角形⇒△ABCが二等辺三角形」も
偽である。よって,必要条件でも十分条件でもない。

(2)　$ab>0$ならば「a, $b>0$またはa, $b<0$」,「a, $b>0$またはa, $b<0$」
ならば「$a^2>0$かつ$b^2>0$」「$a^2>0$かつ$b^2>0$」ならば$a^2+b^2>0$であるか
ら,「$ab>0⇒a^2+b^2>0$」は真である。「$a^2+b^2>0⇒ab>0$」は,$a=1$,
$b=-1$が反例であるため偽である。よって,十分条件である。

(3)　「$|a|<1$かつ$|b|<1⇒a^2+b^2<1$」は,$a=\dfrac{3}{4}$, $b=\dfrac{3}{4}$が反例
であるため偽である。「$a^2+b^2<1⇒|a|<1$かつ$|b|<1$」は,a^2+
$b^2<1$のとき,$0<a^2<1-b^2$より,$a^2<1$　つまり,$|a|<1$　また,
$0<b^2<1-a^2$　より,$|b|<1$であるから真である。よって,必要条
件である。

(4)　「$a≧0⇒\sqrt{a^2}=a$」は真である。「$\sqrt{a^2}=a⇒a≧0$」は,$\sqrt{a^2}=$
$|a|=a$より,$a≧0$が導けるから真である。よって,必要十分条件で
ある。

【 2 】 (1)　9　　　(2)　最大値　16, 最小値　$\dfrac{2}{13}$

〈解説〉(1)　図より,与えられた連立不等式の表す領域をDとすると,領
域Dは3点A(-2, 0),B(0, 4),C(3, 1)を頂点とする三角形の周および
内部である。$\overrightarrow{AB}=(2, 4)$,$\overrightarrow{AC}=(5, 1)$より,求める面積は,
$\dfrac{1}{2}|2\cdot1-4\cdot5|=9$

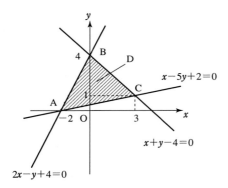

(2) $x^2+y^2=k^2$ …①とおくと，これは，中心$(0, 0)$，半径kの円を表す。この円が領域Dと共有点をもつようなk^2の値の最大値と最小値を求めればよい。図より，k^2の値は，円①が点$(0, 4)$を通るとき最大になり，直線$x-5y+2=0$と接するとき最少になる。円が点$(0, 4)$を通るとき，$k=4$　円が直線と接するとき，$k=\dfrac{|0-5\cdot 0+2|}{\sqrt{1^2+(-5)^2}}=\dfrac{2}{\sqrt{26}}$

よって，最大値は，$4^2=16$，最小値は，$\left(\dfrac{2}{\sqrt{26}}\right)^2=\dfrac{2}{13}$

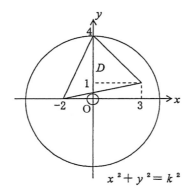

【3】(1) $\dfrac{11}{243}$　(2) (a) $\dfrac{1}{6}$　(b) $\dfrac{1}{3}$

〈解説〉(1)　4回以上白玉が出るのは，ちょうど4回または5回白玉が出る
場合なので，求める確率は，${}_5C_4\left(\dfrac{2}{6}\right)^4\left(\dfrac{4}{6}\right)^1+{}_5C_5\left(\dfrac{2}{6}\right)^5=\dfrac{11}{243}$

(2)　(a)　$\dfrac{2}{6}\times\dfrac{4}{8}=\dfrac{1}{6}$

(b)　1回目―2回目―3回目が，(i)白―白―白，(ii)白―赤―白，(iii)赤―
白―白，(iv)赤―赤―白の4つの場合が考えられる。よって，求める確
率は，$\dfrac{2}{6}\times\dfrac{4}{8}\times\dfrac{6}{10}+\dfrac{2}{6}\times\dfrac{4}{8}\times\dfrac{4}{10}+\dfrac{2}{6}\times\dfrac{2}{8}\times\dfrac{4}{10}+\dfrac{4}{6}\times\dfrac{6}{8}\times\dfrac{2}{10}=\dfrac{10}{30}$
$=\dfrac{1}{3}$

【4】2670

〈解説〉同じ数どうしで群をつくると，第k群にはkがk個ある。第1群から
第$(n-1)$群までに項は，$1+2+\cdots\cdots+(n-1)=\dfrac{1}{2}n(n-1)$(個)あり，
$\dfrac{1}{2}n(n-1)<200\leqq\dfrac{1}{2}n(n+1)$を満たす$n$の値を求めると，
$\dfrac{1}{2}\cdot20\cdot19=190$，$\dfrac{1}{2}\cdot20\cdot21=210$より，$n=20$
よって，第200項は第20群の，$200-190=10$(番目)であるから，求める
和は，
$1\times1+2\times2+\cdots\cdots+19\times19+20\times10=\displaystyle\sum_{k=1}^{19}k^2+200$
$=\dfrac{1}{6}\cdot19\cdot20\cdot39+200$
$=2670$

【5】最大値　$a<1$のとき，a^2-4a　$(x=a)$　$a=1$のとき，-3　$(x=1,3)$
$1<a$のとき，a^2-4　$(x=a+2)$
最小値　$a<0$のとき，a^2-4　$(x=a+2)$　$0\leqq a<2$のとき，-4　$(x=2)$
$2\leqq a$のとき，a^2-4a　$(x=a)$

〈解説〉$f(x)=x^2-4x$とする。$y=x^2-4x=(x-2)^2-4$より，グラフは$(2,-4)$
を頂点とする放物線である。最大値は，xが2から最も遠い点であると

きの$f(x)$の値で，

(i)$a<1$のとき，$x=a$で最大となるから，最大値は，$f(a)=a^2-4a$

(ii)$a=1$のとき，$x=1$，3で最大となるから，最大値は，$f(1)=f(3)=-3$

(iii)$1<a$のとき，$x=a+2$で最大となるから，最大値は，$f(a+2)=$
$(a+2)^2-4(a+2)=a^2-4$

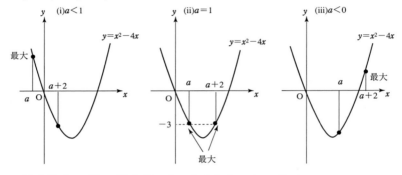

最小値は，xが2に最も近い点であるときの$f(x)$の値で，

(iv)$a<0$のとき，$x=a+2$で最小となるから，最小値は，$f(a+2)=a^2-4$

(v)$0\leqq a<2$のとき，$x=2$で最小となるから，最小値は，$f(2)=-4$

(vi)$2\leqq a$のとき，$x=a$で最小となるから，最小値は，$f(a)=a^2-4a$

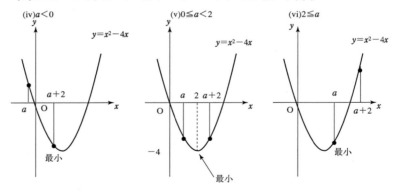

【6】(証明)　$N=a\times10^5+b\times10^4+c\times10^3+d\times10^2+e\times10+f$とする。

$N=(b+d+f)-(a+c+e)+a(10^5+1)+b(10^4-1)+c(10^3+1)+d(10^2-1)+e(10+1)$

$=(b+d+f)-(a+c+e)+(10+1)\{a(10^4-10^3+10^2-10+1)+b(10^3-10^2+10-1)+c(10^2-10+1)+d(10-1)+e\}$

よって，$(b+d+f)-(a+c+e)$が11の倍数であれば，Nは11の倍数となる。

〈解説〉$N=a\times10^5+b\times10^4+c\times10^3+d\times10^2+e\times10+f$とおいて，$(b+d+f)-(a+c+e)$をつくり，証明する。なお，途中計算では$x^n+1$，$x^n-1$の因数分解を用いた。

【中学校】

【1】課題…「点Aを通る，円Oの接線を作図しなさい」

(考え方)　点Aから円Oに接線がひけたとして，その接点をPとする。AP⊥OPだから，∠APO＝90°である。すると，円周角の定理より，接点Pは，AOを直径とする円周上にあることになる。そして，AOを直径とする円をかくためには，AOの垂直二等分線をひいて，AOの中点を求めればよい。

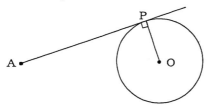

〈作図の手順〉①線分AOの垂直二等分線を作図して，線分AOの中点Mを求める。

②Mを中心として，MOを半径とする円をかき，この円と，円Oの交点の1つをPとする。

③2点A，Pを通る直線をひくと，求める接線が得られる。

問い)接線はAPの1本だけだろうか？　⇒　図のように，MOを半径とする円と円Oの交点は，P，Qの2つある。だから，点Aからの接線は

AP，AQの2本ひくことができる。

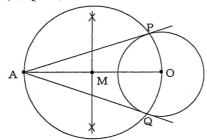

〈解説〉円周角の定理から，AOを直径とする円と円Oとの交点が接点となることを説明し，具体的な手順を示す。

【2】〔二次方程式$ax^2+bx+c=0$の解の公式を導く過程〕

$ax^2+bx+c=0$

両辺をx^2の係数aでわると，

$x^2+\dfrac{b}{a}x+\dfrac{c}{a}=0$

数の項$\dfrac{c}{a}$を右辺に移項して，

$x^2+\dfrac{b}{a}x=-\dfrac{c}{a}$

xの係数の半分の2乗を両辺にたすと，

$x^2+\dfrac{b}{a}x+\left(\dfrac{b}{2a}\right)^2=-\dfrac{c}{a}+\left(\dfrac{b}{2a}\right)^2$

左辺を平方の形にして，

$\left(x+\dfrac{b}{2a}\right)^2=-\dfrac{c}{a}+\dfrac{b^2}{4a^2}$

右辺を通分して，

$\left(x+\dfrac{b}{2a}\right)^2=\dfrac{b^2-4ac}{4a^2}$

右辺の平方根を考えると，

$x+\dfrac{b}{2a}=\pm\dfrac{\sqrt{b^2-4ac}}{2a}$

$\dfrac{b}{2a}$を右辺に移項して，

$$x = -\frac{b}{2a} \pm \frac{\sqrt{b^2 - 4ac}}{2a}$$

よって，二次方程式の解の公式は，

$$x = \frac{-b \pm \sqrt{b^2 - 4ac}}{2a}$$

〈解説〉平方完成を利用して，解の公式を導く。

【3】(1) a 展開図　　b 投影図　　(2) c 長方形　　d 特別な形
(2) e 実数の解

〈解説〉(1)「空間図形を直線や平面図形の運動によって構成されるものととらえたり，空間図形を平面上に表現して平面上の表現から空間図形の性質を読み取ったりすること。」について。　(2)「三角形の合同条件などを基にして三角形や平行四辺形の基本的な性質を論理的に確かめたり，図形の性質の証明を読んで新たな性質を見いだしたりすること。」について。　(3)「二次方程式について理解し，それを用いて考察することができるようにする。」について。

【4】(1) f ケ　　(2) g キ　　(3) h ウ

〈解説〉(1)　中学校数学科の指導に当たっては，生徒の実態に応じて適切な指導計画を作成することが必要であり，指導計画作成に当たっては，教師の創意工夫をより一層生かすためにも，弾力的な取扱いができるようにすることが重要である。　(2)　学習指導要領においては，一度示した内容を再度示すことは原則としてしていない。しかし，実際の指導においては，ある内容を取り上げる際にそれまでに指導した内容を意図的に取り上げることが，生徒の理解を広げたり深めたりするために有効な場合がある。　(3)　数学科における道徳教育の指導においては，学習活動や学習態度への配慮，教師の態度や行動による感化とともに，数学科の目標と道徳教育との関連を明確に意識しながら，適切な指導を行う必要がある。

【高等学校】

【１】(1)　(a)　$\displaystyle\lim_{x\to a}f(x)$ が存在して，$\displaystyle\lim_{x\to a}f(x)=f(a)$

② $\forall\varepsilon>0,\ \exists\delta>0:\ |x-a|<\delta\ \Rightarrow\ |f(x)-f(a)|<\varepsilon$

(b)　$f(x)=\dfrac{|x-1|}{x-1}\ (x\neq1),\ f(x)=1\ (x=1)$　および　$f(x)=x\ (x\neq1),$

$f(x)=3\ (x=1)$

(c)　区間Ⅰでつねに$f'(x)>0$であると仮定する。関数$f(x)$は，区間Ⅰにおける任意の$x_1,\ x_2\ (x_1<x_2)$に対して，区間$[x_1,\ x_2]$で連続，区間$(x_1,\ x_2)$で微分可能であるから，平均値の定理より，$f(x_2)-f(x_1)=f'(c)(x_2-x_1)$ $(x_1<c<x_2)$を満たす実数cが存在する。仮定より，$f'(c)>0$　また，$x_2-x_1>0$であるから，$f(x_2)-f(x_1)>0$　$\therefore f(x_2)>f(x_1)$　以上より，関数$f(x)$は区間Ⅰで単調増加関数である。

(2)　$\dfrac{1}{2}\log\left|\dfrac{1-\cos x}{1+\cos x}\right|+C$　（Cは積分定数）　(3)　$e^2-\dfrac{1}{e^2}$

〈解説〉(1)　(a)　②は，ε-δ論法による定義を示す。

(b)　$\displaystyle\lim_{x\to1}f(x)$ が存在しない，または，$\displaystyle\lim_{x\to1}f(x)\neq f(1)$である関数を考える。

(c)　平均値の定理「関数$f(x)$が閉区間$[a,\ b]$で連続，開区間$(a,\ b)$で微分可能ならば，$\dfrac{f(b)-f(a)}{b-a}=f'(c)$　$(a<c<b)$を満たす実数cが存在する」を利用する。

(2)　$\dfrac{1}{\sin x}=\dfrac{\sin x}{\sin^2x}$　$\cos x=t$とおくと，$-\sin xdx=dt$　よって，

$$\int\frac{1}{\sin x}dx=\int\frac{1}{1-t^2}(-dt)=\frac{1}{2}\int\left(\frac{1}{t-1}-\frac{1}{t+1}\right)dt$$

$$=\frac{1}{2}\log\left|\frac{t-1}{t+1}\right|+C=\frac{1}{2}\log\left|\frac{\cos x-1}{\cos+1}\right|+C\quad\text{（Cは積分定数）}$$

なお，$\cos x\leqq1$　すなわち　$\cos x-1\leqq0$は常に成立するため，

$\dfrac{1}{2}\log\left|\dfrac{\cos x-1}{\cos+1}\right|+C$は，$\dfrac{1}{2}\log\dfrac{1-\cos x}{1+\cos x}+C$と書ける。

(3)　$y'=\dfrac{e^x-e^{-x}}{2}$より，$1+(y')^2=1+\dfrac{(e^x-e^{-x})^2}{4}=\dfrac{1}{4}(e^x+e^{-x})^2$　よって，

求めるグラフの長さは，$\displaystyle\int_{-2}^{2}\sqrt{1+(y')^2}dx=\dfrac{1}{2}\int_{-2}^{2}(e^x+e^{-x})dx$

$$=\int_{0}^{2}(e^x+e^{-x})dx=\left[e^x-e^{-x}\right]_{0}^{2}=e^2-\frac{1}{e^2}$$

【2】a　平面上の曲線　　b　複素数平面　　c　極限　　d　技能の習熟

〈解説〉「(1)平面上の曲線と複素数平面」では，平面上の曲線のいろいろ
　な表示と複素数平面を扱う。「(2)極限」では，数列及び関数値の極限
　を扱う。「(3)微分法」及び「(4)積分法」では，多項式関数のほかに分
　数関数，無理関数，三角関数，指数関数及び対数関数の微分法及び積
　分法について，「数学Ⅱ」の「(5)微分・積分の考え」を発展，充実さ
　せて扱う。これらの内容について，「理解を深め，知識の習得と技能
　の習熟を図り」と示されている。知識が基になって技能を習熟すると
　ともに，技能を習熟することにより知識がより確かなものになること
　から，知識の習得と技能の習熟とは一体のものとして表現されている。

【3】(1)　a　コ　　　(2)　b　イ　　c　ア　　d　ス　　e　ケ

〈解説〉(1)　　「(ア)整式の乗法・除法，分数式の計算　(イ)等式と不等式
　の証明」について。　　(2)　ア(微分の考え)「(ア)微分係数と導関数
　(イ)導関数の応用」，イ(積分の考え)「(ア)不定積分と定積分　(イ)面積」
　について。

【4】a　数学的活動　　b　体系的　　c　創造性の基礎　　d　数学的論拠

〈解説〉目標は，数学の指導全体を通して達成させるものであり，一般的
　かつ包括的に一文で示されているが，次の六つの部分に分けることが
　できる。①数学的活動を通して，②数学における基本的な概念や原
　理・法則の体系的な理解を深め，③事象を数学的に考察し表現する能
　力を高め，④創造性の基礎を培う(とともに)，⑤数学のよさを認識し，
　⑥それらを積極的に活用して数学的論拠に基づいて判断する態度を育
　てる。

2011年度　　**実施問題**

【中高共通】

【 1 】3桁の自然数の百の位，十の位，一の位を，それぞれa，b，cとするとき，次の(1)～(3)の問いに答えなさい。

(1) $a=b$かつ$a>c$を満たす3桁の自然数はいくつあるか求めなさい。

(2) a，b，cのうち2つが等しく残りの1つがそれよりも小さいような3桁の自然数はいくつあるか求めなさい。

(3) $a>b>c$を満たす3桁の自然数はいくつあるか求めなさい。

(☆☆☆◎◎◎)

【 2 】4点A(7，5，0)，B(0，6，5)，C(4，4，11)，D(2，0，9)について，次の(1)・(2)の問いに答えなさい。

(1) $\overrightarrow{AB} \cdot \overrightarrow{BC}$，$\overrightarrow{AB} \cdot \overrightarrow{BD}$の値を求めなさい。

(2) 四面体ABCDの体積を求めなさい。

(☆☆☆◎◎◎)

【 3 】nを自然数とするとき，次の等式を証明しなさい。

$$1^2+2^2+3^2+\cdots\cdots+n^2=\frac{1}{6}n(n+1)(2n+1)$$

(☆☆☆◎◎◎)

【 4 】$x=0$で極大値0をとり，$x=\pm1$で極小値-1をとる4次関数を求めなさい。

(☆☆☆◎◎◎)

【 5 】x，yを正の数とするとき，xyとxy^3の整数部分は，それぞれ6桁と13桁となる。yの整数部分は何桁か求めなさい。

(☆☆☆◎◎◎)

【6】関数$y＝\cos^2\theta－4\cos\theta\sin\theta－3\sin^2\theta\,(0\leqq\theta\leqq\dfrac{\pi}{2})$の最小値を求めなさい。

(☆☆☆◎◎◎)

【7】a，bを正の整数とするとき，

$\sqrt{2}$ が2数$\dfrac{b}{a}$，$\dfrac{2a+b}{a+b}$の間にあることを証明しなさい。

(☆☆☆◎◎◎)

【中学校】

【1】「2つの整数が奇数と奇数のとき，その2数の積は奇数になる。」という数の性質を予想し，それを文字式を使って証明するという問題を，第3学年の生徒に指導する場合の板書の内容を書きなさい。

板書の内容

(☆☆☆◎◎◎)

【2】下図の直角三角形ABCについて，BC＝a，AC＝b，AB＝cとするとき，中学校の学習内容をもとに，図を用いて三平方の定理を証明しなさい。

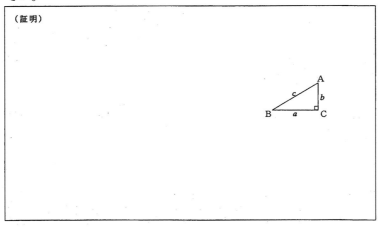

（☆☆☆◎◎◎）

【3】次の表は，現行中学校学習指導要領「数学」と，新中学校学習指導要領「数学」の「第2各学年の目標及び内容」における，各学年の「2内容」に関する領域の改正をまとめたものである。(a)～(e)にあてはまる語句を書きなさい。

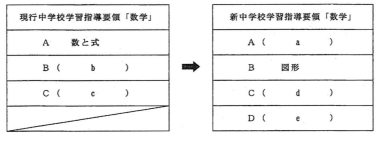

（☆☆☆◎◎◎）

240

【4】次の(1)・(2)の文は，新中学校学習指導要領「数学」の「第2　各学年の目標及び内容」における第1学年の「2　内容」の中の「B　図形」の一部である。（　a　）〜（　e　）にあてはまる語句を，下のア〜ケの中からそれぞれ1つずつ選び，記号で答えなさい。

ただし，(1)の（　a　）と(2)の（　a　）には，同じ記号が入るものとする。

(1)　観察，操作や（　a　）などの活動を通して，見通しをもって（　b　）したり図形の関係について調べたりして（　c　）についての理解を深めるとともに，論理的に考察し表現する能力を培う。

(2)　観察，操作や（　a　）などの活動を通して，（　d　）についての理解を深めるとともに，図形の（　e　）についての能力を伸ばす。

ア	説明	イ	平面図形	ウ	計量	エ	性質
オ	空間図形	カ	実験	キ	活用	ク	作図
ケ	図形の合同						

(☆☆☆◎◎◎)

【高等学校】

【1】次の(1)〜(5)の問いに答えなさい。ただし，$0<a<\dfrac{\pi}{2}$とする。

(1)　$\displaystyle\lim_{a\to 0}\dfrac{\sin^3 2a}{a^3}$を求めなさい。

(2)　$\displaystyle\int_0^{\frac{\pi}{2}}\cos^4\theta\,d\theta$を求めなさい。

(3)　xz平面において，$0\leqq z\leqq\dfrac{x^2}{a}$，$0\leqq x\leqq\sin 2a$をともに満たす領域を$x$軸のまわりに回転してできる立体の体積$V_1$を求めなさい。

(4)　xyz空間において，$x\geqq 0$，$x^2+y^2\leqq a^2$，$0\leqq z\leqq\dfrac{x^2}{a}$をともに満たす点の集合からなる立体の体積$V_2$を求めなさい。

(5)　$\displaystyle\lim_{a\to 0}\dfrac{V_1}{V_2}$を求めなさい。

(☆☆☆◎◎◎)

【2】次の表は，新高等学校学習指導要領(平成21年3月告示)「数学」の
各科目とその標準単位数を示したものである。次の(a)～(c)に
あてはまるものを書きなさい。

科目名	標準単位数	科目名	標準単位数	科目名	標準単位数
数学Ⅰ	3	数学Ⅱ	(a)	数学Ⅲ	(b)
数学A	2	数学B	2	(c)	2

(☆☆☆◎◎◎)

【3】次の文は，新高等学校学習指導要領(平成21年3月告示)「数学」の
「第1　数学Ⅰ」「1　目標」である。次の(a)～(d)にあてはまる
語句を書きなさい。

　　数と式，図形と計量，二次関数及び(a)について理解させ，基
　礎的な知識の習得と技能の習熟を図り，事象を(b)する能力を培
　い，(c)のよさを認識できるようにするとともに，それらを
　(d)する態度を育てる。

(☆☆☆◎◎◎)

【4】次の文は，新高等学校学習指導要領(平成21年3月告示)「数学」の
「第4　数学A」「2　内容　(2)イ」を示したものである。(a)～
(c)にあてはまる語句を書きなさい。

　イ　ユークリッドの互除法
　　(a)の性質に基づいてユークリッドの互除法の仕組みを理解
　し，それを用いて二つの整数の(b)を求めること。また，(c)
　の解の意味について理解し，簡単な場合についてその整数解を求め
　ること。

(☆☆☆◎◎◎)

【5】次の文は，現行高等学校学習指導要領「数学」の「第7　数学C」「3　内容の取扱い(3)」を示したものである。(a)〜(c)にあてはまる語句を書きなさい。

(3) 内容の(2)(式と曲線)のア(二次曲線)については，二次曲線の(a)やそれを(b)した程度のものを扱い，曲線の(c)は扱わないものとする。

(☆☆☆◎◎◎)

解答・解説

【中高共通】

【1】(1)　45(個)　　(2)　126(個)　　(3)　120(個)

〈解説〉(1)　0〜9の10個の数字から異なる2個を選び，大きい方の数字を$a(=b)$とし，小さい方の数字をcとすると，$a=b$かつ$a>c$を満たす3桁の自然数が1つ決まる。

したがって　${}_{10}C_2=45$

(2) i)　$a=c$かつ$a>c$を満たす3桁の自然数は，(1)と同様にして${}_{10}C_2=45$(個)

ii)　$a\neq0$より，1〜9の10個の数字から異なる2個を選び，大きい方の数字を$b(=c)$とし，小さい方の数字をaとすると，$b=c$かつ$b>a$を満たす3桁の自然数が1つ決まる。

ゆえに　${}_9C_2=36$

(1), i), ii)より

求める自然数の個数は

$45+45+36=126$

(3)　0〜9の10個の数字から異なる3個を選び，最も大きい数字をa，2番目に大きい数字をb，最も小さい数字をcとすると，$a>b>c$を満たす3桁の自然数が1つ決まる。

したがって　${}_{10}\mathrm{C}_3=120$

【2】(1)　$\overrightarrow{AB}\cdot\overrightarrow{BC}=0,\ \overrightarrow{AB}\cdot\overrightarrow{BD}=0$　　(2)　50

〈解説〉(1)　$\overrightarrow{AB}=(-7,\ 1,\ 5),$

$\overrightarrow{BC}=(4,\ -2,\ 6),$

$\overrightarrow{BD}=(2,\ -6,\ 4)$より

$\overrightarrow{AB}\cdot\overrightarrow{BC}=0,\ \overrightarrow{AB}\cdot\overrightarrow{BD}=0$

(2)　△BCDの面積

$=\dfrac{1}{2}\sqrt{\ |\ \overrightarrow{BC}\ |^2\cdot\ |\ \overrightarrow{BD}\ |^2-\left(\overrightarrow{BC}\cdot\overrightarrow{BD}\right)^2}$

$=10\sqrt{3}\ \cdots①$

$|\ \overrightarrow{AB}\ |=5\sqrt{3}\ \cdots②$

(1)より，AB⊥BC，AB⊥BDであり，AB⊥△BCDとなる。

したがって，

四面体ABCDの体積をVとすると

$\mathrm{V}=\dfrac{1}{3}\cdot10\sqrt{3}\cdot5\sqrt{3}=50$

【3】解説参照

〈解説〉(証明)　数学的帰納法によって証明する。

証明する等式をAとする。

i)　$n=1$のとき

左辺＝1，

右辺$=\dfrac{1}{6}\cdot1\cdot(1+1)\cdot(2\times1+1)=1$

ゆえに等式Aは成り立つ。

ii)　$n=k$のとき

$1^2+2^2+3^2+\cdots\cdots+k^2=\dfrac{1}{6}k(k+1)(2k+1)\cdots\cdots①$

①の成立を仮定する。

①の両辺に$(k+1)^2$を加えると，

$1^2+2^2+3^2+\cdots\cdots+k^2+(k+1)^2=\dfrac{1}{6}k(k+1)(2k+1)+(k+1)^2$

$$=\frac{1}{6}(k+1)(2k^2+7k+6)$$
$$=\frac{1}{6}(k+1)(k+2)(2k+3)$$

よって，$n=k+1$のときにも等式Aは成り立つ。

i), ii)より，

等式Aはすべての自然数nについて成り立つ。

【4】 $y=x^4-2x^2$

〈解説〉求める4次関数を

$y=ax^4+bx^3+cx^2+dx+e$とする。

$(0，0)$, $(\pm1，-1)$を通ることより，

$$\begin{cases} e=0 \\ a+b+c+d+e=-1 \\ a-b+c-d+e=-1 \end{cases}$$

次に，$y'=4ax^3+3bx^2+2cx+d$となる。

$x=0$で極大値，$x=\pm1$で極小値をとることより，

$x=0$, ±1のとき，$y'=0$となる。

$$\begin{cases} d=0 \\ 4a+3b+2c+d=0 \\ 4a-3b+2c-d=0 \end{cases}$$

これらを解くと

$a=1$, $c=-2$, $b=d=e=0$

ゆえに

$y=x^4-2x^2\cdots$①

逆に，関数①が条件を満たすことを示す。

$y'=4x^3-4x=4x(x+1)(x-1)$より関数①の増減表は次のようになる。

x	$\cdots$	-1	$\cdots$	0	$\cdots$	1	$\cdots$
y'	$-$	0	$+$	0	$-$	0	$+$
y	↘	極小 -1	↗	極大 0	↘	極小 -1	↗

したがって，関数①は条件を満たす。

始
始

よって，求める関数は，
$$y = x^4 - 2x^2$$

【５】4桁

〈解説〉$10^5 \leq xy < 10^6$ より，
$$5 \leq \log_{10} xy < 6 \cdots ①$$
$10^{12} \leq xy^3 < 10^{13}$ より，
$$12 \leq \log_{10} xy^3 < 13$$
$$12 \leq \log_{10} xy + 2\log_{10} y < 13 \cdots ②$$
①，②より
$$6 < 2\log_{10} y < 8$$
$$3 < \log_{10} y < 4$$
したがって，yの整数部分は4桁である。

【６】$-2\sqrt{2} - 1$

〈解説〉与式を変形して
$$y = \frac{1}{2}(1 + \cos 2\theta) - 2\sin 2\theta - \frac{3}{2}(1 - \cos 2\theta)$$
$$= 2(\cos 2\theta - \sin 2\theta) - 1$$
$$= 2\sqrt{2} \cos\left(2\theta + \frac{\pi}{4}\right) - 1 \cdots ①$$

ここで，$0 \leq \theta \leq \frac{\pi}{2}$ より
$$\frac{\pi}{4} \leq 2\theta + \frac{\pi}{4} \leq \frac{5}{4}\pi \text{ となる。} \cdots ②$$

つまり，$-1 \leq \cos\left(2\theta + \frac{\pi}{4}\right) \leq \frac{1}{\sqrt{2}}$

したがって，$\theta = \frac{3}{8}\pi$ のとき，yの最小値$-2\sqrt{2} - 1$である。

【７】解説参照

〈解説〉証明)

a，bが正の整数より
$$\left(\sqrt{2} - \frac{b}{a}\right)\left(\sqrt{2} - \frac{2a+b}{a+b}\right) \cdots ①$$

$$= \frac{\sqrt{2}\,a-b}{a} \cdot \frac{(\sqrt{2}\,a-b)(1-\sqrt{2}\,)}{a+b}$$

$$= \frac{(\sqrt{2}\,a-b)^2(1-\sqrt{2}\,)}{a(a+b)} < 0$$

つまり，$\sqrt{2}-\dfrac{b}{a}$ と $\sqrt{2}-\dfrac{2a+b}{a+b}$ は異符号となる。

したがって，

$\sqrt{2}$ は $\dfrac{b}{a}$ と $\dfrac{2a+b}{a+b}$ との間にある。

【中学校】

【1】 解説参照

〈解説〉課題「奇数と奇数の積がどのような数になるのかを予想し，文字
　　式を使って証明しよう。」

　　(考え方)　具体的な奇数で考え，どのような数になるのかを予想する。

　　　例)　$3\times7=21$
　　　　　　$15\times23=345$ ＞奇数？
　　　　　　　$\vdots$

　予想)　奇数×奇数＝奇数　ではないか。

文字式を利用して証明しよう！

※2つの奇数を文字を使って表す

　復習)　奇数＝偶数＋1
　　　　　　　＝2×整数＋1より

　　$2m+1$，$2n+1(m,\ n$は整数$)$

[疑問？]…なぜ，$2m+1$，$2m+1$ではいけないのか?

※　$2m+1$，$2m+1$の場合とは…

　　$m=2$のとき　5×5

　　$m=8$のとき　17×17

　　　　　$\vdots$

つまり，同じ奇数の場合しか考えていない。どんな奇数の場合にも成
り立つことを証明するには，$2m+1$，$2n+1$でないといけない。

証明)　2つの整数が奇数と奇数のとき，2つの奇数を，$2m+1$，$2n+$

1(m, nは整数)と表す。

このとき，2つの奇数の積は，

$(2m+1)(2n+1)$

$=4mn+2m+2n+1$

$=2(2mn+m+n)+1$

$2mn+m+n$　は整数だから，これは奇数である。

つまり，2つの整数が奇数と奇数のとき，その2数の積は奇数になる。

【2】解説参照

〈解説〉証明)　(例)

(図)

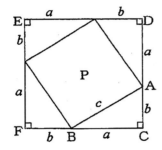

図のように，△ABCの辺ABを1辺とする正方形の面積をPとする。

また，△ABCと合同な直角三角形を，辺ABを1辺とする正方形の周りにかき加えると，1辺が$a+b$のみの正方形EFCDができる。

面積Pは，正方形EFCD−△ABC×4として求められるので，

$P = (a+b)^2 - \dfrac{1}{2}ab \times 4$

$= a^2 + 2ab + b^2 - 2ab$

$= a^2 + b^2$

となる。

$P = c^2$だから，

三平方の定理$a^2 + b^2 = c^2$が成り立つ。

【3】a　数と式　　b　図形　　c　数量関係　　d　関数　　e　資料の
活用

〈解説〉学習指導要領からの出題は頻出だが，現在は改訂による端境期の
ため，「目標」などがどう変わったかを問うたりする問題も見られる。
このような穴埋め式の出題形式が多いため，過去問を解くことで着実
に身に付けていきたい。

【4】a　カ　　b　ク　　c　イ　　d　オ　　e　ウ

〈解説〉学習指導要領からの出題である。第1学年「2　内容　B　図形」
を参照のこと。

【高等学校】

【1】(1)　8　　(2)　$\dfrac{3}{16}\pi$　　(3)　$\dfrac{\pi}{5a^2}\sin^5 2a$　　(4)　$\dfrac{\pi a^3}{8}$

(5)　$\dfrac{256}{5}$

〈解説〉(1)　$\displaystyle\lim_{a\to 0}\dfrac{2^3\sin 2a}{(2a)^3}=\lim_{a\to 0}8\cdot\left(\dfrac{\sin 2a}{2a}\right)^3=8$

(2)　$\displaystyle\int_0^{\frac{\pi}{2}}\left(\dfrac{1+\cos 2\theta}{2}\right)^2 d\theta=\dfrac{1}{4}\int_0^{\frac{\pi}{2}}(1+2\cos 2\theta+\cos^2 2\theta)d\theta$

$=\dfrac{1}{4}\displaystyle\int_0^{\frac{\pi}{2}}\left(\dfrac{3}{2}+2\cos 2\theta+\dfrac{1}{2}\cos 4\theta\right)d\theta$

$=\dfrac{1}{4}\left[\dfrac{3}{2}\theta+\sin 2\theta+\dfrac{1}{8}\sin 4\theta\right]_0^{\frac{\pi}{2}}=\dfrac{3}{16}\pi$

(3)　$V_1=\pi\displaystyle\int_0^{\sin 2a}\left(\dfrac{x^2}{a}\right)^2 dx=\dfrac{\pi}{a^2}\int_0^{\sin 2a}x^4 dx$

$=\dfrac{\pi}{a^2}\left[\dfrac{1}{5}x^5\right]_0^{\sin 2a}=\dfrac{\pi}{5a^2}\sin^5 2a$

(4)　$0\leqq t\leqq a$の範囲のtに対して，$x=t$というx軸に垂直な平面での切り
口の面積を$S(t)$とする。切り口は，

$$\begin{cases} x\geqq 0 \\ x^2+y^2\leqq a^2 \\ 0\leqq z\leqq\dfrac{x^2}{a} \\ x=t \end{cases}$$

つまり

$$\begin{cases} x \geqq 0 \\ -\sqrt{a^2-t^2} \leqq t \leqq \sqrt{a^2-t^2} \\ 0 \leqq z \leqq \dfrac{t^2}{a} \\ x = t \end{cases}$$

となり，

yz平面に図示すると，右図になる。

$S(t) = 2\sqrt{a^2-t^2} \cdot \dfrac{t^2}{a} \cdots ①$

$V_2 = \displaystyle\int_0^a S(t)dt$

$\quad = \dfrac{2}{a} \displaystyle\int_0^a t^2\sqrt{a^2-t^2}\,dt$

$t = a\sin\theta$ とおくと，$dx = a\cos\theta\,d\theta$

$\theta : 0 \to \dfrac{\pi}{2}$ のとき，$t : 0 \to a$

$V_2 = \dfrac{2}{a} \displaystyle\int_0^{\frac{\pi}{2}} a^2\sin^2\theta \cdot a\cos\theta \cdot a\cos\theta\,d\theta$

$\quad = 2a^3 \displaystyle\int_0^{\frac{\pi}{2}} \sin^2\theta \cdot \cos^2\theta\,d\theta$

$\quad = \dfrac{a^3}{2} \displaystyle\int_0^{\frac{\pi}{2}} \sin^2 2\theta\,d\theta = \dfrac{a^3}{4}\displaystyle\int_0^{\frac{\pi}{2}}(1-\cos4\theta)d\theta \cdots ②$

$\quad = \dfrac{a^3}{4}\left[\theta - \dfrac{1}{4}\sin4\theta\right]_0^{\frac{\pi}{2}} = \dfrac{\pi a^3}{8}$

(5)　$\displaystyle\lim_{a\to 0}\dfrac{V_1}{V_2} = \lim_{a\to 0}\left(\dfrac{\pi}{5a^2}\sin^5 2a \cdot \dfrac{8}{\pi a^3}\right) = \lim_{a\to 0}\dfrac{8\sin^5 2a}{5a^5}$

$\qquad\qquad = \displaystyle\lim_{a\to 0}\dfrac{2^8}{5}\cdot\left(\dfrac{\sin2a}{2a}\right)^5 = \dfrac{256}{5}$

【2】a　4　　b　5　　c　数学活用

〈解説〉現行高等学校学習指導要領及び新高等学校学習指導要領「数学」の各科目とその標準単位数を確認しておく。変更箇所は，7科目から6科目へなったこと，数学基礎と数学Cがなくなって，数学活用ができたことだ。また標準単位数は，数学Ⅲ3単位から5単位へ，数学活用は2単位となっている。

【3】a　データの分析　　b　数学的に考察　　c　数学　　d　活用
〈解説〉新高等学校学習指導要領「第1 数学Ⅰ　1　目標」を参照。全文
　は「数と式，図形と計量，二次関数及びデータの分析について理解さ
　せ，基礎的な知識の習得と技能の習熟を図り，事象を数学的に考察す
　る能力を培い，数学のよさを認識できるようにするとともに，それら
　を活用する態度を育てる」である。学習指導要領についての出題はこ
　のような空欄補充形式の問題が多い。

【4】a　整数の除法　　b　最大公約数　　c　二元一次不定方程式
〈解説〉新高等学校学習指導要領(平成21年3月告示)「数学」の「第4　数
　学A　2　内容　(2)」を参照。全文は以下の通りである。
　「イ　ユークリッドの互除法
　　　整数の除法の性質に基づいてユークリッドの互除法の仕組みを理解
　し，それを用いて二つの整数の最大公約数を求めること。また，二元
　一次不定方程式の解の意味について理解し，簡単な場合についてその
　整数解を求めること」

【5】a　標準形　　b　平行移動　　c　回転
〈解説〉次の文は，現行高等学校学習指導要領「数学」の「第7　数学C
　3．内容の取扱い」を参照。学習指導要領の学習方法については，ま
　ずこのような問題集を解き，まずはこの空欄補充が確実にこなせるよ
　うにしたい。
　「3．内容の取扱い　(3)　内容の(2)のアについては，二次曲線の標準
　形やそれを平行移動した程度のものを扱い，曲線の回転は扱わないも
　のとする」

【中高共通】

【１】 △ABCにおいて，AB＝2，BC＝3，CA＝4のとき，次の(1)・(2)の問いに答えなさい。

(1) sinBの値を求めなさい。

(2) △ABCの内接円の半径を求めなさい。

(☆☆☆◎◎◎)

【２】 1個のさいころを3回続けて投げるとき，2以下の目が2回以上出る確率を求めなさい。

(☆☆☆◎◎◎)

【３】 x, y, zおよびnを自然数とするとき，次の(1)～(3)の問いに答えなさい。

(1) 不等式$x+y≦5$を満たす自然数の組(x, y)の個数を求めなさい。

(2) 不等式$x+y≦n$を満たす自然数の組(x, y)の個数をnの式で表しなさい。

(3) 不等式$x+y+z≦n$を満たす自然数の組(x, y, z)の個数をnの式で表しなさい。

(☆☆☆◎◎◎)

【４】 関数$f(x)＝x^2－ax+1(－1≦x≦1)$の最小値を$m(a)$とするとき，次の(1)・(2)の問いに答えなさい。ただし，aは定数とする。

(1) $a<－2$のとき，$m(a)$を求めなさい。

(2) $m(a)$を最大にするaの値とそのときの最大値を求めなさい。

(☆☆☆◎◎◎)

【5】△ABCにおいて，頂点A，Bと三角形の内部の点Oを結ぶ直線AO，BOが，辺BC，ACと交わる点を，それぞれD，Eとする。BD：DC＝2：3，点Oが線分BEの中点になるとき，AE：ECを求めなさい。

(☆☆☆◎◎◎)

【6】$f(\theta)=2\cos3\theta-1$について，次の(1)～(3)の問いに答えなさい。
  (1) $f(100°)$および$f(140°)$の値を求めなさい。
  (2) $\cos\theta=x$とおいて，$f(\theta)$をxの式で表しなさい。
  (3) $\cos20°\cdot\cos100°\cdot\cos140°$の値を求めなさい。

(☆☆☆◎◎◎)

【中学校】

【1】第3学年の生徒に，「平方根の大小関係」について指導する場合の板書の内容を書きなさい。ただし，指導する内容は，具体的な数の平方根の大小から一般的な平方根の大小をまとめた上で，-4と$-\sqrt{18}$の大小を不等号を使って表すこととする。

(☆☆☆◎◎◎)

【2】下図の△ABCの辺AB，ACの中点をそれぞれD，Eとすると，DE//BC，DE＝$\dfrac{1}{2}$BCとなることを，下図に四角形をかき，第2学年の学習内容を使って証明しなさい。

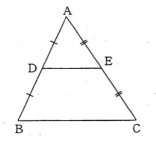

(☆☆☆◎◎◎)

【３】次の文は，新中学校学習指導要領(平成20年3月告示)「数学」の「第1　目標」である。次の(a)～(e)にあてはまる語句を書きなさい。

　　(　a　)を通して，数量や図形などに関する基礎的な概念や(　b　)についての理解を深め，数学的な表現や処理の仕方を習得し，事象を数理的に考察し(　c　)を高めるとともに，数学的活動の楽しさや(　d　)を実感し，それらを活用して考えたり(　e　)したりしようとする態度を育てる。

(☆☆☆◎◎)

【４】新中学校学習指導要領(平成20年3月告示)「数学」の「第2　各学年の目標及び内容」において，次のア～ウの文は，第1学年の「2　内容」における〔数学的活動〕の中で，取り組む機会を設けるものとして示された活動である。それぞれの活動について，次の(a)～(c)にあてはまる語句を書きなさい。

ア　既習の数学を基にして，(　a　)活動
イ　日常生活で(　b　)活動
ウ　数学的な表現を用いて，自分なりに(　c　)活動

(☆☆☆◎◎)

【高等学校】

【１】関数 $f(x)=\dfrac{2x}{(x+1)^2}$ について，次の(1)～(4)の問いに答えなさい。

(1)　導関数 $f'(x)$ を求めなさい。

(2)　関数 $y=f(x)$ の最大値とそのときの x の値を求めなさい。

(3)　$a>0$ とするとき，定積分 $\displaystyle\int_0^a f(x)dx$ を求めなさい。

(4)　極限値 $\displaystyle\lim_{n\to\infty}\left\{\dfrac{2}{(n+1)^2}+\dfrac{4}{(n+2)^2}+\dfrac{6}{(n+3)^2}+\cdots+\dfrac{2n}{(n+n)^2}\right\}$ を求めなさい。

(☆☆☆◎◎◎)

【2】次の文は，現行高等学校学習指導要領「数学」の「第7　数学C」「1　目標」である。次の(a)～(c)にあてはまる語句を書きなさい。

　　行列とその応用，(a)，確率分布又は(b)について理解させ，知識の習得と技能の習熟を図り，事象を数学的に考察し処理する能力を伸ばすとともに，それらを積極的に(c)を育てる。

(☆☆☆◎◎◎)

【3】現行高等学校学習指導要領「数学」の「第3款　各科目にわたる指導計画作成と内容の取扱い」の1(2)においては，「数学C」の履修の順序について，どのように示されているか，履修の前提となっている科目に留意して書きなさい。

(☆☆☆◎◎◎)

【4】次の文は，現行高等学校学習指導要領「数学」の「第5　数学A」「3　内容の取扱い」の(3)を示したものである。次の(a)～(c)にあてはまる語句を書きなさい。

　　内容の(3)(場合の数と確率)のア(順列・組合せ)に関連して，(a)を扱うものとし，ウ(独立な試行と確率)に関連して，(b)を扱うものとする。ただし，(c)，従属は扱わないものとする。

(☆☆☆◎◎◎)

【5】次の表は，現行高等学校学習指導要領の各科目の標準単位数と各科目を構成している内容についてまとめたものである。空欄に適切な数字または語句を書きなさい。

科　目	標準単位数	科目を構成している内容
数学Ⅰ	3	方程式と不等式，(　　　　　　　)，(　　　　　　　)
数学Ⅱ	(　　)	式と証明・高次方程式，(　　　　　　　) (　　　　　　　)，(　　　　　　　)
数学Ⅲ	(　　)	(　　　　　　　)，微分法，積分法

(☆☆☆◎◎◎)

解答・解説

【中高共通】

【１】(1)　$\dfrac{\sqrt{15}}{4}$　　　(2)　$\dfrac{\sqrt{15}}{6}$

〈解説〉(1)　余弦定理により

$$\cos B = \frac{2^2 + 3^2 - 4^2}{2 \times 2 \times 3}$$

$$= -\frac{1}{4}$$

$\sin B > 0$ であるから

$$\sin B = \sqrt{1 - \left(-\frac{1}{4}\right)^2}$$

$$= \frac{\sqrt{15}}{4}$$

(2)　△ABCの面積をSとする。

$$S = \frac{1}{2} \cdot 2 \cdot 3 \cdot \sin B$$

$$= \frac{3\sqrt{15}}{4}$$

ここで，△ABCの内接円の半径をrとすると

$$S = \frac{r}{2}(2 + 3 + 4) = \frac{9}{2} r$$

したがって，

$$\frac{9}{2} r = \frac{3\sqrt{15}}{4}$$

$$r = \frac{\sqrt{15}}{6}$$

【２】$\dfrac{7}{27}$

〈解説〉さいころを1回投げるとき，

2以下の目が出る確率は　$\dfrac{2}{6} = \dfrac{1}{3}$

3以上の目が出る確率は　$\dfrac{4}{6} = \dfrac{2}{3}$

また，2以下の目が2回以上出るのは，2以下の目が2回または3回出る場合であるから，その確率は，

$$_3C_2\left(\frac{1}{3}\right)^2\left(\frac{2}{3}\right)+\left(\frac{1}{3}\right)^3=\frac{7}{27}$$

【3】 (1) 10個　　(2) $\dfrac{n(n-1)}{2}$　　(3) $\dfrac{n}{6}(n-1)(n-2)$

〈解説〉(1) $x+y\leqq5$を満たす自然数の組$(x,\ y)$は

(4, 1)

(3, 1), (3, 2),

(2, 1), (2, 2), (2, 3),

(1, 1), (1, 2), (1, 3), (1, 4)

よって，$1+2+3+4=10$個

(2) $x+y\leqq n$を満たす自然数の組$(x,\ y)$の個数は

$1+2+3+\cdots\cdots+(n-1)$

$=\displaystyle\sum_{k=1}^{n-1}k=\frac{n(n-1)}{2}$

(3) $x,\ y,\ z$は自然数であり，$x+y\leqq n-z$より

$1\leqq z\leqq n-2$　……①

ここで，$x+y\leqq n$を満たす自然数の組$(x,\ y)$の個数をa_nとすると

$z=m$のとき，自然数の組$(x,\ y,\ m)$の個数はa_{n-m}と表すことができる。

よって，①より，求める自然数の組の個数は，

$a_2+a_3+a_4+\cdots\cdots+a_{n-1}$となる。

$a_1=0$より

$a_2+a_3+a_4+\cdots\cdots+a_{n-1}$

$=\displaystyle\sum_{k=1}^{n-1}=\frac{k(k-1)}{2}$

$=\dfrac{1}{2}\displaystyle\sum_{k=1}^{n-1}(k^2-k)$

$=\dfrac{n}{6}(n-1)(n-2)$

【４】(1)　$a+2$　　(2)　$a=0$のとき，最大値$m(0)＝1$

〈解説〉(1)　$f(x)=\left(x-\dfrac{a}{2}\right)^2-\dfrac{a^2}{4}+1$

$a<-2$より　$\dfrac{a}{2}<-1$だから

　$m(a)=f(-1)$

　　　　$=a+2$

(2)　$m(a)=\begin{cases}-a+2a & (a>2)\\[4pt] -\dfrac{a^2}{4}+1 & (-2\leqq a\leqq 2)\\[4pt] a+2 & (a<-2)\end{cases}$

となることより，$m(a)$は

$a=0$のとき，最大値$m(0)＝1$である。

【５】$2:1$

〈解説〉メネラウスの定理より

　　$\dfrac{BD}{DC}\cdot\dfrac{CA}{AE}\cdot\dfrac{EO}{OB}=1$

ここで，$AE:EC=m:n$とすると

　　$\dfrac{2}{3}\cdot\dfrac{m+n}{m}\cdot\dfrac{1}{1}=1$

　　　　　　　　$m=2n$

したがって

　　$AE:EC=2:1$

【６】(1)　$f(100°)=0,\ f(140°)=0$　　(2)　$f(\theta)=8x^3-6x-1$　　(3)　$\dfrac{1}{8}$

〈解説〉(1)　$f(100°)=2\cos300°-1$

　　　　　　　　　　$=0$

$f(140°)=2\cos420°-1$

　　　　　$=0$

(2)　$f(\theta)=2(4\cos^3\theta-3\cos\theta)-1$

　　　　　　$=8\cos^3\theta-6\cos\theta-1$

$\cos\theta=x$より，

　$f(\theta)=8x^3-6x-1$

(3)
$$\left.\begin{array}{l} f(20°)=0 \\ f(100°)=0 \\ f(140°)=0 \end{array}\right\} \quad \cdots\cdots①$$

また，

  $0°<20°<100°<140°<180°$より

  $\cos20°>\cos100°>\cos140°$である。

ゆえに，$\cos20°$，$\cos100°$，$\cos140°$の値は互いに異なる。$\cdots\cdots②$

よって，(2)の結果と①，②より

  $\cos20°$，$\cos100°$，$\cos140°$は

$8x^3-6x-1=0$の異なる3つの解である。

したがって，解と係数の関係より，

  $\cos20°\cdot\cos100°\cdot\cos140°=\dfrac{1}{8}$

【中学校】

【1】解説参照。

〈解説〉(1)　課題…「-4と$-\sqrt{18}$の大小を不等号を使って表しなさい。」

  (考え方)　面積が2と5になる正方形の1辺の長さを考える。

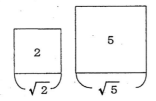

1辺の長さは，それぞれ，$\sqrt{2}$，$\sqrt{5}$になる。

よって，2<5ならば，$\sqrt{2}<\sqrt{5}$

    【平方根の大小】

     a，bが正の数で，$a<b$ならば　$\sqrt{a}<\sqrt{b}$　である

(解)　$4^2=16$，$(\sqrt{18})^2=18$　で，$16<18$だから　$\sqrt{16}<\sqrt{18}$

よって，$4<\sqrt{18}$

数直線上に2つの数4と$\sqrt{18}$を表すと，

同じように−4と−$\sqrt{18}$を数直線上に表すと，−4，−$\sqrt{18}$は，数直線上でそれぞれ4，$\sqrt{18}$と0について対称な位置にあるから，正の数の場合と大きさが逆になる。

よって，−4＞−$\sqrt{18}$である。

【２】解説参照。

〈解説〉(証明)

(図)

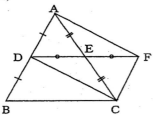

線分DEの延長上にDE＝EFとなる点Fをとり，四角形ADCFをつくる。

仮定より，点Eは線分ACの中点だから対角線がそれぞれの中点で交わるので，四角形ADCFは平行四辺形である。

よって，四角形DBCFにおいて，

AD＝DB＝FC　…①

また，AD//FCだから，

DB//FC　…②

ゆえに，①，②より，1組の向かいあう辺が等しくて平行だから，四角形DBCFは平行四辺形である。

よって，DE//BC

$DE＝\dfrac{1}{2}DF＝\dfrac{1}{2}BC$

【3】a　数学的活動　　b　原理・法則　　c　表現する能力
　d　数学のよさ　　e　判断

〈解説〉「第1　目標」は次の通り。

　　数学的活動を通して，数量や図形などに関する基礎的な概念や原
　理・法則についての理解を深め，数学的な表現や処理の仕方を習得し，
　事象を数理的に考察し表現する能力を高めるとともに，数学的活動の
　楽しさや数学のよさを実感し，それらを活用して考えたり判断したり
　しようとする態度を育てる。

【4】*a*　数や図形の性質などを見いだす　　*b*　数学を利用する
　c　説明し伝え合う

〈解説〉〔数学的活動〕

　(1)　「A数と式」，「B図形」，「C関数」及び「D資料の活用」の学習や
　それらを相互に関連付けた学習において，次のような数学的活動に取
　り組む機会を設けるものとする。

　ア　既習の数学を基にして，数や図形の性質などを見いだす活動
　イ　日常生活で数学を利用する活動
　ウ　数学的な表現を用いて，自分なりに説明し伝え合う活動

【高等学校】

【1】(1)　$\dfrac{2(1-x)}{(x+1)^3}$　　　(2)　$x=1$のとき，最大値$\dfrac{1}{2}$

　(3)　$2\{\log(a+1)+\dfrac{1}{a+1}-1\}$　　　(4)　$2\log2-1$

〈解説〉(1)　$f(x)\dfrac{2(x+1)^2-2x\cdot2(x+1)}{(x+1)^4}$

　$=\dfrac{2(1-x)}{(x+1)^3}$

　(2)　$f(x)=0$　とおくと　$x=1$
　よって，関数の増減は次の表のようになる。

x	$\cdots$	-1	$\cdots$	1	$\cdots$
$f'(x)$	$-$		$+$	0	$-$
$f(x)$	$\searrow$		$\nearrow$	$\dfrac{1}{2}$	$\searrow$

また，$\displaystyle\lim_{n\to-\infty}f(x)=\lim_{n\to-\infty}\dfrac{\dfrac{2}{x}}{(1+\dfrac{1}{x})^2}=0$

よって，

関数 $y=f(x)$ は，$x=1$ のとき，最大値 $\dfrac{1}{2}$ をとる。

(3)　$f(x)=\dfrac{2x}{(x+1)^2}$

$\qquad=\dfrac{2(x+1)-2}{(x+1)^2}$

$\qquad=2\left\{\dfrac{1}{x+1}-\dfrac{1}{(x+1)^2}\right\}$

よって，$a>0$ のとき，

$\displaystyle\int_0^a f(x)dx$

$=2\left[\log(x+1)+\dfrac{1}{x+1}\right]_0^a$

$=2\left\{\log(a+1)+\dfrac{1}{a+1}-1\right\}$

(4)　$\dfrac{2}{(n+1)^2}+\dfrac{4}{(n+2)^2}+\dfrac{6}{(n+3)^2}+\cdots+\dfrac{2n}{(n+n)^2}$

$=\dfrac{1}{n}\displaystyle\sum_{k=1}^{n}\dfrac{2\cdot\dfrac{k}{n}}{\left(1+\dfrac{k}{n}\right)^2}$

と変形できるから，求める極限値を S とすると，

$S=\displaystyle\lim_{n\to\infty}\dfrac{1}{n}\sum_{k=1}^{n}\dfrac{2\cdot\dfrac{k}{n}}{\left(1+\dfrac{k}{n}\right)^2}$

$\qquad=\displaystyle\int_0^1\dfrac{2x}{(1+x)^2}dx$

262

$$= \int_0^1 f(x)dx$$

よって，(3)の結果において$a=1$とすると

$S=2\log2-1$

【2】(a)　式と曲線　　(b)　統計処理　　(c)　活用する態度
〈解説〉「数学C」の目標は，次のように示されている。

　　行列とその応用，式と曲線，確率分布又は統計処理について理解さ
　せ，知識の習得と技能の習熟を図り，事象を数学的に考察し処理する
　能力を伸ばすとともに，それらを積極的に活用する態度を育てる。

【3】「数学C」については，「数学Ⅰ」及び「数学A」を履修した後に履
　　修させることを原則とすること。
〈解説〉各科目の履修の順序については，学習指導要領第2章第4節数学第
　3款の1に次のように示されている。
　1　指導計画の作成に当たっては，次の事項に配慮するものとする。
　(1)　「数学Ⅱ」，「数学Ⅲ」を履修させる場合は，原則として「数学Ⅰ」，
　「数学Ⅱ」，「数学Ⅲ」の順に履修させること。
　(2)　「数学A」については，「数学基礎」又は「数学Ⅰ」と並行してあ
　るいはそれらの科目を履修した後に履修させ，「数学B」については，
　「数学Ⅰ」を履修した後に履修させ，「数学C」については，「数学Ⅰ」
　及び「数学A」を履修した後に履修させることを原則とすること。
　(3)　各科目を履修させるに当たっては，当該科目及び他の科目の内容
　相互の関連を図るとともに，学習内容の系統性に留意すること。

【4】(a)　二項定理　　(b)　期待値　　(c)　事象の独立
〈解説〉(3)　場合の数と確率

　　具体的な事象の考察などを通して，順列・組合せや確率について理
　解し，不確定な事象を数量的にとらえることの有用性を認識するとと
　もに，事象を数学的に考察し処理できるようにする。

　ア　順列・組合せ
　イ　確率とその基本的な法則
　ウ　独立な試行と確率
　　　[用語・記号]　nPr，nCr，階乗，n!，余事象，排反
[内容の取扱い]
(3)　内容の(3)のアに関連して，二項定理を扱うものとし，ウに関連して，期待値を扱うものとする。ただし，事象の独立，従属は扱わないものとする。

【5】

科　目	標準単位数	科目を構成している内容
数学Ⅰ		（　二次関数　　） （　図形と計量　）
数学Ⅱ	（　4　）	（　図形と方程式　　） （　いろいろな関数　　） （　微分・積分の考え　）
数学Ⅲ	（　3　）	（　極限・）

〈解説〉1．科目の編成
　　高等学校数学は「数学基礎」，「数学Ⅰ」，「数学Ⅱ」，「数学Ⅲ」，「数学A」，「数学B」及び「数学C」で編成されている。
　　これらの科目の標準単位数は次のとおりである。

（科目）　　　　　（標準単位数）
数学基礎　　　　　2
数学Ⅰ　　　　　　3
数学Ⅱ　　　　　　4
数学Ⅲ　　　　　　3

数学A   2

数学B   2

数学C   2

2．数学ⅠⅡⅢの内容の項目

●数学Ⅰ

(1)　方程式と不等式

(2)　二次関数

(3)　図形と計量

●数学Ⅱ

(1)　式と証明・高次方程式

(2)　図形と方程式

(3)　いろいろな関数

(4)　微分・積分の考え

●数学Ⅲ

(1)　極限

(2)　微分法

(3)　積分法

2009年度　実施問題

【中高共通】

【１】座標平面上に3点A(2，3)，B(－2，－1)，C(2，－3)がある。次の
(1)・(2)の問いに答えなさい。

(1)　3点A，B，Cを通る円の方程式を求めなさい。

(2)　∠BAC＝θとするとき，$\cos\theta$の値を求めなさい。

(☆☆☆◎◎◎)

【２】次の定理が成り立つことを証明しなさい。

「△ABCにおいて，∠Aの二等分線と辺BCとの交点をDとすると，Dは
辺BCをAB：ACの比に内分する。」

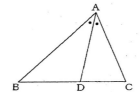

(☆☆☆◎◎◎)

【３】1辺の長さが1の正三角形OABにおいて，辺OAの中点をM，辺OBを
2：1に内分する点をCとする。また，線分BMと線分ACの交点をPとす
るとき，次の(1)・(2)の問いに答えなさい。

(1)　$\overrightarrow{OA}=\vec{a}$，$\overrightarrow{OB}=\vec{b}$とするとき，$\overrightarrow{OP}$を$\vec{a}$，$\vec{b}$を用いて表しな
さい。

(2)　$|\overrightarrow{OP}|$を求めなさい。

(☆☆☆◎◎◎)

【4】 $a>0$である定数aに対して$f(x)=\int_0^x t(3t-2a)dt$とおく。関数$f(x)$の増減を調べ，極値を求めなさい。

(☆☆☆◎◎◎)

【5】 $a_1=1$，$\dfrac{1}{a_{n+1}}=\dfrac{1}{a_n}+2n$ $(n=1,\ 2,\ 3,\ \cdots)$で定められた数列$\{a_n\}$の一般項を求めなさい。

(☆☆☆◎◎◎)

【6】 関数$y=\cos\theta+\sin\theta+\sin2\theta$ $(0\leqq\theta<2\pi)$について，次の(1)・(2)の問いに答えなさい。
(1) $x=\cos\theta+\sin\theta$とおくとき，次の①・②の問いに答えなさい。
　① xのとり得る値の範囲を求めなさい。
　② yをxで表しなさい。
(2) yの最大値と最小値をそれぞれ求めなさい。

(☆☆☆◎◎◎)

【中学校】

【1】 第2学年の生徒に，「くじは，先に引く場合と後に引く場合とでは，どちらが当たりやすいか。」を，指導する場合の板書の内容を書きなさい。ただし，指導する問題は，「5本のうち2本が当たりくじであるくじを，A，Bの2人がこの順に1本ずつ引く。Aが引いたくじはもとに戻さないものとして，A，Bどちらの方が当たる確率が大きいか。」とする。ただし，どのくじの出方も同様に確からしいものとする。

(☆☆☆◎◎◎)

【２】下図の△ABCの辺AB，AC上に，それぞれ点P，Qをとるとき，PQ//BCならば，AP：PB＝AQ：QCであることを，図を示して証明しなさい。

(証明)

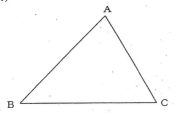

(☆☆☆◎◎◎)

【３】次の文は，中学校学習指導要領「数学」の「第1目標」である。(a)～(f)にあてはまる語句を書きなさい。

　数量，図形などに関する(a)や原理・法則の理解を深め，数学的な(b)を習得し，事象を(c)する能力を高めるとともに，(d)の楽しさ，(e)のよさを知り，それらを進んで(f)する態度を育てる。

(☆☆☆◎◎◎)

【４】次の(a)・(b)の文は，中学校学習指導要領「数学」の「第2　各学年の目標及び内容」における第1学年の「2　内容」の一部である。それぞれに関連した「3　内容の取扱い」について，(g)～(j)にあてはまる語句を書きなさい。

2　内容	3　内容の取扱い
(a)「A　数と式」の(2)のウ　簡単な一次式の加法と減法の計算ができること。	(1)　内容の「A　数と式」の(2)のウについては，(g)を解くのに必要な程度の(h)を取り上げるものとする。

(b)「B　図形」の(2)の
ウ　扇形の弧の長さ
と面積及び基本的な
柱体，錐体の表面積
と体積を求めること
ができること。

(5)　内容の「B　図形」の(2)のウについ
ては，(i)や円などの図形を(j)
とする柱体，錐体について取り扱うも
のとする。

(☆☆☆◎◎◎)

【高等学校】

【1】$f(x) = \dfrac{\log x}{x}$ とするとき，次の(1)～(3)の問いに答えなさい。ただし，対数の底はeとする。

(1)　関数$f(x)$の増減を調べ，最大値とそのときのxの値を求めなさい。

(2)　aを正の実数とするとき，xの方程式$x \log a - a \log x = 0$の実数解の個数を求めなさい。

(3)　曲線$y = f(x)$と2直線$x = 1$，$x = e$およびx軸で囲まれた図形を，x軸のまわりに1回転してできる回転体の体積を求めなさい。

(☆☆☆◎◎◎)

【2】次の文は，高等学校学習指導要領「数学」の「第5　数学A」の「1　目標」である。(1)～(3)にあてはまる語句を書きなさい。
　平面図形，(1)及び場合の数と確率について理解させ，基礎的な知識の習得と(2)を図り，事象を数学的に考察し処理する能力を育てるとともに，(3)のよさを認識できるようにする。

(☆☆☆◎◎◎)

【3】次の文は，高等学校学習指導要領「数学」の「第2　数学Ⅰ」の「3　内容の取扱い」の(2)・(4)を示したものである。(a)～(d)にあてはまる語句を書きなさい。

(2)　内容の「(2)　二次関数」の「ア　二次関数とそのグラフ」に関連して，いろいろな事象を表す関数を取り上げ，(a)の理解を深める

269

ものとする。「イ　二次関数の値の変化」の「(イ)　二次不等式」については，二次関数のグラフとx軸との(　b　)から解を求めるものとする。

(4)　内容の「(3)　図形と計量」の「イ　三角比と図形」の「(イ)　図形の計量」については，(　c　)の面積比・体積比及び球の表面積・体積を取り上げるほか，平面図形や簡単な空間図形の計量を取り上げるものとする。ただし，三角形の面積を(　d　)で求めるなどの深入りはしないものとする。

(☆☆☆◎◎◎)

【4】高等学校学習指導要領「数学」の各科目の「2　内容」において，各科目の内容に関する事項に示されている[用語・記号]を(例)のように，すべて書きなさい。

科目	各科目の内容に関する事項	[用語・記号]
数学A	(3)　場合の数と確率	$_nP_r$, $_nC_r$, 階乗, $n!$, 余事象, 排反
数学Ⅰ	(3)　図形と計量	
数学Ⅱ	(3)　いろいろな関数	
数学Ⅲ	(1)　極限	

(☆☆☆◎◎◎)

解答・解説

【中高共通】

【1】(1)　$x^2+y^2-2x-9=0$　　(2)　$\cos\theta=\dfrac{1}{\sqrt{2}}$

〈解説〉(1)　求める円の方程式を
$x^2+y^2+lx+my+n=0$　とする。
3点A，B，Cを通ることより

$$\begin{cases} 2l+3m+n=-13 \\ -2l-m+n=-5 \\ 2l-3m+n=-13 \end{cases}$$

これを解いて

$l=-2,\ m=0,\ n=-9$

よって，求める円の方程式は

$x^2+y^2-2x-9=0$

(2)　$AB=4\sqrt{2}$

$BC=2\sqrt{5}$

$AC=6$　…①

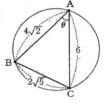

△ABCにおいて，余弦定理を使うと

$(2\sqrt{5})^2=(4\sqrt{2})^2+6^2-2\cdot4\sqrt{2}\cdot6\cdot\cos\theta$　…②

よって，

$\cos\theta=\dfrac{1}{\sqrt{2}}$

【2】 BD：DC＝AB：AC

〈解説〉点Cを通りADに平行な直線を引き，

BAの延長との交点をPとする。

同位角より，

∠BPC＝∠BAD

錯角より，

∠ACP＝∠CAD

ここで，

∠BAD＝∠CAD

であるから

∠BPC＝∠ACP

したがって，

△ACPは二等辺三角形となり，

AP＝AC　…①

ここで，DA//CPであるから，平行線と線分の比の関係により

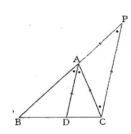

271

BD：DC＝BA：AP　…②

①，②より

BD：DC＝AB：AC

【3】(1)　$\overrightarrow{OP} = \dfrac{1}{4}\overrightarrow{a} + \dfrac{1}{2}\overrightarrow{b}$　　(2)　$|\overrightarrow{OP}| = \dfrac{\sqrt{7}}{4}$

〈解説〉(1)　AP：PC＝s：$(1-s)$とすると

$\overrightarrow{OP} = (1-s)\overrightarrow{a} + \dfrac{2}{3}s\overrightarrow{b}$　…①

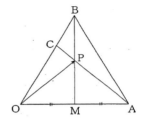

BP：PM＝t：$(1-t)$とすると

$\overrightarrow{OP} = \dfrac{1}{2}t\overrightarrow{a} + (1-t)\overrightarrow{b}$　…②

①，②より

$(1-s)\overrightarrow{a} + \dfrac{2}{3}s\overrightarrow{b} = \dfrac{1}{2}t\overrightarrow{a} + (1-t)\overrightarrow{b}$

また，

$\overrightarrow{a} \neq \overrightarrow{0}$，$\overrightarrow{b} \neq \overrightarrow{0}$，$\overrightarrow{a} \not\parallel \overrightarrow{b}$ だから

$1-s = \dfrac{1}{2}t$，$\dfrac{2}{3}s = 1-t$

これを解いて

$s = \dfrac{3}{4}$，$t = \dfrac{1}{2}$

したがって

$\overrightarrow{OP} = \dfrac{1}{4}\overrightarrow{a} + \dfrac{1}{2}\overrightarrow{b}$

(2)　$|\overrightarrow{OP}|^2 = \left| \dfrac{1}{4}\overrightarrow{a} + \dfrac{1}{2}\overrightarrow{b} \right|^2$

$\qquad\qquad = \dfrac{1}{16}|\overrightarrow{a}|^2 + \dfrac{1}{4}\overrightarrow{a} \cdot \overrightarrow{b} + \dfrac{1}{4}|\overrightarrow{b}|^2$　…①

$|\overrightarrow{a}|^2 = |\overrightarrow{b}|^2 = 1$

$\overrightarrow{a} \cdot \overrightarrow{b} = |\overrightarrow{a}||\overrightarrow{b}|\cos 60° = \dfrac{1}{2}$　…②

よって

$|\overrightarrow{OP}|^2 = \dfrac{7}{16}$

$|\overrightarrow{OP}| > 0$より

$$|\overrightarrow{\text{OP}}| = \frac{\sqrt{7}}{4}$$

【4】 $x=0$で極大値0　$x=\frac{2}{3}a$で極小値$-\frac{4}{27}a^3$

〈解説〉$f'(x)=x(3x-2a)$

　　$f'(x)=0$　より　$x=0,\ \frac{2}{3}a$

　　また，$f(x)=x^3-ax^2$より

　　$f(0)=0$

　　$f\left(\frac{2}{3}a\right)=\left(\frac{2}{3}a\right)^3-a\left(\frac{2}{3}a\right)^2$

　　　　　　　$=-\frac{4}{27}a^3$　となる。

　　したがって，$a>0$より，

　　$f(x)$の増減表は次のようになる。

x	$\cdots$	0	$\cdots$	$\frac{2}{3}a$	$\cdots$
$f'(x)$	$+$	0	$-$	0	$+$
$f(x)$	↗	0	↘	$-\frac{4}{27}a^3$	↗

　　よって

　　$x=0$で極大値0

　　$x=\frac{2}{3}a$で極小値$-\frac{4}{27}a^3$　をとる。

【5】 $a_n=\frac{1}{n^2-n+1}$

〈解説〉$b_n=\frac{1}{a_n}$とおくと，

　　$b_1=\frac{1}{a_1}=1,\ b_{n+1}=b_n+2n$　となる。

　　よって，$b_{n+1}-b_n=2n$　から，

　　$n\geqq2$のとき

　　$b_n=b_1+\displaystyle\sum_{k=1}^{n-1}2k=1+2\sum_{k=1}^{n-1}k$

$$= 1 + 2 \cdot \frac{n(n-1)}{2}$$

$$= n^2 - n + 1 \quad \cdots ①$$

となる。

$n = 1$ のとき

$b_1 = 1^2 - 1 + 1 = 1$ となり成り立つ。　　$\cdots ②$

よって，$n \geqq 1$ において

$b_n = n^2 - n + 1$

$b_n = \dfrac{1}{a_n}$　より

$\dfrac{1}{a_n} = n^2 - n + 1$

よって，$an = \dfrac{1}{n^2 - n + 1}$

【6】(1)　①　$-\sqrt{2} \leqq x \leqq \sqrt{2}$　　②　$y = x^2 + x - 1$

(2)　最大値 $1 + \sqrt{2}$，最小値 $-\dfrac{5}{4}$

〈解説〉(1)　①　$x = \cos\theta + \sin\theta$

$$= \sqrt{2}\left(\frac{1}{\sqrt{2}}\cos\theta + \frac{1}{\sqrt{2}}\sin\theta\right)$$

$$= \sqrt{2}\left(\sin\theta\cos\frac{\pi}{4} + \cos\theta\sin\frac{\pi}{4}\right)$$

$$= \sqrt{2}\sin\left(\theta + \frac{\pi}{4}\right) \quad \cdots ①$$

よって，$0 \leqq \theta < 2\pi$ より

$-\sqrt{2} \leqq x \leqq \sqrt{2}$

②　$x = \cos\theta + \sin\theta$ より

$x^2 = \cos^2\theta + 2\sin\theta\cos\theta + \sin^2\theta$

$= 1 + \sin2\theta$

よって

$\sin2\theta = x^2 - 1$

以上より

$y = x^2 + x - 1$

(2)　(1)②より

$$y = \left(x + \frac{1}{2}\right)^2 - \frac{5}{4}$$

また$-\sqrt{2} \leqq x \leqq \sqrt{2}$ より
グラフは次のようになる。

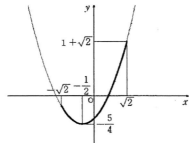

よって，最大値は　$1 + \sqrt{2}$，最小値は$-\frac{5}{4}$

【中学校】

【1】解説参照

〈解説〉課題……「A，Bどちらの方が当たる確率が大きいか。」

(考え方)

・5本のくじに1〜5の番号をつけて区別する。

・2本の当たりくじを1番，2番とする。

(解)

Aは，5本のうち1番か2番のどちらかを引いた時が当たりだから

Aが当たる確率$= \frac{2}{5}$　…①

・A，Bの順で，くじの引き方を樹形図に表す。

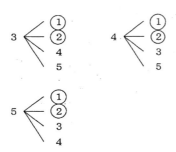

くじの引き方は全部で

4×5＝20通り　…②

※20通りのくじの出方は，同様に確からしい。

※Bが当たる場合は，1番か2番を引いたときだから，○のついた8通り…③である。

Bが当たる確率＝$\dfrac{③}{②}＝\dfrac{8}{20}＝\dfrac{2}{5}$　…④

①，④より当たる確率が等しいので，A，Bの当たる確率は同じである。

くじは引く順番に関係なく，当たる確率は同じである。

【２】解説参照

〈解説〉

(証明)　(図)

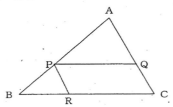

点Pを通って，辺ACに平行な直線がBCと交わる点をRとする。

△APQと△PBRで，PQ//BCだから同位角が等しいので，

∠APQ＝∠B　…①

PR//ACだから，同位角が等しいので，

∠A＝∠BPR　…②

①，②から，2組の角がそれぞれ等しいので，

△APQ∽△PBR

よって，AP：PB＝AQ：PR　…③

四角形PRCQは2組の向かい合う辺が，それぞれ平行だから，平行四辺形である。

平行四辺形は向かい合う辺が等しいので，

PR＝QC　…④

ゆえに，③，④より，

AP：PB＝AQ：QC

【3】a　基礎的な概念　　　b　表現や処理の仕方　　　c　数理的に考察
　　　d　数学的活動　　　e　数学的な見方や考え方　　　f　活用
〈解説〉現行の学習指導要領の穴埋めである。熟読しておくこと。

【4】g　一元一次方程式　　　h　式の計算　　　i　三角形　　　j　底面
〈解説〉現行の学習指導要領の穴埋めである。熟読しておくこと。

【高等学校】

【1】(1)　$x＝e$のとき最大値$\dfrac{1}{e}$　　　(2)　$0<a≦1$，$a＝e$のとき1個，$1<a<e$，$e<a$のとき2個　　　(3)　$(2-\dfrac{5}{e})\pi$

〈解説〉(1)　定義域は$x>0$

$f(x)＝\dfrac{\log x}{x}$とおくと，

$f'(x)＝\dfrac{\dfrac{1}{x}\cdot x-\log x\cdot 1}{x^2}＝\dfrac{1-\log x}{x^2}$

$f'(x)＝0$より，$x＝e$

よって，関数$f(x)$の増減表は次のようになる。

x	0	$\cdots$	e	$\cdots$
$f'(x)$	/	$+$	0	$-$
$f(x)$	/	$\nearrow$	$\dfrac{1}{e}$	$\searrow$

よって，

$x＝e$のとき最大値$\dfrac{1}{e}$をとる。

(2)　$x\log a－a\log x＝0$　より　　$\dfrac{\log x}{x}＝\dfrac{\log a}{a}$

したがって，

$y＝\dfrac{\log x}{x}$　と　$y＝\dfrac{\log a}{a}$　のグラフの共有点のx座標が，求める方程式

の実数解である。

ここで，

$$\lim_{n \to +0} ＝\dfrac{\log x}{x}＝－\infty$$

$$\lim_{n \to \infty} \dfrac{\log x}{x}＝0$$

また，(1)の増減表より関数$y＝\dfrac{\log x}{x}$のグラフは，次のようになる。

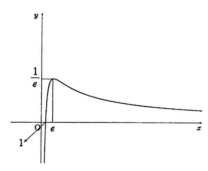

したがって，

$0＜a≦1$，$a＝e$のとき　　1個　…①

$1＜a＜e$，$e＜a$のとき　　2個　…②

(3)　求める体積Vは

$$V= \pi \int_1^e \left(\frac{\log x}{x} \right)^2 dx = \pi \int_1^e (\log x)^2 \left(-\frac{1}{x} \right)' dx$$

$$= \pi \left[(\log x)^2 \left(-\frac{1}{x} \right) \right]_1^e + 2\pi \int_1^e (\log x) \frac{1}{x^2} dx \quad \cdots ①$$

$$= -\frac{\pi}{e} + 2\pi \int_1^e (\log x) \left(-\frac{1}{x} \right)' dx$$

$$= -\frac{\pi}{e} + 2\pi \left[(\log x) \left(-\frac{1}{x} \right) \right]_1^e + 2\pi \int_1^e \frac{1}{x^2} dx \quad \cdots ②$$

$$= -\frac{\pi}{e} - \frac{2\pi}{e} + 2\pi \left[-\frac{1}{x} \right]_1^e$$

$$= \left(2 - \frac{5}{e} \right) \pi$$

【2】(1)　集合と論理　　(2)　技能の習熟　　(3)　数学的な見方や考え方
〈解説〉学習指導要領の穴埋め問題である。確実に点数にむすびつけたい。

【3】(a)　関数概念　　(b)　位置関係　　(c)　相似形　　(d)　ヘロンの
公式
〈解説〉学習指導要領の穴埋め問題である。確実に点数にむすびつけたい。

【4】数学I　(3)　図形と計量　sin, cos, tan　　数学Ⅱ　(3)　いろいろ
な関数　弧度法，累乗根，$\log_a x$　　数学Ⅲ　(1)　極限　収束，発
散，∞
〈解説〉学習指導要領の熟読が必要である。

2008年度　実施問題

【中高共通】

【１】2次関数$f(x)=x^2-6x+5\cdots$①について，次の(1)・(2)の問いに答えなさい。

(1)　2次関数①の最小値と，そのときのxの値を求めなさい。

(2)　$a\leqq x\leqq a+4$における2次関数①の最小値$m(a)$を求めなさい。

(☆☆☆◎◎◎)

【２】次の定理が成り立つことを証明しなさい。

「三角形の3つの内角の二等分線は1点で交わる。」

(☆☆☆◎◎◎)

【３】$\log_{10}2=0.3010$，$\log_{10}3=0.4771$とする。次の(1)・(2)の問いに答えなさい。

(1)　6^{49}は何桁の整数になるか，求めなさい。

(2)　6^{49}で最も高い位の数字を求めなさい。

(☆☆☆◎◎◎)

【４】7個の数字0，1，2，3，4，5，6から異なる4個の数字を取り出して，一列に並べ4桁の整数を作る。次の(1)〜(3)の問いに答えなさい。

(1)　整数は何個できるか。

(2)　3600より大きい整数は何個できるか。

(3)　3の倍数は何個できるか。

(☆☆☆◎◎◎)

【5】 等差数列$\{a_n\}$は，初項が100で，第10項から第17項までの和が0である。

この数列$\{a_n\}$について，次の(1)・(2)の問いに答えなさい。

(1) 公差dを求めなさい。

(2) 初項から第n項までの和をS_nとするとき，S_nが最大となるnの値を求めなさい。さらに，そのときのS_nの値を求めなさい。

(☆☆☆◎◎◎)

【中学校】

【1】 多角形の外角の和が360°になることを，第2学年の生徒に指導する場合の板書の内容を書きなさい。

(☆☆☆◎◎◎)

【2】 四角形が平行四辺形になる5つの条件のうち，右に示した①・②以外の条件を③〜⑤の欄に書きなさい。

また，③〜⑤の条件の中から1つ選び，番号を記入し，その条件が成立すると，四角形が平行四辺形になることを図を示して証明しなさい。ただし，証明に使う四角形は四角形ABCDとし，①・②の条件は成り立つものとする。

〔四角形が平行四辺形になる条件〕

①	2組の向かいあう辺が，それぞれ平行であるとき（定義）
②	2組の向かいあう辺が，それぞれ等しいとき
③	
④	
⑤	

(☆☆☆◎◎◎)

【3】 中学校学習指導要領「数学」の「第2 各学年の目標及び内容」について，次の(1)・(2)の問いに答えなさい。

(1)　次のア～ウの文は，各学年の「1　目標」の一部である。（　a　）
～（　g　）にあてはまる語句を書きなさい。

	学　年	目　　　　標
ア	第1学年	(3)　（　a　）を調べることを通して，比例，反比例の見方や考え方を深めるとともに，数量の関係を表現し（　b　）する基礎を培う。
イ	第2学年	(2)　基本的な平面図形の性質について，観察，操作や実験を通して理解を深めるとともに，図形の性質の考察における（　c　）の意義と方法とを理解し，推論の過程を的確に（　d　）する能力を養う。
ウ	第3学年	(1)　（　e　）について理解し，数の概念についての理解を一層深める。また，目的に応じて計算したり式を（　f　）したりする能力を一層伸ばすとともに，（　g　）について理解し，式を能率的に活用できるようにする。

(2)　各学年の「2　内容」において，次の領域に示されている，〔用
語・記号〕をすべて書きなさい。

学　年	領　域	〔用語・記号〕
第1学年	C　数量関係	
第2学年	B　図形	
第3学年	A　数と式	

(☆☆☆◎◎◎)

【高等学校】

【1】次の(1)～(4)の問いに答えなさい。ただし，eは自然対数の底とする。

(1)　$x>0$のとき，不等式$e^x>1+x+\dfrac{x^2}{2}$が成り立つことを証明しなさい。

(2)　(1)の結果を用いて，$\displaystyle\lim_{x\to\infty}\dfrac{\log x}{x}=0$を証明しなさい。

(3)　$f(x)=\displaystyle\int_1^x\dfrac{\log t}{(3t+1)^2}dt$で定義される関数$f(x)$を求めなさい。

(4)　$\displaystyle\lim_{x\to\infty}f(x)$の値を求めなさい。

(☆☆☆☆◎◎◎)

【2】次の文は，高等学校学習指導要領「数学」の「第3　数学Ⅱ」の「1　目標」である。文中の（　1　）〜（　3　）に適切な語句を入れなさい。

　式と証明・高次方程式，（　1　），いろいろな関数及び微分・積分の考えについて理解させ，基礎的な知識の習得と（　2　）を図り，事象を数学的に考察し処理する能力を伸ばすとともに，それらを（　3　）を育てる。

(☆☆◎◎◎)

【3】次の文は，高等学校学習指導要領「数学」の「第4　数学Ⅲ」の「3　内容の取扱い」の一部である。文中の（　a　）〜（　d　）に適切な語句または数式を入れなさい。

①　内容の「(2)　微分法」に関連して，（　a　）に触れる場合には，直観的に理解させる程度にとどめるものとする。

②　内容の「(3)　積分法」の「ア　不定積分と定積分」の「(イ)　簡単な置換積分法・部分積分法」については，置換積分法は，（　b　），（　c　）と置き換える程度にとどめるものとし，また，部分積分法は，簡単な関数について（　d　）で結果が得られるものにとどめるものとする。

(☆☆☆◎◎◎)

【4】次の文は，高等学校学習指導要領「数学」の「第3款　各科目にわたる指導計画の作成と内容の取扱い」の一部を示したものである。文中の（　1　）〜（　3　）に適切な語句を入れなさい。

①　各科目を履修させるに当たっては，当該科目及び他の科目の内容相互の関連を図るとともに，学習内容の（　1　）に留意すること。

②　各科目の指導に当たっては，必要に応じて，コンピュータや（　2　）などを適切に活用し，（　3　）を高めるようにすること。

(☆☆☆◎◎◎)

解答・解説

【中高共通】

【１】(1)　$f(x)=(x-3)^2-4$だから，$x=3$のとき最小値-4をとる。

　(2)　(1)より$y=f(x)$の軸は直線$x=3$である。ゆえに

[1]$a+4<3$すなわち$a<-1$のとき$m(a)=f(a+4)=a^2+2a-3$

[2]$a<3\leqq a+4$すなわち$-1\leqq a<3$のとき$m(a)=f(3)=-4$

[3]$a\geqq3$のとき$m(a)=f(a)=a^2-6a+5$

【２】

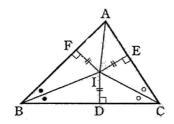

$\triangle ABC$において，$\angle B$と$\angle C$の二等分線の交点をIとし，Iから辺BC，CA，ABに下ろした垂線を，それぞれID，IE，IFとする。$\triangle IBF$と$\triangle IBD$で，$\angle IFB=\angle IDB=90°$，$BI=BI$，$\angle IBF=\angle IBD$

直角三角形で，斜辺と１つの鋭角がそれぞれ等しいから，$\triangle IBF\equiv\triangle IBD$

ゆえに，$IF=ID\cdots$①

同様にして，$IE=ID\cdots$②

①，②より$IF=IE\cdots$③

ゆえに，Iは$\angle A$の二等分線上にある。

したがって，三角形の３つの内角の二等分線は１点で交わる。

【３】(1)　$\log_{10}6^{49}=49(\log_{10}2+\log_{10}3)=38.1269$

　ゆえに　$38<\log_{10}6^{49}<39$

よって 39桁

(2) (1)より $6^{49}=10^{38.1269}=10^{0.1269}\times10^{38}\cdots$①

$0<0.1269<\log_{10}2\cdots$②だから

$1<10^{0.1269}<2\cdots$③

よって 1

【4】(1) 千の位は0を除く6通りだから，$6\times{}_6P_3=720$(個)

(2) [1]36□□の形の整数は${}_5P_2=20\cdots$①

[2]4□□□，5□□□，6□□□の形の整数は$3\times{}_6P_3=360\cdots$②

よって，$20+360=380$(個)

(3) 3の倍数は，各位の数の和が3の倍数になればいい。ゆえに，4個の整数が，

[1](1，2，3，6)，(1，2，4，5)，(1，3，5，6)，(2，3，4，6)，(3，4，5，6)のときは $5\times4!=120\cdots$③

[2](0，1，2，3)，(0，1，2，6)，(0，1，3，5)，(0，1，5，6)，(0，2，3，4)，(0，2，4，6)，(0，3，4，5)，(0，4，5，6)のときは $8\times3\times3!=144\cdots$④

よって，$120+144=264$(個)

【5】(1) 等差数列$\{a_n\}$の第10項から第17項までの和が0だから，

$\dfrac{8}{2}(a_{10}+a_{17})=0$

ゆえに，$a_{10}+a_{17}=0$

したがって，$(100+9d)+(100+16d)=0$

$200+25d=0$

よって，$d=-8$

(2) $a_n=100-8(n-1)=108-8n$

$\{a_n\}$において正の項ばかりを加えればS_nは最大になる。

$a_n>0$となるのは$108-8n>0$だから$n<13.5$ よって，$n=13\cdots$①

$a_{13}=4$だから，$S_{13}=\dfrac{13}{2}(100+4)=676$

【中学校】

【１】 多角形の外角の和

※五角形の外角の和を求めよう

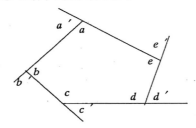

各頂点で内角と外角の和は180°だから

(内角の和)＋(外角の和)＝180°×5

また五角形の内角の和は180°×(5−2)だから

　　(外角の和)＝180°×5−180°×(5−2)

＝900°−540°

＝360°

　　(n角形の内角の和)＋(n角形の外角の和)＝180°×nだから

　　(n角形の外角の和)

＝180°×n−(n角形の内角の和)

＝180°×n−180°×(n−2)

＝180°×n−180°×n＋180°×2

＝360°

多角形の外角の和は360°である

【２】 条件

③　2組の向かいあう角が，それぞれ等しいとき

④　対角線が，それぞれの中点で交わるとき

⑤　1組の向かいあう辺が，等しくて平行であるとき

③【2組の向かいあう角が，それぞれ等しいとき】

辺BCを延長する場合

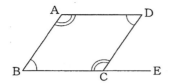

(証明)　四角形ABCDにおいて，辺BCの延長上に点Eをとる。四角形の内角の和は360°より，∠A＋∠B＋∠BCD＋∠D＝360°

仮定より，∠A＝∠BCD

∠B＝∠Dだから

∠BCD＋∠D＋∠BCD＋∠D＝360°

ゆえに　∠BCD＋∠D＝180°　・・・①

また　∠BCD＋∠DCE＝180°　・・・②

よって，①，②より∠D＝∠DCE

錯角が等しいので，AD//BC

また，∠B＝∠DCEより同位角が等しいので，AB//DC

2組の向かいあう辺がそれぞれ平行だから四角形ABCDは平行四辺形である。

よって，2組の向かいあう角がそれぞれ等しいとき，四角形は平行四辺形である。

④【対角線が，それぞれの中点で交わるとき】

図

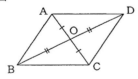

(証明)

四角形ABCDの対角線の交点をOとする

△ABOと△CDOにおいて，

AO＝CO・・・①

BO＝DO・・・②

対頂角は等しいので,

∠AOB＝∠COD···③

①，②，③より2辺とその間の角がそれぞれ等しいので,

△ABO≡△CDO　よって，∠BAO＝∠DCOだから錯角が等しいので,

AB//DC

同様にして，AD//BC

2組の向かいあう辺がそれぞれ平行だから四角形ABCDは平行四辺形である。

⑤【1組の向かいあう辺が，等しくて平行であるとき】

図

AB＝DC

AB//DCの場合

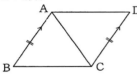

(証明)　四角形ABCDに，対角線ACを引くと，△ABCと△CDAにおいて

AB＝CD···①

AC＝CA···②

AB//DCより，錯角が等しいので，∠BAC＝∠DCA···③

①，②，③より，2辺とその間の角がそれぞれ等しいので,

△ABC≡△CDA

よって，∠ACB＝∠CADだから錯覚が等しいので，AD//BC

2組の向かいあう辺がそれぞれ平行だから四角形ABCDは平行四辺形である。

よって，1組の向かいあう辺が，等しくて平行であるとき，四角形は平行四辺形である。

【3】 (1)　a　具体的な事象　　b　考察　　c　数学的な推論　　d　表現
e　数の平方根　　f　変形　　g　二次方程式　　(2)　第1学年　変数
変域　　第2学年　対頂角　内角　外角　定義　証明　≡
第3学年　根号　素数　因数　$\sqrt{}$

【高等学校】

【1】 (1)　$f(x)=e^x-\left(1+x+\dfrac{x^2}{2}\right)$とおく。

$f'(x)=e^x-1-x$

$f''(x)=e^x-1$

$x>0$のとき　$e^x>1$　$\therefore$　$f''(x)>0$　よって，$f'(x)$は単調増加。

また$f'(0)=0$より　$x>0$ならば$f'(x)>0$　よって　$f(x)$は単調増加。

$f(0)=0$より　$x>0$のとき　$f(x)>0$　則ち　$e^x>1+x+\dfrac{x^2}{2}$

(2)　$\log x=t$とおくと　$e^t=x$　また　$x\to\infty$のとき　$t\to\infty$

$0\leqq\dfrac{\log x}{x}=\dfrac{t}{e^t}<\dfrac{t}{1+t+\dfrac{t^2}{2}}=\dfrac{1}{\dfrac{1}{t}+1+\dfrac{t}{2}}$

$\displaystyle\lim_{t\to\infty}\dfrac{1}{\dfrac{1}{t}+1+\dfrac{t}{2}}=0$

はさみうちの原理から　$\displaystyle\lim_{x\to\infty}\dfrac{\log x}{x}=0$

(3)　$f(x)=\dfrac{-\log x}{3(3x+1)}+\dfrac{1}{3}\log\dfrac{x}{3x+1}+\dfrac{1}{3}\log 4$　　(4)　$\dfrac{1}{3}\log\dfrac{4}{3}$

〈解説〉 (3)　$f(x)=\displaystyle\int_1^x\dfrac{\log t}{(3t+1)^2}dt$

$=\left[\dfrac{-\log t}{3(3t+1)}\right]_1^x+\displaystyle\int_1^x\dfrac{dt}{3(3t+1)t}$

$=\dfrac{-\log x}{3(3t+1)}+\displaystyle\int_1^x\left(\dfrac{1}{3t}-\dfrac{1}{3t+1}\right)dt$

$=\dfrac{-\log x}{3(3t+1)}+\dfrac{1}{3}\left[\log 3t\right]_1^x-\dfrac{1}{3}\left[\log(3t+1)\right]_1^x$

$=\dfrac{-\log x}{3(3t+1)}+\dfrac{1}{3}\log 3x-\dfrac{1}{3}\log 3-\dfrac{1}{3}\log(3x+1)+\dfrac{1}{3}\log 4$

$=\dfrac{-\log x}{3(3t+1)}+\dfrac{1}{3}\log\left(\dfrac{x}{3x+1}\right)+\dfrac{1}{3}\log 4$

(4)　$x>0$のとき　$x<3x+1$

$\therefore$　$\dfrac{\log x}{x}>\dfrac{\log x}{3x+1}>0$

$\displaystyle\lim_{x\to\infty}\dfrac{\log x}{x}=0$より　$\displaystyle\lim_{x\to\infty}\dfrac{\log x}{3x+1}=0$

また　$\displaystyle\lim_{x\to\infty}\log\dfrac{x}{3x+1}=\lim_{x\to\infty}\log\dfrac{1}{3+\dfrac{1}{x}}=\log\dfrac{1}{3}$

よって　$\displaystyle\lim_{x\to\infty}f(x)=\lim_{x\to\infty}\left(\dfrac{-\log x}{3(3x+1)}+\dfrac{1}{3}\log(\dfrac{x}{3x+1})+\dfrac{1}{3}\log 4\right)$

$=\dfrac{1}{3}\log\dfrac{1}{3}+\dfrac{1}{3}\log 4$

$=\dfrac{1}{3}\log\dfrac{4}{3}$

【2】 1　図形と方程式　　2　技能の習熟　　3　活用する態度

【3】(a)　平均値の定理　　(b)　$ax+b=t$　　(c)　$x=a\sin\theta$
(d)　1回の適用

【4】(1)　系統性　　(2)　情報通信ネットワーク　　(3)　学習の効果

2007年度　実施問題

【中高共通】

【1】 放物線$y=x(2-x)$とx軸で囲まれた部分の面積を，放物線$y=ax^2$が2等分するように，aの値を定めなさい。ただし，$a>0$とする。

(☆☆☆◎◎◎)

【2】 5個の文字A，B，C，D，Eを横一列に並べるとき，次の(1)・(2)の問いに答えなさい。

(1) AとBが隣り合わない確率を求めなさい。

(2) AがBより左にある確率を求めなさい。

(☆☆☆◎◎◎)

【3】 ∠AOB＝90°，OA＝4，OB＝3の直角三角形OABがある。△OABの内心をIとし，線分OIのIを超える延長が△OABの外接円と交わる点をPとする。また，∠OABの外角の二等分線と線分OPのPを超える延長が交わる点をQとする。次の(1)・(2)の問いに答えなさい。

(1) $\overrightarrow{OP}$を$\overrightarrow{OA}$，$\overrightarrow{OB}$を用いて表しなさい。

(2) $\overrightarrow{OQ}$を$\overrightarrow{OA}$，$\overrightarrow{OB}$を用いて表しなさい。

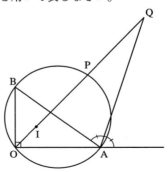

(☆☆☆◎◎◎)

【４】数列$\{a_n\}$において，初項から第n項までの和S_nが，$S_n=n^2-2n$で表されるとき，次の(1)・(2)の問いに答えなさい。

(1)　一般項a_nを求めなさい。

(2)　次の和Tを求めなさい。

$$T=\frac{1}{a_1a_2}+\frac{1}{a_2a_3}+\frac{1}{a_3a_4}+\cdots\cdots+\frac{1}{a_na_{n+1}}$$

(☆☆☆◎◎◎)

【５】△ABCにおいて，辺ACの長さをb，辺ABの長さをcとするとき，次の(1)・(2)の問いに答えなさい。

(1)　命題「$b>c$ ならば ∠B＞∠C」が成り立つことを証明しなさい。

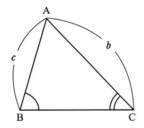

(2)　(1)の命題の逆も真であることを証明しなさい。

(☆☆☆◎◎◎)

【中学校】

【１】次の(A)・(B)のいずれか1つ選び，その記号を記入し，問いに答えなさい。

(A)　連立方程式を利用して解く文章問題を1つつくりなさい。また，その問題の解き方を，第2学年の生徒に指導する場合の板書の内容を書きなさい。

(B)　二次方程式を利用して解く文章問題を1つつくりなさい。また，その問題の解き方を，第3学年の生徒に指導する場合の板書の内容を書きなさい。

(☆☆☆◎◎◎)

【2】直角をはさむ2辺の長さがa, b, 斜辺の長さがcの直角三角形ABCがあるとき, $a^2+b^2=c^2$の関係が成り立つことを, 図を示して証明しなさい。

(☆☆☆◎◎◎)

【3】中学校学習指導要領「数学」の「第2　各学年の目標及び内容」について, 次の(1)・(2)の問いに答えなさい。

(1)　次のア〜ウの文は, 各学年の「1　目標」から, それぞれ1つ示したものである。下の(a)〜(c)の問いに答えなさい。

ア (2)(　①　)について, ＿＿＿＿を通して理解し, それらを図形の性質の考察や計量に用いる能力を伸ばすとともに, 図形について見通しをもって論理的に考察し表現する能力を伸ばす。

イ (2)(　②　)についての＿＿＿＿を通して, 図形に対する直観的な見方や考え方を深めるとともに, 論理的に考察する基礎を培う。

ウ (2)(　③　)について, ＿＿＿＿を通して理解を深めるとともに, 図形の性質の考察における数学的な推論の意義と方法とを理解し, 推論の過程を的確に表現する能力を養う。

(a)　ア〜ウの文は, それぞれ第何学年の目標の1つか, 書きなさい。

(b)　ア〜ウの文中の(　①　)〜(　③　)にあてはまる語句を書きなさい。

(c)　ア〜ウの文中の＿＿＿＿には, それぞれ同じ語句が入る。その語句を書きなさい。

(2)　次の(a)〜(c)の文は, 第2学年の「2　内容」の一部を示したものである。それぞれの内容について, 「3　内容の取扱い」で, 取り扱わないものとしている内容を書きなさい。

	内容	取り扱わないものとしている内容
(a)	「A数と式」の(2)のイ 　連立二元一次方程式とその解の意味を理解し，簡単な連立二元一次方程式を解くことができ，それを利用できること。	
(b)	「B図形」の(2)のウ 　円周角と中心角の関係を観察や実験などを通して見いだし，それが論理的に確かめられることを知ること	
(c)	「C数量関係」の(1)のウ 　二元一次方程式を関数を表す式とみることができること。	

(☆☆☆◎◎◎)

【高等学校】

【１】 次の(A)・(B)のいずれか1つを選び，答えなさい。

(A)　関数 $y＝\dfrac{x^3}{x-2}$ について，(1)・(2)の問いに答えなさい。

(1)　関数 $y＝\dfrac{x^3}{x-2}$ のグラフをかきなさい。

(2)　x の方程式 $x^3-kx+2k＝0$ の実数解の個数を調べなさい。

(B)　関数 $y＝e^{-x}\sin x$ について，(1)・(2)の問いに答えなさい。

(1)　不定積分 $\displaystyle\int e^{-x}\sin x\,dx$ を求めなさい。

(2)　関数 $y＝e^{-x}\sin x(x≧0)$ のグラフと x 軸で囲まれた各部分の面積の総和を求めなさい。

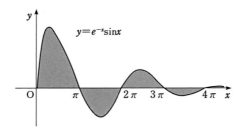

(☆☆☆◎◎◎)

【2】高等学校学習指導要領「数学」に示されている科目のうちで，標準
単位数が2単位である科目名をすべて答えなさい。

(☆☆☆○○○)

【3】次の文は，高等学校学習指導要領「数学」の「第3款　各科目にわ
たる指導計画の作成と内容の取扱い　1(2)」である。(1)〜(4)
にあてはまる科目名を答えなさい。

> 「数学A」については，「(1)」又は「数学Ⅰ」と並行してあ
> るいはそれらの科目を履修した後に履修させ，「数学B」について
> は，「(2)」を履修した後に履修させ，「数学C」については，
> 「(3)」及び「(4)」を履修した後に履修させることを原則
> とすること。

(☆☆☆○○○)

【4】次の各文は高等学校学習指導要領「数学」の「第3　数学Ⅱ」の「3
内容の取扱い」の一部である。文中の(a)〜(d)に適語を入れな
さい。
① 内容の「(2)　図形と方程式」の「イ　円」の「(イ)　円と直線」
については，(a)を求める程度とする。
② 内容の「(3)　いろいろな関数」の「ア　三角関数」の「(ウ)　三角
関数の加法定理」については，(b)及び(c)を扱う程度とする。
「イ　指数関数と対数関数」の「(ウ)　対数関数」については，(d)
は扱わないものとする。

(☆☆☆○○○)

解答・解説

【中高共通】

【1】 2つの放物線$y＝x(2－x)$, $y＝ax^2$の交点のx座標は, 0, $\dfrac{2}{a+1}$である。

よって

$$\int_0^{\frac{2}{a+1}} \{x(2-x)-ax^2\}dx = \frac{1}{2}\int_0^2 x(2-x)dx \quad \cdots ①$$

が成り立つ。

$$\frac{4}{3(a+1)^2} = \frac{2}{3}$$

$$(a+1)^2 = 2$$

$a+1＞0$　より

$$a+1 = \sqrt{2}$$

よって, $a＝\sqrt{2}-1$

〈解説〉放物線 $y＝x(2－x)$ とx軸との交点よりこの面積を求める。

　放物線 $y＝ax^2$ は常に正であり, x 軸との交点は $x＝0$ のみなので, 2つの放物線の交点を求め, これらに囲まれる面積を計算し, これが上でもとめた面積の半分になることから a を求める。

【2】(1)　5個の文字を横一列に並べる並べ方は全部で,

　　$5！＝120$　通りある。

このうち, AとBが隣り合う並べ方は,

　　$4！×2＝48$　通りである。

したがって, AとBが隣り合わない並べ方は,

　　$120－48＝72$　通りである。

AとBが隣り合わない確率は,

　　$\dfrac{72}{120} ＝ \dfrac{3}{5}$

(2)　□, □, C, D, Eを横一列に並べて, 左の□にA, 右の□にBを入れればよい。

□, □, C, D, Eの順列は

$$\frac{5!}{2!} = 60 \quad \text{である。}$$

よって，求める確率は

$$\frac{60}{120} = \frac{1}{2}$$

〈解説〉(1) A，B隣り合う場合の数を数え，その余事象を計算すればよい。 (2) A，Bを同一とみなし，重複順列を考えればよい。

【3】(1) AB＝5，三角形OABの面積が6より，内接円の半径をrとすると，

$$\frac{1}{2} \cdot (3+4+5) = 6r \quad \text{が成り立つことより}$$

$$r = 1$$

よって，$\overrightarrow{OI} = \frac{1}{4}\overrightarrow{OA} + \frac{1}{3}\overrightarrow{OB}$ ……①

となり $\overrightarrow{OP} = k\overrightarrow{OI}$ とおける。

また，点PはABを直径とする円周上にあることより

$\overrightarrow{AP} \perp \overrightarrow{BP}$ となり，$\overrightarrow{AP} \cdot \overrightarrow{BP} = 0$

よって，$(k\overrightarrow{OI} - \overrightarrow{OA}) \cdot (k\overrightarrow{OI} - \overrightarrow{OB}) = 0$

$$k^2|\overrightarrow{OI}|^2 - k\overrightarrow{OI} \cdot \overrightarrow{OB} - k\overrightarrow{OI} \cdot \overrightarrow{OA} + \overrightarrow{OA} \cdot \overrightarrow{OB} = 0$$

$$|\overrightarrow{OI}| = \sqrt{2}, \quad \overrightarrow{OA} \cdot \overrightarrow{OB} = 0$$

$\overrightarrow{OI} \cdot \overrightarrow{OA} = 4$, $\overrightarrow{OI} \cdot \overrightarrow{OB} = 3$より

$$2k^2 - 7k = 0$$

$k \neq 0$より $k = \frac{7}{2}$

よって，$\overrightarrow{OP} = \frac{7}{8}\overrightarrow{OA} + \frac{7}{6}\overrightarrow{OB}$

(2) (1)より $\overrightarrow{OQ} = s\overrightarrow{OP} = \frac{7}{8}s\overrightarrow{OA} + \frac{7}{6}s\overrightarrow{OB}$ ……①

とおける。

また，線分AQは∠Aの外角の二等分線だから，

$$\overrightarrow{AQ} = t\left(\frac{1}{4}\overrightarrow{OA} + \frac{1}{5}\overrightarrow{AB}\right)$$
$$= t\left(\frac{1}{20}\overrightarrow{OA} + \frac{1}{5}\overrightarrow{OB}\right) \quad \text{とおける。}$$

よって，$\overrightarrow{OQ} = \overrightarrow{OA} + \overrightarrow{AQ}$

$$= \left(\frac{t}{20} + 1\right)\overrightarrow{OA} + \frac{t}{5}\overrightarrow{OB} \quad \cdots\cdots ②$$

①，②より $\frac{7}{8}s = \frac{t}{20} + 1$，$\frac{7}{6}s = \frac{t}{5}$

これを解いて，$s = \frac{12}{7}$，$t = 10$

よって，$\overrightarrow{OQ} = \frac{3}{2}\overrightarrow{OA} + 2\overrightarrow{OB}$

〈解説〉(1)　三角形OABの面積より内接円の半径を求める。

これより，$\overrightarrow{OI}$ を求める。$\overrightarrow{OP}$と$\overrightarrow{OI}$ は平行なので，$\overrightarrow{OP} = k\overrightarrow{OI}$ とおく。

$\overrightarrow{AP}$と$\overrightarrow{BP}$ は垂直なので内積を計算し，これより k を求めればよい。

(2)　$\overrightarrow{AB} = 5$，$\overrightarrow{OA} = 4$ なので，これより$\overrightarrow{OA}$方向と$\overrightarrow{AB}$方向の単位ベクトルをつくる。$\overrightarrow{AQ}$は∠Aの外角の2等分線なので，$\overrightarrow{AQ}$はこの2つの単位ベクトルの和に平行である。よって，$\overrightarrow{AQ}$を$\overrightarrow{OA}$と$\overrightarrow{OB}$で表せるので，これより$\overrightarrow{OQ}$を表す。また$\overrightarrow{OQ}$と$\overrightarrow{OP}$は平行なので，これより$\overrightarrow{OQ}$を2通りで表しこれを連立し解けばよい。

【４】(1)　$n \geqq 2$のとき

$a_n = S_n - S_{n-1}$
$= \{n^2 - 2n\} - \{(n-1)^2 - 2(n-1)\}$
$= 2n - 3 \quad \cdots\cdots①$

初項$a_1 = S_1 = 1^2 - 2 = -1$

よって，$a_n = 2n - 3$は$n = 1$のときにも成り立つ。

したがって，一般項は$a_n = 2n - 3$

(2) $\dfrac{1}{a_k a_{k+1}} = \dfrac{1}{(2k-3)(2k-1)}$

$\qquad\qquad = \dfrac{1}{2}\left(\dfrac{1}{2k-3} - \dfrac{1}{2k-1}\right)$ ……①

よって，

$$\dfrac{1}{a_1 a_2} = \dfrac{1}{2}\{(-1)-1\}$$

$$\dfrac{1}{a_2 a_3} = \dfrac{1}{2}\left(1 - \dfrac{1}{3}\right)$$

$$\dfrac{1}{a_3 a_4} = \dfrac{1}{2}\left(\dfrac{1}{3} - \dfrac{1}{5}\right)$$

$$\cdots\cdots$$

$+)\quad \dfrac{1}{a_n a_{n+1}} = \dfrac{1}{2}\left(\dfrac{1}{2n-3} - \dfrac{1}{2n-1}\right)$

$$\sum_{k=1}^{n} \dfrac{1}{a_k a_{k+1}} = \dfrac{-n}{2n-1}$$

よって，$\mathrm{T} = \dfrac{-n}{2n-1}$

〈解説〉(1) 一般項と和の関係式を使えばよい。　(2) 分数式を2項に分解しこれを順に加えると，初項の第一項と末項の第二項のみが残ることがわかる。

【5】(1)　(正答例)

$b > c$ より，辺AC上にAB＝ADとなる点Dをとることができる。

このとき，△ABDにおいて

　　∠ABD＝∠ADB　……①

ここで，∠B＞∠ABD　……②

①，②より∠B＞∠ADB　……③

また，∠ADB＝∠C＋∠DBCだから

　　∠ADB＞∠C　……④

③，④より　∠B＞∠C

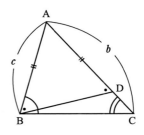

(2)　(正答例)

(1)の命題の逆は「∠B＞∠C　ならば　$b>c$」である。

∠B＞∠C　であるとき，$b>c$でないと仮定すると，

$b=c$または$b<c$である。

$b=c$ならば∠B＝∠Cとなり，∠B＞∠Cに矛盾する。

また，(1)より，

$b<c$ならば∠B＜∠Cとなり，∠B＞∠Cに矛盾する。

よって，∠B＞∠Cならば$b>c$が成り立つ。

〈解説〉(1)　2等辺三角形をつくり，この底角と∠B，∠Cの大小を比較すればよい。　(2)　(1)を利用し，命題の逆を否定すると矛盾することを示せばよい。

【中学校】

【 1 】(A)

(文章問題の例)

ノートを3冊と鉛筆を4本買うと代金は600円，ノートを5冊と鉛筆を3本買うと代金は780円になる。ノート1冊，鉛筆1本の値段は，それぞれいくらですか。

(板書の内容例)

ノートと鉛筆の代金の関係は，

(ノート3冊の代金)＋(鉛筆4本の代金)＝600(円)

(ノート5冊の代金)＋(鉛筆3本の代金)＝780(円)

となる。ノート1冊の値段をx円，鉛筆1本の値段をy円として連立方程式をつくると，

$$\begin{cases} 3x+4y=600 & \cdots\cdots① \\ 5x+3y=780 & \cdots\cdots② \end{cases}$$

①×5　$15x+20y=3000$　……①′

②×3　$15x+9y=2340$　……②′

①′−②′　$11y=660$

$y=60$

$y=60$を①に代入して，$x=120$

$$(x, y)=(120, 60)$$

<u>ノート1冊120円，鉛筆1本60円</u>

(B)

(文章問題の例)

連続した3つの正の整数がある。まん中の数の2倍は，残りの2数の積より7小さい。この連続した3つの整数を求めなさい。

(板書の内容例)

<u>連続した3つの正の整数のうち，まん中の数をxとすると，残りの2数は</u> <u>$x-1$，$x+1$となる。</u>

$$2x=(x-1)(x+1)-7$$

これを解くと，$2x=x^2-8$

$$x^2-2x-8=0$$
$$(x+2)(x-4)=0$$
$$x=-2, 4$$

xは正の整数だから，$x=-2$は問題にあわない。

$x=4$のとき，3つの数は，3，4，5となり，これは問題にあっている。

<u>3つの整数は，3と4と5</u>

〈解説〉問題作成において，本数などの個数が正の整数になることに注意する。また板書においては何を文字におくかを明確にする。

【2】(正答例)

右の図のように，直角三角形ABCの斜辺cを1辺とする正方形をかく。まん中の正方形の1辺は$(a-b)$である。1辺がcの正方形の面積は，合同な四つの直角三角形と，1辺が$(a-b)$の正方形の和であるから，

$$c^2=(a-b)^2+4\times\frac{1}{2}ab$$

これを整理すると，

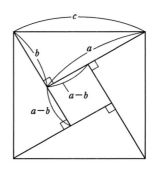

$$=a^2-2ab+b^2+2ab$$
$$=a^2+b^2$$

よって，$a^2+b^2=c^2$ の関係が成り立つ。

〈解説〉正答例以外にも三平方の定理を証明する方法が何通りかあるので，確認しておいた方が良い。

【３】(1)　(a)　ア　第3学年　　イ　第1学年　　ウ　第2学年

(b)　①　図形の相似や三平方の定理　　②　平面図形や空間図形

③　基本的な平面図形の性質　　(c)　観察，操作や実験

(2)　(a)　A＝B＝Cの形の連立二元一次方程式　　(b)　円周角の定理の逆

(c)　$x＝h$

〈解説〉指導要領を熟読し，各学年においての目標と内容，取り扱わないものを表にして覚えておく必要がある。

【高等学校】

【１】(A)

(1)　$y＝\dfrac{x^3}{x-2}$ を微分すると

$y'＝\dfrac{2x^2(x-3)}{(x-2)^2}$　……①

x		0		2		3	
y'	$-$	0	$-$		$-$	0	$+$
y	↘	0	↘		↘	27	↗

増減表より，グラフは

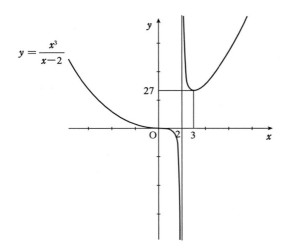

$$y = \frac{x^3}{x-2}$$

27

O 2 3

(2) $x^3 - kx + 2k = 0$ の実数解の個数は，

$y = \dfrac{x^3}{x-2}$ と $y = k$ の交点の個数に等しい。

(1)で求めたグラフより，

$x^3 - kx + 2k = 0$ の実数解の個数は

$k < 27$ のとき　　1個

$k = 27$ のとき　　2個

$k > 27$ のとき　　3個　　となる。

(B)

(1)　部分積分法により

$$\int e^{-x} \sin x \, dx = -e^{-x}\cos x - \int e^{-x} \cos x \, dx$$
$$= -e^{-x}\cos x - \left(e^{-x}\sin x + \int e^{-x} \sin x \, dx\right)$$

$I = \displaystyle\int e^{-x} \sin x \, dx$ とおくと

$I = -e^{-x}\cos x - (e^{-x}\sin x + I)$

$$I = -\frac{1}{2}e^{-x}(\sin x + \cos x) + C$$

(2)　求める面積の総和をSとすると

$$S = \sum_{k=0}^{\infty} \left| \left[-\frac{1}{2}e^{-x}(\sin x + \cos x) \right]_{k\pi}^{(k+1)\pi} \right| \quad \cdots\cdots ①$$

$$= \sum_{k=0}^{\infty} \frac{1}{2}(e^{-k\pi} + e^{-(k+1)\pi}) \quad \cdots\cdots ②$$

$$= \sum_{k=0}^{\infty} \frac{1}{2}e^{-k\pi}(1 + e^{-\pi})$$

これは初項 $\frac{1}{2}(1 + e^{-\pi})$，公比 $e^{-\pi}$ の無限等比級数の和である。

$0 < e^{-\pi} < 1$ より

$$S = \frac{1}{2} \cdot \frac{1 + e^{-\pi}}{1 - e^{-\pi}} = \frac{e^{\pi} + 1}{2(e^{\pi} - 1)}$$

〈解説〉**(A)**　増減表を作成し，グラフより実数解の個数を調べればよい。漸近線 $x = 2$ の前後の振る舞いに注意する。　**(B)**　部分積分を2回行うことにより元の積分に帰着すればよい。面積の総和は無限等比級数の和であるのでこれを求めればよい。

【2】数学基礎，数学A，数学B，数学C
〈解説〉学習指導要領を熟読し，数学のすべての科目の単位数を把握しておく必要がある。

【3】(1)　数学基礎　　(2)　数学Ⅰ　　(3)　数学Ⅰ　　(4)　数学A
〈解説〉学習指導要領を熟読し，数学のすべての科目の相関と順序を把握しておく必要がある。

【4】a　円と直線の共有点　　b　2倍角の公式
　　c　$a\sin\theta + b\cos\theta = \sqrt{a^2 + b^2} \sin(\theta + \alpha)$　　d　対数計算
〈解説〉学習指導要領を熟読し，数学のすべての科目の内容と扱う範囲を把握しておく必要がある。

2006年度　実施問題

【中高共通】

【1】$\dfrac{1}{x}+\dfrac{1}{y}+\dfrac{1}{z}=1$を満たす正の整数$x$，$y$，$z$の組$(x，y，z)$をすべて求めなさい。ただし，$x\leqq y\leqq z$とする。

(☆☆☆◎◎◎)

【2】2次方程式$ax^2-4x+a+3=0$が，$-1\leqq x\leqq3$の範囲に，異なる2つの実数解をもつとき，aの値の範囲を求めなさい。ただし，aは実数とする。

(☆☆☆◎◎◎)

【3】$a_1=1$，$a_2=\dfrac{1}{2}$，$(n+2)(n+3)a_{n+2}=na_n+(n+1)(n+2)a_{n+1}$　$(n=1，2，3\cdots)$という関係で定められた数列$\{a_n\}$がある。次の(1)・(2)の問いに答えなさい。

(1)　a_3，a_4，a_5を求めなさい。また，この数列の一般項a_nを推定しなさい。

(2)　(1)の推定が正しいことを，数学的帰納法を用いて証明しなさい。

(☆☆☆◎◎◎)

【4】関数$y=x^4-3x^2+1$のグラフ上を動く点Pがあり，点Pにおける接線がy軸と交わる点をQとする。点Pのx座標をt，点Qのy座標をqとするとき，次の(1)～(3)の問いに答えなさい。

(1)　qをtで表しなさい。

(2)　qのとりうる値の範囲を求めなさい。

(3)　y軸上の点R$(0，r)$からこの関数のグラフに接線が4本引けるとき，rのとりうる値の範囲を求めなさい。

(☆☆☆◎◎◎)

【中学校】

【１】 次の図(1)・(2)について，方べきの定理を証明しなさい。

図(1)　　　　　　　　　　　図(2)

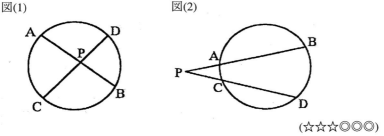

(☆☆☆◎◎◎)

【２】 次の(1)～(3)の問いに答えなさい。

(1)　身の回りにある事象で，一次関数の文章問題を一つつくり，その解答も示しなさい。ただし，比例は除くものとする。

(2)　次の(a)，(b)のうち，どちらかを選び，その記号を記入したうえで，答えなさい。

(a)　大・中・小3つのさいころを同時に投げるとき，出る目の数の和が9になる場合は何通りあるか，大のサイコロの目の数をx，中のサイコロの目の数をyとして，不等式を用い，座標平面を使って説明しなさい。ただし，3つのさいころの目の出かたは，同様に確からしいものとする。

(b)　1つの円で，長さ一定の弦は，中心から一定の距離にある。このことを，半径rの円Oの弦ABの長さをa，中心Oからの距離をdとして，説明しなさい。また，説明に使う図も示しなさい。

(3)　次の図のように，ABを直径とする円Oの周上に点Pがある。∠APB＝90°であることを，円周角の定理を学習していない生徒に説明しなさい。

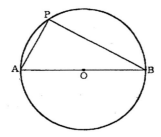

(☆☆☆○○○)

【3】次の文は，中学校学習指導要領「数学」の第3学年「3 内容の取扱い」の一部である。(1)・(2)の問いに答えなさい。

(4) 内容の「A数と式」の(3)のイについては，$ax^2=b$ （a, bは有理数で，実数解をもつもの） の二次方程式及び$x^2+px+q=0$ （p, qは整数で，実数解をもつもの） の二次方程式のうち，①内容の「A数と式」の(2)のイに示した公式を利用し（ a ）を用いて解くことのできるものを取り上げることを原則とする。②（ a ）を用いて解くことができない二次方程式については，（ b ）である簡単な例を採り上げ，（ c ）に変形して解く方法があることを知ることにとどめるものとする。（ d ）は取り扱わないものとする。

(1) ──線部①中の「内容の『A数と式』の(2)のイに示した公式」とは，どのような公式か，すべて書きなさい。

(2) ──線部②について，（ ）にあてはまる語句を書きなさい。

(☆☆☆○○○)

【高等学校】

【1】 次の図のように，円における2つの弦AB，CDを延長してできる交点をPとする。このとき，方べき定理PA・PB＝PC・PDを証明しなさい。

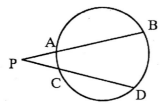

(☆☆☆◎◎◎)

【2】 平面上に$|\vec{a}|=1$を満たす定点A($\vec{a}$)と動点Pがある。Pの位置ベクトルを$\vec{p}$とするとき，$\vec{p}$に関して，ベクトル方程式$\vec{p} \cdot (\vec{p} - \vec{a})=1$が成り立つ。次の(1)・(2)の問いに答えなさい。

(1) $\vec{p}$はどのような図形を表すか。

(2) $|\vec{p}|$のとりうる値の範囲を求めなさい。

(☆☆☆◎◎◎)

【3】 次の極限値を求めなさい。
$$\lim_{n \to \infty} n\left[\frac{1}{3n^2+1^2} + \frac{1}{3n^2+2^2} + \frac{1}{3n^2+3^2} + \cdots\cdots + \frac{1}{3n^2+n^2} \right]$$

(☆☆☆◎◎◎)

【4】 高等学校学習指導要領「数学」には，履修する生徒の実態に応じて内容を適宜選択して履修させる科目があります。その科目名をすべて答えなさい。

(☆☆☆◎◎◎)

【5】 次の文は，高等学校学習指導要領「数学」の「第1款　目標」である。( )にあてはまる語句を書きなさい。

　　数学における(1)な概念や(2)の理解を深め，事象を数学的に考察し処理する能力を高め，(3)を通して(4)の基礎を培うとともに，(5)のよさを認識し，それらを(6)態度を育てる。

(☆☆☆◎◎◎)

【6】 高等学校学習指導要領「数学」の「第2　数学Ⅰ」において，「2 内容」の「二次関数とそのグラフ」及び「正弦定理，余剰定理」を指導する上で留意したり配慮すべき事項は何か，それぞれについて2つずつ書きなさい。

(☆☆☆◎◎◎)

解答・解説

【中高共通】

【1】 $x \leqq y \leqq z$ より　$\dfrac{1}{x} \geqq \dfrac{1}{y} \geqq \dfrac{1}{z}$　であるので，

$$\dfrac{1}{x}+\dfrac{1}{y}+\dfrac{1}{z} \leqq \dfrac{1}{x}+\dfrac{1}{x}+\dfrac{1}{x}=\dfrac{3}{x}$$

よってxは，$x \leqq 3$の正の整数である。

(i)　$x=1$のとき

$1+\dfrac{1}{y}+\dfrac{1}{z}=1$　これを満たす正の整数y, zはない。

(ii)　$x=2$のとき

$\dfrac{1}{2}+\dfrac{1}{y}+\dfrac{1}{z}=1$　となり　$\dfrac{1}{y}+\dfrac{1}{z}=\dfrac{1}{2}$

分母をはらって

$2z+2y=yz$　となり

$(y-2)(z-2)=4$

$2 \leqq y \leqq z$　より　$0 \leqq y-2 \leqq z-2$　を考慮して

$(y-2,\ z-2)=(1,\ 4),\ (2,\ 2)$

よって　$(y,\ z)=(3,\ 6),\ (4,\ 4)$

(iii)　$x=3$ のとき

$\dfrac{1}{3}+\dfrac{1}{y}+\dfrac{1}{z}=1$　となり　$\dfrac{1}{y}+\dfrac{1}{z}=\dfrac{2}{3}$

(ii)と同様に

$3z+3y=2yz$　となり

$(2y-3)(2z-3)=9$

$3 \leqq y \leqq z$　より　$3 \leqq 2y-3 \leqq 2z-3$　を考慮して

$(2y-3,\ 2z-3)=(3,\ 3)$　であるので

$(y,\ z)=(3,\ 3)$

以上(i), (ii), (iii)より

$(x,\ y,\ z)=(2,\ 3,\ 6),\ (2,\ 4,\ 4),\ (3,\ 3,\ 3)$

【2】与式は，2次方程式なので$a \neq 0$

(i)　$a>0$ のとき

$f(x)=ax^2-4x+a+3$　とおく。

$\dfrac{\mathrm{D}}{4}=4-a(a+3)>0$

より　$-4<a<1 \cdots$①

この2次関数の軸の方程式は，

$x=\dfrac{2}{a}$

より　$-1<\dfrac{2}{a}<3$

これを解いて　$a<-2,\ a>\dfrac{2}{3} \cdots$②

$f(-1)=2a+7 \geqq 0$　より　$a \geqq -\dfrac{7}{2} \cdots$③

$f(3)=10a-9 \geqq 0$　より　$a \geqq \dfrac{9}{10} \cdots$④

$a>0$と①，②，③，④より，

$\dfrac{9}{10} \leqq a<1 \cdots$⑤

(ii)　$a<0$のとき

(i)と同様に

$f(-1)=2a+7\leqq0$　より　$a\leqq-\dfrac{7}{2}\cdots⑥$

$f(3)=10a-9\leqq0$　より　$a\leqq\dfrac{9}{10}\cdots⑦$

$a<0$と①，②，⑥，⑦より，

$-4<a\leqq-\dfrac{7}{2}\cdots⑧$

以上(i)，(ii)より

$-4<a\leqq-\dfrac{7}{2}$，　$\dfrac{9}{10}\leqq a<1$

【3】(1)　与えられた漸化式に，$n=1$，2，3を代入することにより

$a_3=\dfrac{1}{3}$，$a_4=\dfrac{1}{4}$，$a_5=\dfrac{1}{5}$

よって　$a_n=\dfrac{1}{n}$　と推定できる。

(2)　$a_n=\dfrac{1}{n}\cdots①$　$(n=1，2，3，\cdots)$とする。

（Ⅰ）　$n=1$，2のとき$a_1=1$，$a_2=\dfrac{1}{2}$となるから①は成り立つ。

（Ⅱ）　$n=k$，$n=k+1$のとき①が成り立つと仮定すると

$a_k=\dfrac{1}{k}\cdots②$，　$a_{k+1}=\dfrac{1}{k+1}\cdots③$

が成り立つ。

与えられた漸化式より

$(k+2)(k+3)a_{k+2}=ka_k+(k+1)(k+2)a_{k+1}$

$a_{k+2}=\dfrac{ka_k}{(k+2)(k+3)}+\dfrac{(k+1)a_{k+1}}{(k+3)}$

②，③より

$a_{k+2}=\dfrac{1}{(k+1)(k+3)}+\dfrac{1}{(k+3)}$

$=\dfrac{k+3}{(k+1)(k+3)}=\dfrac{1}{k+2}$

となり，①は　$n=k+2$　のときも成り立つ。

よって①はすべての自然数nについて成り立つ。

【４】 (1)　$y'=4x^3-6x$　より

P(t,　t^4-3t^2+1)における接線の方程式は

$y=(4t^3-6t)(x-t)+t^4-3t^2+1$

$y=(4t^3-6t)x-3t^4+3t^2+1$

よって　$q=-3t^4+3t^2+1$

(2)　(1)より　$q=-3t^4+3t^2+1$

$q'=-12t^3+6t$

$=-6t(2t^2-1)$

$=-6t(\sqrt{2}\,t+1)(\sqrt{2}\,t-1)$

t		$-\dfrac{1}{\sqrt{2}}$		0		$\dfrac{1}{\sqrt{2}}$	
q'	+	0	−	0	+	0	−
q	↗	$\dfrac{7}{4}$	↘	1	↗	$\dfrac{7}{4}$	↘

次のグラフより

$q\leqq\dfrac{7}{4}$

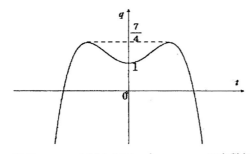

(3)　(2)の　$q=-3t^4+3t^2+1$　と　$q=r$　の実数解の個数が接線の本数となる。

つまり　$q=-3t^4+3t^2+1$　のグラフと直線　$q=r$　の交点が4個あれば，接線の本数が4本存在する。

したがって　$1<r<\dfrac{7}{4}$

【中学校】

【1】 図(1) 円における2つの弦AB，CDの交点をPとする。このとき，
PA・PB＝PC・PD

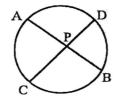

(証明) 線分AC，DBの補助線を加える。

円周角の定理より ∠CAP＝∠BDP

対頂角より ∠APC＝∠DPB

よって △PAC∽△PDB

ゆえに PA：PD＝PC：PB

したがって PA・PB＝PC・PD

図(2) 円における2つの弦AB，CDの延長の交点をPとする。このとき，
PA・PB＝PC・PD

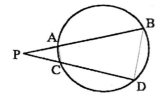

(証明) 線分AC，BDの補助線を加える。

四角形はACDBは円に内接しているので，

∠PAC＝∠PDB，∠Pは共通

よって △PAC∽△PDB

ゆえに PA：PC＝PD：PB

したがって PA・PB＝PC・PD

【２】(1)　(例)　よしこさんが，家から5km離れた図書館へ自転車に乗って行きます。自転車が毎時12kmの速さで進むとき，家を出てからx分後にいる地点から図書館までの距離を$y$kmとするとき，x，yの関係を式に表しなさい。

(解)　自転車の速さ毎時12kmを分速に直すと毎分$\frac{1}{5}$kmとなる。

家を出てからx分後の道のりは，$\frac{1}{5}x$km

家から図書館までの道のりは5kmだから，x，yの関係は，

$y=5-\frac{1}{5}x$　$(0\leqq x\leqq25)$

(2)　選んだ問題の記号[　(a)　]

大の目の数をx，中の目の数をyとすると，小の目の数は　$9-(x+y)$である。これらは，いずれも1から6までの整数だから，

$1\leqq x\leqq6$，$1\leqq y\leqq6\cdots$①

$1\leqq9-(x+y)\leqq6\cdots$②

②の不等式は，

$3\leqq x+y\leqq8\cdots$②′

で，①，②′にあてはまる範囲は，

次の図の斜線部分(境界を含む)になる。この範囲で，座標が整数の点は25。

よって，25通り。

座標平面又は図

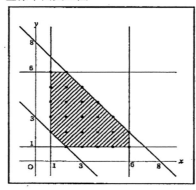

選んだ問題の記号[　(b)　]

AH＝BH＝$\frac{1}{2}a$，OA＝r，

∠OHA＝90°だから，

$$d^2＝r^2-\left(\frac{1}{2}a\right)^2$$

$$＝r^2-\frac{1}{4}a^2$$

$d＞0$だから，

$$d＝\sqrt{r^2-\frac{1}{4}a^2}$$

ここで，a，rは一定だから，dも一定になる。

よって，中心から，長さ一定の弦までの距離は一定である。

座標平面又は図

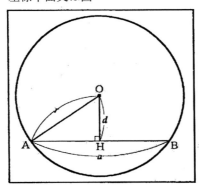

(3)　補助線POをひく。

円Oの半径で，

OA＝OP＝OB

だから，△OAP，△OPBは二等辺三角形である。それぞれの，底角を

∠x，∠yとすると，

∠x＋(∠x＋∠y)＋∠y＝180°

2(∠x＋∠y)＝180°

$$\angle x + \angle y = 90°$$

よって，　$\angle APB = 90°$

〈解説〉(1)　「身の回りにある事象で」とあるから，家，学校や駅など，中学生が経験したことがある事例がよい。また，一次関数の文章問題であることが大切である。要求されている内容から，はずれないようにすることである。

(2)(*a*)　大，中，小の目をx, y, zとおいて，

$$1 \leq x \leq 6,\ \ 1 \leq y \leq 6,\ \ 1 \leq z \leq 6,\ \ x + y + z = 9$$

としてから，$z = 9 - (x + y)$

$$1 \leq 9 - (x + y) \leq 6 \quad -8 \leq -(x + y) \leq -3$$

両辺に-1をかけて，

$8 \geq (x + y) \geq 3$　　これは　$y \geq -x + 3$　かつ　$y \leq -x + 8$

である。不等式の等号を忘れず，正しく座標平面上に示すことが大切である。

(*b*)　円の中心Oから，長さ一定(a)の弦ABを垂線に下ろし，その足をHとすると，

$$AH = BH = \frac{1}{2}a,\ \ OA = OB = r,\ \ \angle OHA = 90°$$

であるから，三平方の定理から，

$$d^2 = r^2 - \left(\frac{1}{2}a\right)^2$$

と進めるとよいでしょう。

(3)　補助線POを引くことが大切である。また，円Oの半径をrとすると，$OA = OB = OP = r$　となる。と表現するとよい。

【3】(1)　$(a + b)^2 = a^2 + 2ab + b^2$

$(a - b)^2 = a^2 - 2ab + b^2$

$(a + b)(a - b) = a^2 - b^2$

$(x + a)(x + b) = x^2 + (a + b)x + ab$

(2)　a　因数分解　　b　xの係数が偶数　　c　平方の形

d　解の公式

〈解説〉中学校学習指導要領　解説　数学編　第3節　各領域の内容　A
　数と式[第3学年]　を参照するとよい。(文部科学省(大阪書籍株式会社
　発行))

【高等学校】

【1】円における2つの弦AB，CDの延長の交点がPである。このとき
　　PA・PB＝PC・PDを証明する。

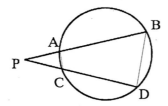

(証明)　線分AC，BDの補助線を加える。

　　△PACと△PDBにおいて四角形はACDBは円に内接しているので，

　　∠PAC＝∠PDB，∠Pは共通

　　よって　　△PAC∽△PDB・・・①

　　ゆえに　　PA：PC＝PD：PB

　　したがって　　PA・PB＝PC・PD

【2】(1)　ベクトル方程式　$\vec{p}\cdot(\vec{p}-\vec{a})=1$　より

　　$|\vec{p}|^2-\vec{a}\cdot\vec{p}=1$

　　$|\vec{p}|^2-\vec{a}\cdot\vec{p}+\dfrac{|\vec{a}|^2}{4}=1+\dfrac{|\vec{a}|^2}{4}$

　　なので，

　　$|\vec{p}-\dfrac{\vec{a}}{2}|^2=1+\dfrac{|\vec{a}|^2}{4}=\dfrac{5}{4}\cdots$①

　　$|\vec{p}-\dfrac{\vec{a}}{2}|>0$より

　　$|\vec{p}-\dfrac{\vec{a}}{2}|=\dfrac{\sqrt{5}}{2}\cdots$②

以上より，点Pの位置ベクトル $\vec{p}$ は，位置ベクトル $\dfrac{\vec{a}}{2}$ の点を中心とする半径 $\dfrac{\sqrt{5}}{2}$ の円を表す。

(2)　$\dfrac{\sqrt{5}}{2}-\dfrac{|\vec{a}|}{2}\leqq|\vec{p}|\leqq\dfrac{\sqrt{5}}{2}+\dfrac{|\vec{a}|}{2}$ …①

より

$\dfrac{-1+\sqrt{5}}{2}\leqq|\vec{p}|\leqq\dfrac{1+\sqrt{5}}{2}$

〈解説〉正しく，図を描くことが大切。$\vec{p}-\vec{a}$ は $\overrightarrow{AP}$ を表す。

(1)　$\vec{p}\cdot(\vec{p}-\vec{a})=1$

$\vec{p}\cdot\vec{p}-\vec{a}\cdot\vec{p}=1$

内積の計算を利用する。

$|\vec{p}|^2-\vec{a}\cdot\vec{p}+\dfrac{|\vec{a}|^2}{4}=1+\dfrac{|\vec{a}|^2}{4}$

$\left|\vec{p}-\dfrac{|\vec{a}|^2}{2}\right|^2=\dfrac{5}{4}$ …①　∴　$\left|\vec{p}-\dfrac{|\vec{a}|^2}{2}\right|^2=\dfrac{\sqrt{5}}{2}$ …②

　点Pの位置ベクトル $\vec{p}$ は，位置ベクトル $\dfrac{\vec{a}}{2}$ の点を中心とする半径 $\dfrac{\sqrt{5}}{2}$ の円を表す。

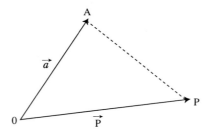

(2)　②より　$\dfrac{\sqrt{5}}{2}-\dfrac{|\vec{a}|}{2}\leqq|\vec{p}|\leqq\dfrac{\sqrt{5}}{2}+\dfrac{|\vec{a}|}{2}$

より　$\dfrac{-1+\sqrt{5}}{2}\leqq|\vec{p}|\leqq\dfrac{1+\sqrt{5}}{2}$

【3】 与式 $= \lim_{n \to \infty} \sum_{k=1}^{n} n \frac{1}{3n^2 + k^2}$

$$= \lim_{n \to \infty} \frac{1}{n} \sum_{k=1}^{n} \frac{1}{3n + \left[\frac{k}{n}\right]^2}$$

$$= \int_0^1 \frac{1}{3 + x^2} dx \cdots ①$$

$x = \sqrt{3} \tan \theta$ とおくと

$dx = \sqrt{3} \frac{1}{\cos^2 \theta} d\theta$

$0 \leq \theta \leq \frac{\pi}{6}$ においては，θ と x の対応は次のようになる。

θ	$0 \to \frac{\pi}{6}$
x	$0 \to 1$

$$= \int_0^{\frac{\pi}{6}} \frac{1}{3(1 + \tan^2 \theta)} \sqrt{3} \frac{1}{\cos^2 \theta} d\theta$$

$$= \int_0^{\frac{\pi}{6}} \frac{1}{\sqrt{3}} d\theta$$

$$= \frac{\sqrt{3}}{18} \pi$$

〈解説〉この形は，定積分にして計算するとよい。区間 $[0, 1]$ での定積分を考え，この区間を n 等分すると，

分点の x 座標は $0, \frac{1}{n}, \frac{2}{n}, \frac{3}{n}, \frac{4}{n}, \cdots\cdots \frac{n-1}{n}, \frac{n}{n},$

小区間の幅は $\Delta x = \frac{1}{n}$ ，関数の値として，小区間の右端または左端の値をとる。

この場合は右端をとっている。

$$\int_0^1 f(x)dx = \lim_{n \to \infty} \frac{1}{n} \left\{ f\left(\frac{1}{n}\right) + f\left(\frac{2}{n}\right) + f\left(\frac{3}{n}\right) + \cdots\cdots + f\left(\frac{n}{n}\right) \right\}$$

$$= \lim_{n \to \infty} \frac{1}{n} \sum_{k=1}^{n} f\left(\frac{k}{n}\right)$$

与式は，$\lim_{n \to \infty} \frac{1}{n} \sum_{k=1}^{n} \frac{1}{3n + \left(\frac{k}{n}\right)^2} = \int_0^1 \frac{1}{3 + x^2} dx \cdots ①$ となる。

ここで，　　$x = \sqrt{3}\tan\theta$　　とおくと

$dx = \sqrt{3}\ \dfrac{1}{\cos^2\theta}\ d\theta$　として，計算を進めていくと$\dfrac{\sqrt{3}}{18}\pi$の値がえられる。

【４】数学B，数学C

〈解説〉高等学校学習指導要領　数学編　第1章　第3節　数学科の科目編成　による。

【５】(1)　基本的　　(2)　原理・法則　　(3)　数学的活動　　(4)　創造性
(5)　数学的な見方や考え方　　(6)　積極的に活用する

〈解説〉高等学校学習指導要領　数学編　第1章　第2節　2. 数学科の目標
による。

【６】「二次関数とそのグラフ」　・光源からの距離と照度，郵便料金など実生活にかかわるような事象を取り上げる。　・中学校では，「平行移動」という用語や直線$x = h$については扱っていないので，指導に当たっては配慮する。　・コンピュータ等を活用して様々なグラフをかき，その特徴を帰納的に見いだすことを大切にする。　「正弦定理，余弦定理」　・二つの定理を三角形の決定条件と関連付けて理解させる。　・正弦定理については，中学校ではA＝B＝Cの形の連立方程式を扱っていないことに留意する。　・正弦定理については，中学校では三角形に外接する円を扱っていないことに留意する。

〈解説〉高等学校学習指導要領　数学編　第2章　第2節　2. 内容と内容の取扱い　(2). 二次関数　と　(3). 図形と計量　による。

【中高共通】

【1】 △ABCの内部の点Pに対して，$6\overrightarrow{PA}+5\overrightarrow{PB}+4\overrightarrow{PC}=\overrightarrow{0}$ が成り立つとき，APの延長と辺BCの交点をDとする。このとき，次の(1)・(2)の問いに答えなさい。

(1) $\overrightarrow{AP}$を$\overrightarrow{AB}$と$\overrightarrow{AC}$を用いて表しなさい。

(2) △PACの面積と△PBDの面積の比を求めなさい。

(☆☆☆◎◎◎◎)

【2】 1辺の長さが1の正四面体OABCがあり，半径rの球が内接している。このとき，次の(1)・(2)の問いに答えなさい。

(1) 正四面体OABCの体積を求めなさい。

(2) 球の半径rを求めなさい。

(☆☆☆◎◎◎)

【3】 $\left[x^2+1+\dfrac{1}{x}\right]^6$ の展開式においてx^3の係数を求めなさい。

(☆☆◎◎◎)

【4】 任意の整数nに対して，$(cos\,\theta+i\,sin\,\theta)^n=cos\,n\theta+i\,sin\,n\theta$ が成り立つことを数学的帰納法を用いて証明しなさい。ただし，iは虚数単位とする。

(☆☆☆◎◎◎)

【5】 関数$y=x^{log x-1}$について，次の(1)・(2)の問いに答えなさい。ただし，対数の底は10とする。

(1) $X=log_{10}x$と置き，$log_{10}y$をXの関数として表しなさい。

(2) $1\leq x\leq100$のとき，$y=x^{log x-1}$の最大値，最小値を求めなさい。

(☆☆☆◎◎◎)

【６】袋の中に1と書かれた球が1個，2と書かれた球が2個，・・・，nと書かれた球がn個入っているとする。この中から無作為に球を1個取り出すとき，その球に書かれた数の期待値を求めなさい。ただし球の大きさはすべて同じとする。

(☆☆☆◎◎◎)

【中学校】

【１】図のように，△ABCの辺BCと等しい長さの線分EFを決めて，△ABC≡△DEFとなる△DEFをかくことにする。頂点Dの決め方をどのように中学生に指導するか，3通りの方法で説明しなさい。

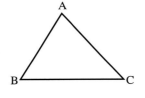
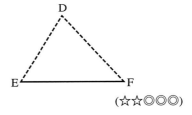

(☆☆◎◎◎)

【２】五角形の内角の和の求め方を，中学生にどのように指導するか，2通りの方法で説明しなさい。

(☆☆◎◎◎)

【３】中学校学習指導要領「数学」では，前学習指導要領の各領域の内容を，軽減，削除，あるいは，高等学校等へ移行統合して厳選を行った。次に示すア〜クの内容から，(1) 削除された内容，(2) 中学校上学年へ移行した内容，(3) 中学校下学年へ移行した内容，(4) 高等学校へ移行した内容を選び，記号で答えなさい。ただし，（　）内に示した学年は，前学習指導要領で取り扱っていた学年である。

ア　立体の切断，投影（第1学年）

イ　扇形の弧の長さと面積（第3学年）

ウ　球の体積，表面積（第3学年）

エ　三角形の重心（第2学年）

オ　図形の相似（第2学年）

カ　平行移動，回転移動及び対称移動（第1学年）

キ　一元一次不等式（第2学年）

ク　相似な図形の面積比，体積比（第3学年）

(☆☆☆◎◎◎◎)

【4】次の各文は，中学校学習指導要領「数学」の「第2　各学年の目標及び内容」における第1学年の目標を示したものである。（　　　）にあてはまる言葉を書きなさい。

(1)　数を（　a　）まで拡張し，数の概念についての理解を深める。また，（　b　）を用いることの意義及び（　c　）の意味を理解するとともに，数量などの関係や法則を（　d　）にかつ（　e　）に表現し，処理できるようにする。

(2)　（　f　）についての観察，操作や実験を通して，図形に対する（　g　）な見方や考え方を深めるとともに，（　h　）に考察する基礎を培う。

(3)　（　i　）を調べることを通して，比例，反比例の見方や考え方を深めるとともに，（　j　）を表現し考察する基礎を培う。

(☆☆◎◎◎◎)

【高等学校】

【1】自然数nがn個連続して現れる数列　1, 2, 2, 3, 3, 3, 4, 4, 4, 4, …がある。この数列 $\{a_n\}$ について，次の(1)・(2)の問いに答えなさい。

(1)　この数列 $\{a_n\}$ の第300項を求めなさい。

(2)　この数列 $\{a_n\}$ の第300項までの和を求めなさい。

(☆☆☆◎◎◎)

【２】 xy平面上で，　 $y=\sin x$（$0\leqq x\leqq\pi$）　　と $y=1$ と y 軸とで囲まれた図形を，y軸のまわりに1回転して得られる回転体の体積を求めなさい。

（☆☆◎◎◎）

【３】 新高等学校学習指導要領では，新たに「数学基礎」が「数学Ⅰ」と選択的に履修できる必履修科目として設けられた。「数学基礎」が新たに設けられた趣旨は何か，2つ書きなさい。

（☆☆◎◎）

【４】 「数学Ⅱ」の対数関数の指導に当たって，生徒に興味・関心をもたせるための対数が使われている身近な例を2つあげなさい。

（☆☆◎◎◎）

【５】 微分法・積分法を知らない生徒に，半径 r の円の面積が πr^2 になることを理解させるには，どのような指導が考えられますか，具体的に述べなさい。

（☆☆◎◎◎）

解答・解説

【中高共通】

【１】(1)　与式より
$$-6\overrightarrow{AP}+5(\overrightarrow{AB}-\overrightarrow{AP})+4(\overrightarrow{AC}-\overrightarrow{AP})=\vec{0}$$
$$15\overrightarrow{AP}=5\overrightarrow{AB}+4\overrightarrow{AC}$$
したがって
$$\overrightarrow{AP}=\frac{1}{3}\overrightarrow{AB}+\frac{4}{15}\overrightarrow{AC}$$

(2)　(1)より

$$\overrightarrow{AP}=\frac{5\overrightarrow{AB}+4\overrightarrow{AC}}{3}=\frac{9}{15}\times\frac{5\overrightarrow{AB}+4\overrightarrow{AC}}{9}$$

これよりAP：PD＝3：2，BD：DC＝4：5

△ABCの面積をSとすると，

△PACの面積＝$\frac{5}{9}\times\frac{3}{5}\times S=\frac{15}{45}\times S$

△PBDの面積＝$\frac{4}{9}\times\frac{2}{5}\times S=\frac{8}{45}\times S$

したがって

△PACの面積：△PBDの面積＝15：8

〈解説〉(2)　△ABCにおいて，線分BCをm：nに内分する点がDのとき面積の比は△ABD：△ACD＝m：n

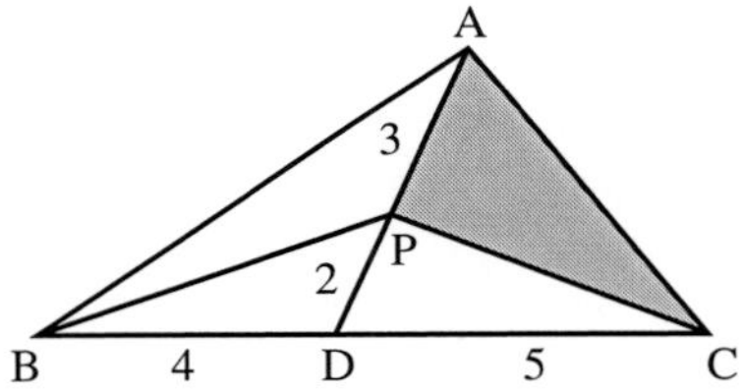

△ABCの面積をSとすると

△PAC＝$\frac{5}{9}\times\frac{3}{5}\times S$

△PBD＝$\frac{4}{9}\times\frac{2}{5}\times S$

【2】(1)　正四面体の底面の面積Sは，$\frac{\sqrt{3}}{4}$

正四面体の高さ$h=\frac{\sqrt{6}}{3}$である。

よって，正四面体の体積Vは，

$V=\frac{1}{3}Sh=\frac{\sqrt{2}}{12}$

(2)　球の半径rを高さとし，正四面体の一つの側面を底面とするような合同な四面体4個の和が，体積Vの値と等しくなるので，

$$4 \times \frac{1}{3} Sr = \frac{\sqrt{2}}{12}$$

よって，$r = \frac{\sqrt{6}}{12}$

〈解説〉底面の面積$S = \frac{\sqrt{3}}{4}$

点Hは△ABCの重心なので

$$CH = 1 \times \sin 60° \times \frac{2}{3} = \frac{\sqrt{3}}{3}$$

よってAH$= \sqrt{1 - CH^2} = \frac{\sqrt{6}}{3}$

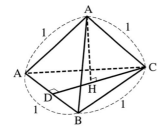

【3】展開式の一般項は，

$$\frac{6!}{p!q!r!} (x^2)^p 1^q \left[\frac{1}{x} \right]^r = \frac{6!}{p!q!r!} (x)^{2p-r}$$

ここで，2p−r=3，p+q+r=6，p≧0，q≧0，r≧0，p，q，rは整数

このとき，(q, p, r) = (2, 3, 1)，(3, 0, 3) のいずれかになるので，x^3の係数は，

$$\frac{6!}{2!3!1!} + \frac{6!}{3!0!3!} = 60 + 20 = 80$$

〈解説〉$(a+b+c)^n$の展開式の一般項は次のようになる

$$\frac{n!}{p!q!r!} a^p b^q c^r$$ （ただし，p，q，rは0以上の整数　p+q+r=n）

【4】 $(cos \theta + isin \theta)^n = cosn \theta + isinn \theta$ ……①

$n = 0$のとき

〔左辺〕$= (cos \theta + isin \theta)^0 = 1$

〔右辺〕$= cos0 + isin0 = 1$　となり成り立つ。

$n = k$のとき成り立つと仮定すると，

$(cos \theta + isin \theta)^k = cosk \theta + isink \theta$ ……②

$n = k+1$のとき

〔左辺〕$= (cos \theta + isink \theta)^{k+1}$

$= (cos \theta + isin \theta)^k (cos \theta + isin \theta)$

②より

$= (cosk \theta + isink \theta)(cos \theta + isin \theta)$

$= (cosk \theta cos \theta - sink \theta sin \theta)$

$\quad + (sink \theta cos \theta + cosk \theta sin \theta)i$

$= cos(k \theta + \theta) + isin(k \theta + \theta)$

$= cos(k+1) \theta + isin(k+1) \theta =$ 〔右辺〕

$n = k+1$のとき①は成り立つ。

　よって，①は，$n \geqq 0$のすべての整数nについて成り立つ。

　次に$n < 0$のとき，

$m = -n$と置くと，mは正の整数となるので，

$(cos \theta + isin \theta)^m = cosm \theta + isinm \theta$ が成り立つ。

このとき$n = -m$より，

$(cos \theta + isin \theta)^n = (cos \theta + isin \theta)^{-m}$

$= \dfrac{1}{(cos \theta + isin \theta)^m}$

$= \dfrac{1}{cosm \theta + isinm \theta}$

$= \dfrac{1}{cosm \theta + isinm \theta} \times \dfrac{cosm \theta - isinm \theta}{cosm \theta - isinm \theta}$

$= \dfrac{cosm \theta - isinm \theta}{cos^2m \theta - i^2sin^2m \theta}$

$= \dfrac{cosm \theta - isinm \theta}{cos^2m \theta + sin^2m \theta}$

$=cosm \theta -isinm \theta$

$=cos(-n) \theta -isin(-n) \theta$

$=cosn \theta +isinn \theta$

よって，①は，$n<0$のすべての整数nについて成り立つ。

以上より，①は任意の整数nについて成り立つ。

〈解説〉この問題の定理を　ド＝モアブルの定理　という。これを用いて，

2倍角，3倍角の公式を調べよう。

定理より，$(cos \theta +isin \theta)^2=cos2 \theta +isin2 \theta$ ……①

一方，展開して

$(cos \theta +isin \theta)^2=cos^2 \theta -sin^2 \theta +i(2sin \theta \cdot cos \theta)$ ……②

①，②より　次の公式が成り立つ。

$cos2 \theta =cos^2 \theta -sin^2 \theta$

$sin2 \theta =2sin \theta cos \theta$

更に，定理より $(cos \theta +isin \theta)^3=cos3 \theta +isin3 \theta$ ……③

一方，展開して

$(cos \theta +isin \theta)^3=cos^3 \theta +3cos^2 \theta \cdot isin \theta +3cos \theta (isin \theta)^2+(isin \theta)^3$

$=cos^3 \theta +i \cdot 3(1-sin^2 \theta)sin \theta -3cos \theta (1-cos^2 \theta)-isin^3 \theta$

$=4cos^3 \theta -3cos \theta +i(3sin \theta -4sin^3 \theta)$ ……④

③，④より次の公式が成り立つ。

$cos3 \theta =4cos^3 \theta -3cos \theta$

$sin3 \theta =3sin \theta -4sin^3 \theta$

【5】(1)　両辺の常用対数をとると

$log_{10}y=(log_{10}x-1)log_{10}x$

$X=log_{10}x$と置くと

$log_{10}y=(X-1)X$

$=X^2-X$

よって　$log_{10}y=X^2-X$

(2)　(1)より

$log_{10}y=X^2-X$

$$= \left(X - \frac{1}{2} \right)^2 - \frac{1}{4}$$

$1 \leqq x \leqq 100$ より $0 \leqq X \leqq 2$

下のグラフより

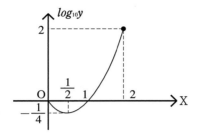

$\log_{10} y$ は $X=2$ のとき

　最大値2をとる。

$\log_{10} y = 2$ より $y = 10^2 = 100$

$\log_{10} x = 2$ より $x = 100$

よって最大値$100(x=100)$

　$\log_{10} y$ は $X = \frac{1}{2}$ のとき最小値$-\frac{1}{4}$ をとる。

$\log_{10} y = -\frac{1}{4}$ より $y = 10^{-\frac{1}{4}}$

$$= \frac{1}{10^{\frac{1}{4}}} = \frac{1}{\sqrt[4]{10}}$$

$\log_{10} x = \frac{1}{2}$ より $x = 10^{\frac{1}{2}} = \sqrt{10}$

よって最小値$\dfrac{1}{\sqrt[4]{10}}$ （$x = \sqrt{10}$ ）

$$\begin{cases} 最大値100 （x=100） \\ 最小値\dfrac{1}{\sqrt[4]{10}} （x=\sqrt{10}） \end{cases}$$

〈解説〉$y = x^{\log x - 1}$, $\log x - 1 = a$ とおくと　$y = x^a$

　両辺は正であるから

　両辺の常用対数をとると　$\log_{10} y = a \log_{10} x = (\log x - 1) \log_{10} x$

【６】袋の中に入っているすべての球の個数は

$$1+2+3+\cdots\cdots+n=\frac{n(n+1)}{2}$$

よってkと書かれた球を取り出す確率は

$$\frac{k}{\dfrac{n(n+1)}{2}}=\frac{2k}{n(n+1)}$$

球に書かれた数の期待値は

$$\sum_{k=1}^{n} k\cdot\frac{2k}{n(n+1)}=\frac{2}{n(n+1)}\sum_{k=1}^{n} k^2$$
$$=\frac{2}{n(n+1)}\times\frac{n(n+1)(2n+1)}{6}$$
$$=\frac{2n+1}{3}$$

〈解説〉　$\displaystyle\sum_{k=1}^{n} k=\frac{1}{2}n(n+1)$

$\displaystyle\sum_{k=1}^{n} k^2=\frac{1}{6}n(n+1)(2n+1)$

（※）　$\displaystyle\sum_{k=1}^{n} k^3=\left\{\frac{n(n+1)}{2}\right\}^2$

【中学校】

【１】(1)〈解答例〉ABの長さで，点Eを中心に円弧をかき，ACの長さABで点Eを中心に，長さACで点Fを中心に円弧をそれぞれ書いて，その交点をDとすればよい。　(2)〈解答例〉∠E＝∠Bとなるように，半直線EXをかき，さらに，ABの長さで，点Eを中心に円弧をかき，半直線EXとの交点をDとすればよい。　(3)〈解答例〉∠E＝∠Bとなるように半直線をかき，∠F＝∠Cとなるように半直線をかく。そして，その交点をDとすればよい。

〈解説〉三角形の合同条件は，①　三辺相等　　②　二辺とその間の角が相等　　③　一辺と両端の角が相等である。

(1)は①，(2)は②，(3)は③に対応している。

【2】(1) 〈解答例〉図のように，五角形を3つ三角形に分けると，五角形の内角の和は，3つの三角形の内角の和となる。三角形の内角の和は180°なので，3×180°＝540°より，五角形の内角の和は，540°となる。

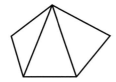

(2) 〈解答例〉図のように，五角形を5つの三角形に分けると，5つの三角形の内角の和は，5×180°＝900°となる。五角形の内角の和は，900°から360°を引いたものなので，900°−360°＝540°より，540°となる。

〈解説〉五角形を三角形の組み合わせと考えると，既習の「三角形の内角の和は180°」を用いて説明できる。

【3】(1)　消除された内容　ア，カ　　(2)　中学校上学年へ移行した内容　オ　　(3)　中学校下学年へ移行した内容　イ　　(4)　高等学校へ移行した内容　ウ，エ，キ，ク

〈解説〉中学校学習指導要領（平成10年12月）解説―数学編―P6〜8を参照すること。ウ，キ，クは高校（数Ⅰ）へ，エは高校（数A）に移行した。

【４】a　正の数と負の数　　b　文字　　c　方程式　　d　一般的
　　e　簡潔　　f　平面図形や空間図形　　g　直観的　　h　論理的
　　i　具体的な事象　　j　数量の関係

〈解説〉中学校学習指導要領（平成10年12月）解説—数学編—P18〜20を
　　参照すること。

【高等学校】

【１】(1)　$1 \mid 2, \ 2 \mid 3, \ 3, \ 3 \mid 4, \ 4, \ 4, \ 4 \mid \cdots$ のように群数列とすると
　　第n群にはn項あるので第n群の最後の項は数列 $\{a_n\}$ の

$$1+2+3+\cdots+n=\frac{n(n+1)}{2} \text{ 項目である。}$$

　　数列 $\{a_n\}$ の第300項が第n群にあるならば

$$\frac{n(n-1)}{2}<300\leqq\frac{n(n+1)}{2}$$

　　ゆえに $n(n-1)<600\leqq n(n+1)\cdots①$

　　　$23\times24=542, \ 24\times25=600$ なので①をみたすnは24

　　これより，数列 $\{a_n\}$ の第300項は第24群の24項目。

　　したがって，24

(2)　第24群の末項までの和を求めるとよい。

　　第n群の和は，n^2 なので数列 $\{a_n\}$ の第24群までの和は

　　$1^2+2^2+3^2+4^2+\cdots+24^2=\dfrac{1}{6}\times24\times25\times49=4900$

〈解説〉 $\displaystyle\sum_{k=1}^{n}k=1+2+3+\cdots+n=\frac{1}{2}n(n+1)$

　　　　$\displaystyle\sum_{k=1}^{n}k^2=1^2+2^2+3^2+\cdots+n^2=\frac{1}{6}n(n+1)(2n+1)$

【２】　$V=\pi\displaystyle\int_0^1 x^2 dy$

　　　ここで，$y=\sin x$ より　$dy=\cos x \, dx$

x	$0\cdots\dfrac{\pi}{2}$
y	$0\cdots\ 1$

$$V=\pi\int_0^{\frac{\pi}{2}}x^2cosx\,dx \qquad\qquad\cdots\cdots①$$

$$=\pi\{[x^2sinx]_0^{\frac{\pi}{2}}-\int_0^{\frac{\pi}{2}}2xsinx\,dx\}$$

$$=\pi\{\frac{\pi^2}{4}-2\int_0^{\frac{\pi}{2}}xsinx\,dx\} \qquad\qquad\cdots\cdots②$$

$$=\frac{\pi^3}{4}-2\pi\{[-xcosx]_0^{\frac{\pi}{2}}-\int_0^{\frac{\pi}{2}}(-cosx)\,dx\}$$

$$=\frac{\pi^3}{4}-2\pi\int_0^{\frac{\pi}{2}}cosx\,dx$$

$$=\frac{\pi^3}{4}-2\pi[sinx]_0^{\frac{\pi}{2}}$$

$$=\frac{\pi^3}{4}-2\pi$$

〈解説〉①，②は部分積分法

$\int f(x)\cdot g'(x)dx=f(x)\cdot g(x)-\int f'(x)\cdot g(x)dx$を用いる。

【3】○生涯学習の基礎を培う科目として設定された。

　　○生徒の特性の多様化を踏まえ，一層個に応じた指導ができるよう選択必履修科目として設定された。

〈解説〉「数学基礎」は，基礎的な数学の科目というだけでなく，「数学と人間の関わり」や，「社会生活において数学がはたしている役割」について理解を深める科目である。このような視点で数学を促えるようになってきた点も記述すると良い。

【4】○地震のエネルギーの単位　マグニチュード

　　○聴力の単位　デシベル

　　○水素イオン指数　pH（ペーハー）

　　など

〈解説〉上記の内容の他に，①「放射能物質の半減期」　②「複利計算の元利合計」も身近な側として考えられる。

【5】（解答例1）細いひもを巻き付けて半径rの円を作る。

　　これをはさみで切って，細いひもをまっすぐに伸ばして並べる。

すると上の図のように，ひもは三角形を作る。

この三角形の面積は円の面積に等しいと考えられる。

三角形の底辺は$2\pi r$，高さはr

よって円の面積は

$$\frac{1}{2}\times 2\pi r\times r=\pi r^2$$

（解答例2）半径rの円を，下の図のように細かく切り離し，互い違い
　　に組み合わせる。さらに円を細かく切っていく操作を繰り返してい
　　くと，円の面積は下の図のような長方形に近づいていくと考えられ
　　る。

　　よって円の面積は

$$r\times\left(\frac{1}{2}\times 2\pi r\right)=\pi r^2$$

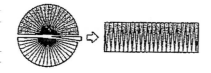 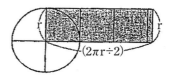

〈解説〉解答例1は，円を1つの三角形に広げる方法，解2は円をたくさん
　　の三角形に広げ，それを長方形にする方法を用いている。

　　　これらの方法は，微分法・積分法をこれから履習する生徒への興
　　味・関心を高めることになるであろう。

●書籍内容の訂正等について

　弊社では教員採用試験対策シリーズ（参考書，過去問，全国まるごと過去問題集），公務員試験対策シリーズ，公立幼稚園・保育士試験対策シリーズ，会社別就職試験対策シリーズについて，正誤表をホームページ（https://www.kyodo-s.jp）に掲載いたします。内容に訂正等，疑問点がございましたら，まずホームページをご確認ください。もし，正誤表に掲載されていない訂正等，疑問点がございましたら，下記項目をご記入の上，以下の送付先までお送りいただくようお願いいたします。

---

① **書籍名，都道府県（学校）名，年度**
　（例：教員採用試験過去問シリーズ　小学校教諭 過去問　2025年度版）
② **ページ数**（書籍に記載されているページ数をご記入ください。）
③ **訂正等，疑問点**（内容は具体的にご記入ください。）
　（例：問題文では"ア〜オの中から選べ"とあるが，選択肢はエまでしかない）

〔ご注意〕

○ 電話での質問や相談等につきましては，受付けておりません。ご注意ください。

○ 正誤表の更新は適宜行います。

○ いただいた疑問点につきましては，当社編集制作部で検討の上，正誤表への反映を決定させていただきます（個別回答は，原則行いませんのであしからずご了承ください）。

●情報提供のお願い

　協同教育研究会では，これから教員採用試験を受験される方々に，より正確な問題を，より多くご提供できるよう情報の収集を行っております。つきましては，教員採用試験に関する次の項目の情報を，以下の送付先までお送りいただけますと幸いでございます。お送りいただきました方には謝礼を差し上げます。

（情報量があまりに少ない場合は，謝礼をご用意できかねる場合があります）。

◆あなたの受験された面接試験，論作文試験の実施方法や質問内容

◆教員採用試験の受験体験記

送付先	○電子メール：edit@kyodo-s.jp
	○FAX：03-3233-1233（協同出版株式会社　編集制作部 行）
	○郵送：〒101-0054　東京都千代田区神田錦町2-5
	協同出版株式会社　編集制作部 行
	○HP：https://kyodo-s.jp/provision（右記のQRコードからもアクセスできます）

　※謝礼をお送りする関係から，いずれの方法でお送りいただく際にも，「お名前」「ご住所」は，必ず明記いただきますよう，よろしくお願い申し上げます。

教員採用試験「過去問」シリーズ

徳島県の
数学科 過去問

編　集	Ⓒ 協同教育研究会
発　行	令和6年4月10日
発行者	小貫　輝雄
発行所	協同出版株式会社
	〒101-0054　東京都千代田区神田錦町2 - 5
	電話　03－3295－1341
	振替　東京00190－4－94061
印刷所	協同出版・POD工場

落丁・乱丁はお取り替えいたします。

2024年夏に向けて
―教員を目指すあなたを全力サポート！―

●通信講座
志望自治体別の教材とプロによる
丁寧な添削指導で合格をサポート

詳細はこちら

●公開講座 (＊1)
48のオンデマンド講座のなかから、
不得意分野のみピンポイントで学習できる！
受講料は6000円～　＊一部対面講義もあり

詳細はこちら

●全国模試 (＊1)
業界最多の **年5回** 実施！
定期的に学習到達度を測って
レベルアップを目指そう！

詳細はこちら

●自治体別対策模試 (＊1)
的中問題がよく出る！
本試験の出題傾向・形式に合わせた
試験で実力を試そう！

詳細はこちら

　上記の講座及び試験は，すべて右記のQRコードか
らお申し込みできます。また，講座及び試験の情報は，
随時，更新していきます。

＊1・・・ 2024年対策の公開講座、全国模試、自治体別対策模試の
　　　　情報は、2023年9月頃に公開予定です。

協同出版・協同教育研究会
https://kyodo-s.jp

お問い合わせは
通話料無料の
フリーダイヤル

いい み　なさんおうえん
0120 (13) 7300

受付時間：平日（月～金）9時～18時　まで